高等学校公共管理系列教材

突发事件应急管理

赵来军　赵　欣　钱　颖　霍良安　主编

科学出版社
北　京

内 容 简 介

本书对突发事件应急管理的知识体系和最新实践进行系统梳理，注重理论与实践相结合，分类阐释和专题剖析相结合，对突发事件应急管理的基本概念、核心理论和重要方法进行全面阐述，对我国应急管理发展脉络展开历时性分析，对自然灾害、事故灾难、公共卫生事件、社会安全事件四大类突发事件应急管理展开横向分类阐释，并对新时代应急管理实践中社会动员、舆情治理、应急避难、韧性城市建设等重点难点问题进行专题剖析。

本书既对突发事件应急管理进行系统理论介绍，又紧扣国家应急管理改革最新实践方向，可供高等院校公共管理专业、应急管理专业的本科生、研究生使用，也可供政府部门管理人员、企业经营人员和科研机构研究人员参考。

图书在版编目（CIP）数据

突发事件应急管理/赵来军等主编. —北京：科学出版社，2024.1
高等学校公共管理系列教材
ISBN 978-7-03-073600-0

Ⅰ.①突… Ⅱ.①赵… Ⅲ.①突发事件-危机管理-高等学校-教材 Ⅳ.①D035.29

中国版本图书馆 CIP 数据核字（2022）第 200259 号

责任编辑：王丹妮 / 责任校对：姜丽策
责任印制：赵 博 / 封面设计：有道设计

科学出版社 出版
北京东黄城根北街 16 号
邮政编码：100717
http://www.sciencep.com

北京市金木堂数码科技有限公司 印刷
科学出版社发行 各地新华书店经销

*

2024 年 1 月第 一 版　开本：787×1092　1/16
2025 年 1 月第二次印刷　印张：14 1/4
字数：336 000

定价：68.00 元
（如有印装质量问题，我社负责调换）

序

人类文明史就是一部风险挑战的抗争史，人类社会发展无不是在应对风险中获得进步，在战胜挑战中走向辉煌。当今社会处于高度不确定时代，处于一个危机四伏的风险时代。早在20世纪80年代，学术界就出现了"风险社会"的概念，对后工业时代人类生产、生存、生活面临的困境及有可能潜藏威胁的状况进行了阐述。人类创造巨大财富、取得科技巨大进步的同时，人为制造的风险也在不断增加，反噬人类的发展，为人类发展带来巨大影响。当前世界之变、时代之变、历史之变正以前所未有的方式展开，各种风险挑战严峻复杂，乌卡时代的特征更加明显，各种自然灾害、事故灾难、金融海啸、恐怖主义、SARS病毒、新冠疫情、俄乌冲突、巴以冲突等不断发生，各类"黑天鹅""灰犀牛"事件频发，具有高度不稳定性、高度不确定性、高度复杂性、高度模糊性的各类危急险重突发事件对国家安全、社会稳定、经济可持续发展带来重大挑战，推进国家应急治理体系和治理能力现代化日益重要，成为各国政府治理的重点难点及全球学者研究的焦点。

五千年的中华文明史可以说是一部与自然灾害抗争的历史。我国幅员辽阔，灾害种类多，分布地域广，发生频率高，造成损失重，是世界上自然灾害最为严重的国家之一。自古以来，我国就有多难兴邦的说法，历朝历代都将灾害管理放在重要位置，也逐渐在实践中积累了一套灾害应对的体制和程序。在中华人民共和国成立后，随着社会经济的不断发展和国家治理体系的不断完善，我国在应急管理理念、方式、主体、过程、制度和保障等方面都发生了一系列重要转变，新时代中国特色应急管理体制基本形成。《"十四五"国家应急体系规划》中指出："到2025年，应急管理体系和能力现代化建设取得重大进展，形成统一指挥、专常兼备、反应灵敏、上下联动的中国特色应急管理体制，建成统一领导、权责一致、权威高效的国家应急能力体系，防范化解重大安全风险体制机制不断健全，应急救援力量建设全面加强，应急管理法治水平、科技信息化水平和综合保障能力大幅提升，安全生产、综合防灾减灾形势趋稳向好，自然灾害防御水平明显提升，全社会防范和应对处置灾害事故能力显著增强。"[①]党的二十大报告进一步指出："坚持安全第一、预防为主，建立大安全大应急框架，完善公

---

① 国务院. 国务院关于印发"十四五"国家应急体系规划的通知[EB/OL]. http://www.gov.cn/zhengce/content/2022-02/14/content_5673424.htm?spm=C73544894212.P59511941341.0.0, 2022-02-14.

共安全体系，推动公共安全治理模式向事前预防转型。推进安全生产风险专项整治，加强重点行业、重点领域安全监管。提高防灾减灾救灾和重大突发公共事件处置保障能力，加强国家区域应急力量建设。"[①]党和国家的重要文件以"发展要安全"为核心思想，深度回应了我国应急管理体系和能力现代化建设"往哪里走"和"怎么走"的时代叩问。应急管理的重要职责就是防范化解重大安全风险和有力、有序、有效应对突发事件，这关系到人民生命财产安全、社会秩序稳定和国家长治久安，是提升国家治理体系和治理能力现代化的重要组成，是新时代中国特色社会主义建设的必然需求，是推进新发展格局下国家安全体系和能力现代化的必经之路。党的二十大报告提出"统筹发展和安全""贯彻总体国家安全观""提高防灾减灾救灾和重大突发公共事件处置保障能力""以新安全格局保障新发展格局"等一系列重要理念[①]。因此需要不断推动我国应急管理知识体系完善并加强理论型、应用型人才的培养，推进国家应急治理体系和治理能力现代化，维护国家安全和社会稳定。

为贯彻落实党的二十大精神、推进上海应急管理体系与应急管理能力现代化，为长三角应急协同和中国特色的国家应急管理体系建设贡献上海智慧，2023年5月9日，上海市应急管理局与上海理工大学签署《应急管理战略合作框架协议》，成立上海理工大学智慧应急管理学院，旨在面向智慧应急管理前沿和实践需求，围绕数字应急、危险化学品安全管理、应急物资管理、应急避难与救援、长三角应急协同管理等领域，以提升应急管理科学化、智能化、数字化和精细化为目标，瞄准智库、科研、社会服务、教育和国际合作五个方面开展智慧应急管理研究，实现科学研究、人才培养、机制创新和服务社会的有机统一。本教材是上海理工大学智慧应急管理学院建设的重要阶段性成果，同时得到上海理工大学一流本科系列教材建设的资助，入选科学出版社高等学校公共管理系列教材。

本教材参考了国内外有关应急管理和公共危机管理的最新学术研究成果，密切结合了我国社会经济发展热点问题，同时关注到了其他国家的重大突发事件应急管理的有益经验，希望对我国突发事件应急管理的教学和研究有所裨益。本教材从逻辑上分为两篇：第一篇是基础理论篇，包括突发事件概述，应急管理概念、理论与方法，中国应急管理发展历程，自然灾害应急管理，事故灾难应急管理，公共卫生事件应急管理，社会安全事件应急管理等基础理论；第二篇是专题应用篇，包括应急管理社会动员，应急沟通与舆情治理，危险化学品安全管理，城市应急避难场所规划建设与管理，韧性城市建设实践与对策等专题内容。本教材的四位作者都是长期从事突发事件应急管理研究、教学工作的老师，其中，赵来军教授作为本教材主编，承担了策划、统稿和修订工作，并进行了第10章、第11章和第12章的撰写，钱颖教授进行了第1章、第2章和第6章的编写，赵欣教授进行了第3章、第4章和第5章的编写，霍良安教授进行了第7章、第8章和第9章的编写。

本教材的出版得到了科学出版社的大力支持，编辑做了大量深入细致的编校工作，

---

① 新华社. 习近平:高举中国特色社会主义伟大旗帜 为全面建设社会主义现代化国家而团结奋斗——在中国共产党第二十次全国代表大会上的报告[EB/OL]. http://www.gov.cn/xinwen/2022-10/25/content_5721685.htm, 2022-10-25.

付出了很多精力，在此表示衷心感谢。另外还有多位上海理工大学管理学院的研究生在数据收集、资料梳理和案例整理等方面付出了辛勤的汗水，在此一并致谢。由于编写者学识和时间有限，教材难免有遗憾疏漏之处，恳请各位学术界同仁和读者批评指正。

赵来军
2023 年 12 月 1 日

目 录

第一篇 基础理论篇

第1章 突发事件概述 ... 3
  1.1 突发事件的内涵与外延 ... 3
  1.2 突发事件的主要特征 ... 7
  1.3 突发事件演化过程 ... 10

第2章 应急管理概念、理论与方法 ... 20
  2.1 应急管理概念 ... 20
  2.2 应急管理理论 ... 25
  2.3 应急管理研究方法 ... 32

第3章 中国应急管理发展历程 ... 37
  3.1 1949年以前的应急管理时期 ... 37
  3.2 1949~2002年应急管理时期 ... 43
  3.3 2003年至今新时代中国特色应急管理时期 ... 49

第4章 自然灾害应急管理 ... 59
  4.1 自然灾害应急管理概述 ... 60
  4.2 自然灾害应急管理理论 ... 68
  4.3 自然灾害应急管理案例——印度洋海啸灾难 ... 73

第5章 事故灾难应急管理 ... 77
  5.1 事故灾难基本概述 ... 77
  5.2 事故灾难应急管理理论 ... 84
  5.3 事故灾难应急管理案例——日本福岛核电站核泄漏事故 ... 86

第6章 公共卫生事件应急管理 ... 91
  6.1 公共卫生事件应急管理概述 ... 91
  6.2 公共卫生事件应急管理流程 ... 96
  6.3 公共卫生事件应急管理案例——英国牛海绵状脑病危机 ... 106

第 7 章 社会安全事件应急管理 115
7.1 社会安全事件应急管理概述 115
7.2 社会安全事件应急管理理论 120
7.3 社会安全事件应急管理案例分析——菲律宾人质事件 122

第二篇 专题应用篇

第 8 章 应急管理社会动员 131
8.1 社会动员概述 131
8.2 应急管理的企业参与 133
8.3 应急管理的社会参与 137

第 9 章 应急沟通与舆情治理 146
9.1 应急沟通概述 146
9.2 突发事件信息发布 150
9.3 突发事件舆情干预与引导 156

第 10 章 危险化学品安全管理 161
10.1 危险化学品的定义和分类 161
10.2 中国危险化学品事故特征分析 161
10.3 中国危险化学品事故致因分析 168
10.4 中国危险化学品事故典型案例分析 174
10.5 中国危险化学品持续改进方案和对策措施 188

第 11 章 城市应急避难场所规划建设与管理 191
11.1 城市应急避难场所概念 191
11.2 中国城市应急避难场所布局规划建设与管理 192
11.3 国外城市应急避难场所布局规划建设与管理 195
11.4 城市应急避难需求分析 198
11.5 城市应急避难场所建设与运营管理 201

第 12 章 韧性城市建设实践与对策 207
12.1 韧性和安全韧性的概念 207
12.2 韧性城市的内涵和特征 208
12.3 国内外韧性城市建设实践 210
12.4 提升中国城市韧性水平的对策措施 215

第一篇　基础理论篇

第1章

突发事件概述

随着工业化的发展、城市化的推进及全球化的深化，我们面对的社会风险也逐渐增加。进入21世纪后，突发事件频频发生，从2001年"9·11"事件，到2008年汶川地震，再到新冠疫情全球大流行、俄乌战争，突发事件造成了大量人员伤亡和巨额财产损失，甚至影响了整个世界政治、经济的发展。了解突发事件的发生及演化机制，研究有效的应对处置方法，才能保护民众安全，保持社会稳定，保障经济发展。

1.1 突发事件的内涵与外延

1.1.1 突发事件的定义

1. 突发事件的概念

突发事件这个词我们在生活中经常用到，一般来说指突然发生的事情，包含事件发生突然，发展速度很快的意思，同时也包含了事件难以应对的含义。突发事件普遍具有突发性，大部分突发事件的发生难以预测。当然，随着科学技术的不断进步，人类也不断探索突发事件的前兆，对突发事件进行预警，以及时采取措施，降低突发事件的危害。有些突发事件是渐进型的，如安全生产事故多是从管理中的小漏洞逐渐发展起来，如果规范管理，可以有效避免突发事件的发生。突发事件一旦发生，就会造成较大的危害，包括人员伤亡、经济损失和受害者心理伤害等。应急处置能力的强弱在一定程度上影响损失的大小：救援迅速可以减小伤亡，有效应对可以避免次生灾害。因而，面对突发的、意外的事件，我们并非只能被动地承受，而是更需要从技术、管理等方面武装自己，积极应对，以减小突发事件对我们社会生活的影响。

《中华人民共和国突发事件应对法》对突发事件进行了定义：是指突然发生，造成或者可能造成严重社会危害，需要采取应急处置措施予以应对的自然灾害、事故灾难、公共卫生事件和社会安全事件。

2. 突发事件的相关概念

1）风险

人们通常认为风险是发生不幸事件的可能性，强调损失的不确定性。这种不确定性包括发生与否的不确定、发生时间的不确定和导致结果的不确定。

学术界对风险的定义并不统一，有学者认为风险是指某些人类价值（包括人类自身）处于危险之中且结果不确定的情况或事件；也有学者认为风险是事件发生和遭受损失的不确定性；风险一词在经济学中意味着损害或损失的可能性。目前国际标准化组织（International Organization for Standardization，ISO）将风险定义为不确定性对目标的影响，此定义应用较为广泛[①]。

2）灾害

通常，灾害是能够对人类和人类赖以生存的环境造成破坏性影响的事物的总称。灾害通常造成以下影响。

（1）对正常生活模式的破坏。这种破坏通常是严重的，也可能是突然的、意外的和广泛的。

（2）对人的影响，如生命的伤亡、生活的困难和对健康的不利影响。

（3）对社会结构的影响，如对政府系统、建筑、通信和基本服务的破坏或损害。

（4）社区需求，如住房、食物、衣服、医疗援助和社会关怀。

在我国，灾害更多地指自然灾害[②]。

3）事故

事故一般指造成死亡、疾病、伤害、损坏或者其他损失的意外情况。在我国，通常指生产安全事故、交通事故、环境安全事故、食品安全事故等人为原因造成损失的事件。当这类事故达到危害公共安全的程度时，就成为《中华人民共和国突发事件应对法》所定义的事故灾难[①]。

4）灾难

自然或人为因素导致的重大灾祸，造成大量财产损失，有时彻底改变自然环境，造成不可逆转的后果。灾难往往指严重的灾害或严重的事故。在极端情况下，灾难可能造成社会系统的崩溃，这是由于灾难常常影响面积大，持续时间长，损失严重，导致社会发生深刻的变化。

5）危机

令人感到危险的时刻、危险的祸根、非常困难的紧要关头。与事故、灾害、灾难不同，危机强调处于有可能变好或变坏的转折点或关键时刻。危机这个词起源于希腊语"Krisis"，意思是不连续和突破。有学者将其定义为一种情境状态，其决策主体的根本目标受到威胁，在改变决策时可获得的反应时间很有限，其发生也出乎决策主体的意料[③]。

---

① 李雪峰，佟瑞鹏. 应急管理概论 [M]. 北京：应急管理出版社，2021.

② Carter W N. Disaster Management：A Disaster Manager's Handbook[M]. Mandaluyong City：Asian Development Bank，2008.

③ Hermann C F. International Crisis：Insights from Behavioral Research[M]. New York：Free Press，1972.

危机的管理和解决是决策者面临的最困难的问题之一,因为其具有高度不确定性、时间压力和有限的控制。危机发生的时间、持续的时长、发展的路径和结果难以预计。由于许多未知的变量,如利益相关者的看法和相关原因的信息不完全,危机管理和沟通的有效性是无法事先精确评估的。危机可能有多种结果:消极的、积极的甚至是灾难性的[1]。

1.1.2 突发事件的分类

基于不同维度,突发事件可以分为不同类别。下面我们对突发事件的分类进行阐述,并举例说明。

1. 根据突发事件的性质分类

突发事件可分为:①政治性突发事件指涉及一个国家政体、团体及政府合法性的突发事件,包括战争、政变、革命、重大国际事务的冲突等。②经济性事件指在经济方面发生的突然的大波动,包括股票市场的大幅震荡、利率的大幅度变化等。③社会性突发事件指对社会造成较大伤害的突发事件,如骚乱、暴乱、群体性械斗、哄抢等严重的社会骚乱和群体性事件。

2. 根据突发事件的地点分类

突发事件可分为:①单位内部事件,如单位内厂房起火或者坍塌。②公共场所事件,如在电影院、商场等公共场所发生的火灾或者坍塌。③重要地区事件。④跨地区或全国性事件,此类事件蔓延整个地区、国家,一般情况下疫情等传播性较强的突发事件会成为全国性事件,甚至成为全球性事件。

3. 根据突发事件发生的原因分类

突发事件可分为:①非人为因素造成的突发事件,是由不可抗拒的自然原因引起的,如火山爆发、地震、洪水、台风等。②人为因素造成的突发事件,是由人的疏忽或错误(非恶意)或者恶意行为造成的。由人的疏忽或错误而造成的突发事件包括危险化学品事故、核事故、火灾和爆炸、飞机失事等,这些事件都不是暴力事件。人的恶意行为造成的突发事件包括恐怖袭击、社会骚乱等,这些事件都是暴力事件,如图 1.1 所示。

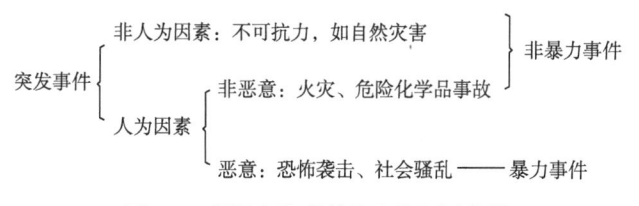

图 1.1 根据突发事件发生的原因分类

---

[1] 薛澜,张强,钟开斌. 危机管理[M]. 北京:清华大学出版社,2003.

4. 根据突发事件制造者有无准备分类

突发事件可分为：①预谋性事件，指行为人单人或者多人蓄意预谋后实施的暴力事件。②激情性事件，指行为人未经准备，在一种爆发性的、短暂的、比较猛烈的情绪状态下实施的暴力事件。

5. 根据突发事件的规模分类

每个国家突发事件规模划分的标准不同，并无统一标准。一般情况下，可以分为：①小规模事件，突发事件行为人是单个或者少数几个人，而受害人也是单个或者少数几个人。小规模突发事件发生的不可预测性较强，现实危害范围相对狭窄，但是复制成本低，极易被同类人群模仿[1]。②大规模事件，其特点是会出现大量的人员伤亡，对医疗资源的需求在短时间内呈爆发式增长。例如，烈度等级高的地震是大规模突发事件，应对时特别需要各地各部门的协同响应，各地的医疗救护人员应按需前往支援。③中等规模事件，介于小规模突发事件和大规模突发事件之间，如高楼大火、危险化学品爆炸等突发事件，会出现一些人员伤亡，事发地需调集较大数量的应急处置队伍，但一般情况下不会需要其他地方的支援。

6. 根据公共管理的角度分类

突发事件可分为：①自然灾害，应急管理部中，防汛抗旱司、地震和地质灾害救援司等机构负责此类突发事件的应急管理；②事故灾难，应急管理部中，安全生产综合协调司、危险化学品安全监督管理一司、危险化学品安全监督管理二司、火灾防治管理司等机构负责此类突发事件的应急管理；③公共卫生事件，国家卫生健康委员会负责此类突发事件的应急管理；④社会安全事件，主要由公安系统负责此类突发事件的应急管理。

1.1.3 突发事件的分级

对于突发事件的分级，《中华人民共和国突发事件应对法》规定："按照社会危害程度、影响范围等因素，自然灾害、事故灾难、公共卫生事件分为特别重大、重大、较大和一般四级。"

国务院发布的《国家突发公共卫生事件应急预案》《国家安全生产事故灾难应急预案》《国家地震应急预案》等各类专项应急预案对自然灾害、事故灾难、公共卫生事件、社会安全事件等级划分做了具体规定。例如，在《国家安全生产事故灾难应急预案》中，对特别重大安全生产事故灾难做出以下分级规定：造成30人以上死亡（含失踪），或危及30人以上生命安全，或者100人以上中毒（重伤），或者需要紧急转移安置10万人以上，或者直接经济损失1亿元以上[2]。

---

[1] 刘伟红. "公地悲剧"理论模型视野中的小规模攻击性突发事件[J]. 当代青年研究，2011，(4)：59-64.
[2] 中华人民共和国中央人民政府. 国家安全生产事故灾难应急预案[EB/OL]. http://www.gov.cn/zhuanti/2006-01/23/content_2615965.htm，2006-01-23.

这里需要注意的是，突发事件等级与突发事件预警级别、应急响应级别并非同一概念。后两者以前者为基础，属于应急管理措施，由相关的应急预案规定。

1.2 突发事件的主要特征

1.2.1 突发事件的危害性

突发事件对社会的危害性来自多个方面，包括对人民生命健康安全构成威胁、对公共财产造成损失、对人们生活环境产生破坏、扰乱社会秩序和对公众心理造成伤害。

1. 人身危害

人身危害是指对人的生命和健康安全的危害，包括对精神健康的损害，尤其强调对直接受事件影响的人群及对脆弱人群的危害。例如，2001 年发生在美国的"9·11"恐怖袭击事件，直接伤亡人数达 5 219 人[1]，2008 年中国汶川地震共造成 69 227 人死亡，374 643 人受伤，17 923 人失踪[2]。2019 年底暴发的新冠疫情，在 2020 年 1 月 30 日被世界卫生组织确定为"国际关注的突发公共卫生事件"。疫情侵袭全球，据世界卫生组织公布的数据，截至 2023 年 6 月 1 日，已造成全球超过 7.67 亿人感染和 690 多万人死亡，给公众生命安全和身体健康带来严重威胁。

2. 经济危害

经济危害是指突发事件对个人财产和企业经济利益、行业经济、地方基础设施的直接损害，以及对地方经济发展、国家经济安全的威胁情况。例如，2001 年的"9·11"恐怖袭击事件对美国经济造成的损失达 2 000 亿美元，相当于当年生产总值的 2%[3]；2008 年汶川地震造成倒塌房屋 778 万间，损坏房屋 2 459 万间。四川省北川县、汶川县映秀镇等城镇被夷为平地。重灾区城乡道路、电力、燃料、通信等基础设施遭到毁灭性破坏，厂矿、商业、学校等社会经济活动全面停滞。根据国家减灾委员会与科学技术部抗震救灾专家组的评估，汶川地震对四川省、甘肃省、陕西省 3 省造成的直接经济损失总计达 8 943.7 亿元，其中，四川省直接经济损失 8 286.9 亿元，甘肃省 457.9 亿元，陕西省 198.9 亿元[4]。2020 年的新冠疫情更是给全球经济造成了巨大损失。联合国贸易和发展会议在 2021 年 6 月 30 日发布报告称 2020~2021 年疫情对全球旅游业的打击已经造成 4 万亿美

---

[1] 薛澜, 张强, 钟开斌. 危机管理[M]. 北京: 清华大学出版社, 2003.
[2] 人民日报. 5.12 汶川地震十四周年祭 2008 年四川汶川地震详情死亡人数[EB/OL]. https://wap.peopleapp.com/article/rmh28610880/rmh28610880, 2022-05-13.
[3] 人民日报. 911 恐怖袭击 19 周年: 关于事件的 5 个疑问和未解之谜[EB/OL]. https://wap.peopleapp.com/article/rmh15809270/rmh15809270, 2020-09-12.
[4] 魏本勇, 苏桂武. 基于投入产出分析的汶川地震灾害间接经济损失评估[J]. 地震地质, 2016, (4): 1082-1094.

元的损失[1]。

3. 环境危害

环境危害是指突发事件对自然环境、自然景观、生物物种等造成的危害。例如，2011年日本福岛核电站发生核事故，向环境释放了大量放射性物质。福岛核事故向大气、陆地、河湖、海洋等环境中释放了大量的放射性物质，这些放射性物质不仅包括短半衰期的 ^{133}Xe（5.2 d）、^{131}I（8.0 d）、^{133}I（20.8 h）和 ^{134}Cs（2.1 y）等放射性核素，还包括长半衰期的 ^{129}I（1.57×10^7 y）、^{135}Cs（2.3×10^6 y）、^{236}U（2.342×10^7 y）、^{239}Pu（24 110 y）和 ^{240}Pu（6564 y）等放射性核素，核电站方圆30千米的居民被迫撤离[2]。

4. 声誉危害

声誉危害包括对官员声誉的危害、对企业和政府声誉的危害等。例如，2008年的三鹿奶粉事件不仅给广大消费者带来极大的健康损害，也使得该企业和乳制品行业的声誉受到极大损害，曾名列全国乳业前三强的三鹿集团最终倒闭。与此相关的中国奶农及整个乳制品产业链，以及中国的整个食品制造行业、农产品行业，甚至中国制造业系统，在国际和国内市场上都遭受到巨大的信誉损失和经济损失[3]。

1.2.2 突发事件的紧迫性

突发事件的一个特点就是发生发展速度极快，因此其对应急处置时效要求迫切，具有极大的紧迫性。紧迫性主要包括救援生命的紧迫性、基础设施恢复的紧迫性和对事态的控制的紧迫性。

1. 救援生命的紧迫性

突发事件发生后，对于受灾群众生命的抢救是"和时间赛跑"，早一分钟，就多一分生还的希望。地震等地质灾害发生后，存在72小时的黄金救援期，在这段时间内营救出来的灾民存活率较高。统计数据表明：在第一天（即24小时内），被救出的人员存活率在90%左右；第二天，存活率在50%~60%；第三天，存活率在20%~30%；过了72小时之后被救出的人员的存活率大大下降，虽然偶尔会有幸存者的报道，但是绝大多数灾民在72小时之后难以存活[4]。

2. 基础设施恢复的紧迫性

突发事件引发的基础设施损毁的情况可能会造成次生灾害，需要立即抢修被损坏的

---

[1] UNCTND. Global economy could lose over $4 trillion due to COVID-19 impact on tourism[EB/OL]. https://unctad.org/news/global-economy-could-lose-over-4-trillion-due-covid-19-impact-tourism, 2021-06-30.
[2] 王蕾, 郑国栋, 赵顺平, 等. 日本福岛核事故对我国大陆环境影响[J]. 辐射防护, 2012, (6): 325-335, 347.
[3] 孙岑. 对食品安全的经济学思考——基于三鹿奶粉事件的案例分析[J]. 中国集体经济, 2013, (9): 20-21.
[4] 牟笛, 陈安. 汶川地震救援中的优先原则与安全管理[J]. 中国应急救援, 2018, (3): 15-19.

交通、通信、供水、排水、供电、供气、供热等公共设施，以保障灾区民众的基本生活。同时，突发事件应急响应过程中常常需要转移受灾群众，运送救援物资，如果交通、通信等基础设施被损毁，那么会大大降低突发事件应急响应的速度。

3. 对事态的控制的紧迫性

突发事件发生后，需要有效控制危急事态。这有两种紧迫情况：一方面，需要迅速控制危险源，标明危险区域，封锁危险场所，划定警戒区，防止事态进一步扩大；另一方面，如果突发事件前期的应急处置不力，会造成后期处置困难。例如，传染病如果没有在暴发前期控制住，当大量民众都被感染，成为传染源之后，再要控制传染病的传播，难度就会大大增加。

1.2.3 突发事件的不确定性

突发事件发生突然，发展迅速，其中存在大量的不确定性：事件爆发初期，我们对于突发事件信息的掌握是不完全的，甚至可能是不准确的，这给我们带来了不确定性；随着突发事件的发展，由于每个突发事件都具有特殊性，其发生的时间、地点、环境也各不相同，之前所积累的经验知识往往不能预判其未来可能带来的影响，在事件发展预测方面面临巨大的挑战。以 2015 年天津港"8·12"瑞海公司危险品仓库特别重大火灾爆炸事故为例[1]：8 月 12 日 22 时 52 分，天津市公安局 110 指挥中心接到瑞海公司火灾报警，立即转警给天津港公安局消防支队。22 时 56 分，天津港公安局消防四大队首先到场。然而此时消防员对事故企业储存的危险货物底数不清、情况不明，致使先期处置的一些措施针对性、有效性不强。到场的指挥员向企业现场人员了解有关着火物质情况，但企业人员未能提供准确信息，尤其是没有告知货场内存有大量硝酸铵，致使指挥员难以对火场状况做出危险预估。在这种情况下，为避免火势继续扩大、威胁周边危险品集装箱，指挥员命令采取"冷却控制、疏散群众"的措施。在现场火势越发猛烈、威胁救援人员安全的情况下，指挥员果断下达撤退命令，全部撤离至运抵区外围，利用水炮、泡沫炮远程冷却、覆盖保护，并紧急疏散周围群众和企业员工，避免了更大的人员伤亡。23 时 34 分 06 秒，发生了第一次爆炸。23 时 34 分 37 秒发生了第二次更剧烈的爆炸。第一次爆炸的能量约为 15 吨 TNT 当量，第二次爆炸的能量约为 430 吨 TNT 当量。事故造成 165 人遇难（参与救援处置的公安现役消防人员 24 人、天津港消防人员 75 人、公安民警 11 人，事故企业、周边企业员工和周边居民 55 人），8 人失踪（天津港消防人员 5 人，周边企业员工、天津港消防人员家属 3 人）[1]。爆炸发生前现场火势始终处于稳定燃烧状态，在毫无征兆的情况下，短时间内接连发生了两次大爆炸，消防人员虽然已经撤离发生火灾的运抵区，但仍处于爆炸核心区，猝不及防，造成了大量人员伤亡。

---

[1] 国务院. 国务院调查组认定天津港"8·12"爆炸是特别重大生产安全责任事故[EB/OL]. http://www.gov.cn/xinwen/2016-02/05/content_5039773.htm，2016-02-05.

1.3 突发事件演化过程

1.3.1 突发事件的发生机理

基于风险社会理论，我们可以探索不同类别突发事件的发生机理。

1. 自然灾害

自然灾害的风险一直伴随着人类社会，其发生机理主要包括自然因素和人为因素[1]。自然界中气候变化，异常的风霜雨雪都会带来气候灾害，地质变动，会引发地震、海啸等。人为因素也会导致自然灾害，人类开垦土地导致水土流失，可能造成更多的泥石流等灾害。人类排放的大量二氧化碳造成温室效应，导致极端天气的情况逐年增加。同时，由于人类活动范围的不断扩大，很多不适宜人类居住的地方现在也驻扎了人类，这就使人类受到的自然灾害威胁更大。

2. 灾难事故

灾难事故发生的机理主要包括人的因素、物的因素、环境因素，如图 1.2 所示[2]。人的因素主要指人的不安全行为：由于麻痹侥幸心理，在"不可能意识"的行为中，造成了安全事故；出于赶进度、省成本，忽略了安全规范，如违反操作规程，不遵守安全规章制度等；对工作不负责任，操作错误，缺乏主人翁责任感，不遵守劳动纪律，不正确佩戴或使用安全防护用品等。有研究者提出将人的不安全行为分为习惯性行为和一次性行为[3]。一般情况下，习惯性行为是造成事故的间接因素，而一次性行为是导致事故的直接因素。同时，在管理上经常存在管理者对安全工作的重要性认识不足，将其视为可有可无，日常以麻木的心态和消极的行为对待安全工作，安全法律责任意识极为淡薄等；规章制度不健全，人事管理上的不足，工人缺乏培训教育，作业环境不良，领导指挥不当等。物的因素主要指物的不安全状态：设计上的不足，如厂址选择不好，平面布置不合理，安全距离不符合要求，生产工艺不成熟，从而给生产带来难以克服的先天性的隐患；设备缺陷，如材质选择不当，制造安装质量低劣，缺乏维护及更新等。环境因素主要指环境的突然变化会引起灾难事故。灾难事故的发生往往与思想上疏忽大意有关，与不遵守安全规定有关，大部分事故发生前都有一定的预兆，"人"在防范事故灾难中始终占主导地位[4]。

---

[1] 张震宇，王文楷. 河南省自然灾害形成机理研究[J]. 河南科学，1993，(1)：83-90.
[2] Baldissone G, Demichela M, Comberti L, et al. Occupational accident precursors data collection and analysis according to Human Factors Analysis and Classification System (HFACS) taxonomy[J]. Data in Brief, 2019, (26): 104479.
[3] 傅贵，殷文涛，董继业，等. 行为安全"2-4"模型及其在煤矿安全管理中的应用[J]. 煤炭学报，2013，(7)：1123-1129.
[4] Reason J. Human Error[M]. Cambridge: Cambridge University Press, 1990.

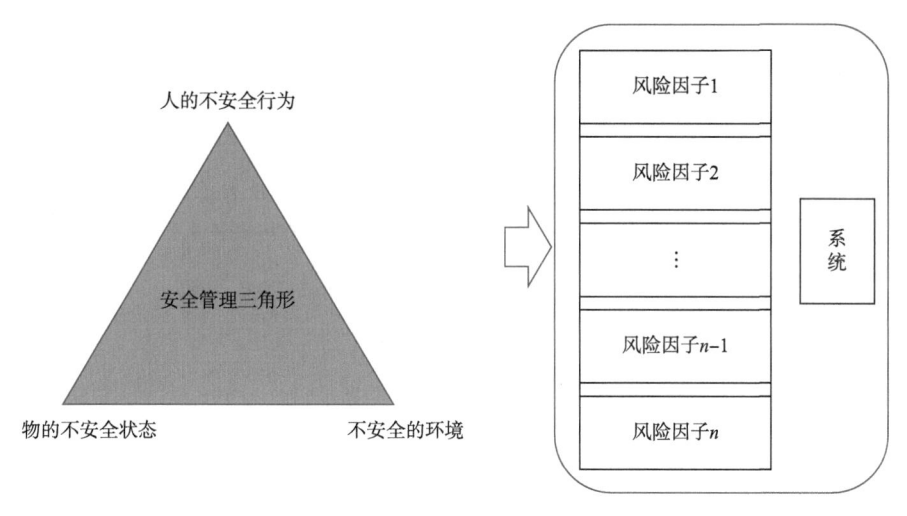

图 1.2 安全管理三角形

如图 1.3 所示，系统中存在的风险因子结合起来，就形成了风险源。有学者将风险源分为两大类，第一类是系统中具有外放能量或危险因素的物质，第二类是对能量守恒具有消极影响的因素，这两类危险源是相伴存在的[1]。在其共同作用下，并受外部激发因素的影响，产生隐患，内部出现失控的情况，最终会发生意料之外的安全事故。

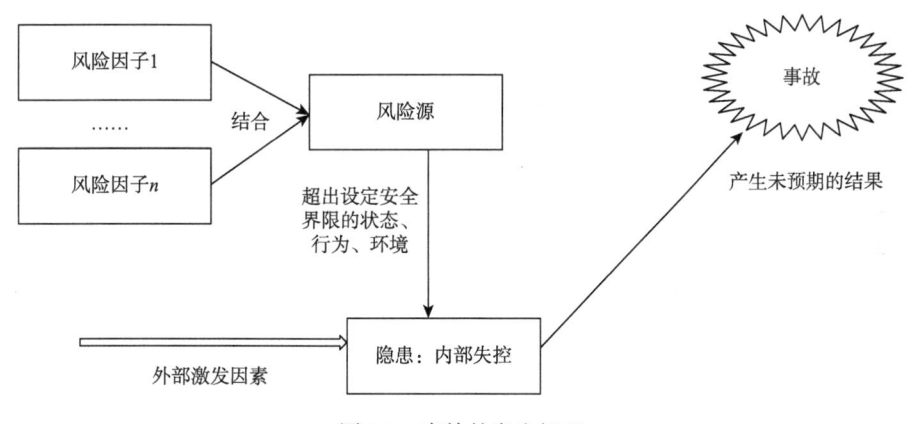

图 1.3 事故的发生机理

德国飞机涡轮机的发明者帕布斯·海恩提出：每 1 起严重事故的背后，必然有 29 次轻微事故和 300 起未遂先兆及 1 000 起事故隐患[2]。海恩法则说明，事故看起来是突然发生的，但实际上是风险因子、风险源、隐患不断积累的结果[3]，如果能加强管理，早发现风险因子，减少风险源和风险隐患，那么可以大大降低事故的发生，如图 1.4 所示。

---

[1] 陈宝智. 系统安全评价与预测[M]. 北京：冶金工业出版社，2011.
[2] 傅鸿翔. 从海恩法则看风险防控理念转变的畸点[J]. 中国社会保障，2021，（5）：85.
[3] van de Schaaf T D. Near miss reporting in the chemical process industry：an overview[J]. Microelectronics Reliability，1995，（9/10）：1233-1243.

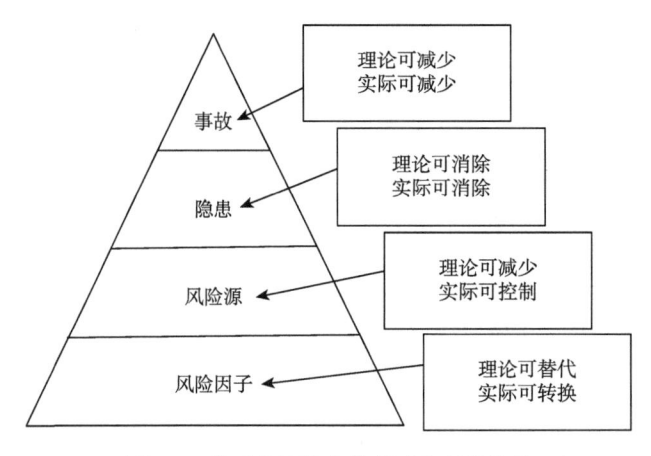

图 1.4　基于事故发生机理减少事故数量

通过加强技术保障，减少物的不安全状态；通过消除管理缺陷，减少人的不安全行为；通过加强监测预警，改变不安全的环境。基于这些手段，可以减少事故数量，降低事故损失。

3. 公共卫生事件

公共卫生事件发生的机理主要包括环境因素和管理因素。环境因素：随着经济的发展，人类对自然界的开发利用导致环境污染和生物界自然平衡紊乱，生物界中的病原体通过宿主转换过渡到人类，导致新传染病暴发；全球平均每年出现一种新传染病，如猴痘、埃博拉病毒和牛海绵状脑病等。随着国际交流的增加，传染病传播的机会增加。以新冠疫情为例，截至 2023 年 2 月 13 日，中国之外已有 235 个国家和地区有感染病例，累计感染者过千例的已达到 228 个。另外，自然条件差异和经济发展不平衡，导致人口分布严重失衡，中心城市人口密度过大，传染病暴发后果严重。管理因素：公共卫生领域，特别是卫生应急工作中存在的机制不健全、信息不准、反应不快、应急准备不足等问题。卫生应急管理协调机制和应急指挥决策体系还不适应公共卫生突发事件应急处理的需要。不少地区还没有建立突发公共卫生事件管理部门，职能定位还不明确。突发公共卫生事件规范化建设还有待进一步加强。

4. 社会事件

社会事件发生的机理是社会中存在不可调和的矛盾或难以解决的问题，个人或群体为维护自身权益或追求某种结果而采取的非常规行为，引发的具有一定社会影响的事件。导致社会事件的因素众多，其中主要有经济因素、政治因素、管理因素、思想意识等。经济因素：社会贫富差距大，低收入群体可支配资源有限，脆弱性大，在经济衰退或者突发事件中受到的影响大。贫富差距引起的社会不公平，导致低收入群体普遍存在不满情绪，容易激化为暴力行为。政治因素：在快速推进改革发展的过程中，会产生一些社会矛盾，如果没有及时妥善化解，随着时间积累，也会导致社会事件。要抓住关键环节，完善执法权力运行机制和管理监督制约体系，努力让人民群众在每一起案件办理、每一件事情处理中都能感受到公平正义[①]。管理因素：一些地方和部门的工作不尽责、不到位。有些问题久拖不决，直到群体性事件发生了才去解决，客观上也容易使群众形成小闹小解决、大闹大解决、不闹不解决的心理。另外，基层工作薄弱，调控能力不足。基层组织不得力，不作为，不管事，预警不及时，错失化解良机；基层组织的威信相对较弱，依法处置的水平较低等。习近平总书记指出，要积极预防、妥善化解各类社会矛盾，确保社会既充满生机活力又保持安定有序。要处理好维稳和维权的关系，既要解决合理合法诉求、维护群众利益，也要引导群众依法表达诉求、维护社会秩序[①]。思想意识：人们的思想意识和价值观念日趋多元化、复杂化。

1.3.2 突发事件的发展演化机理

单一突发事件，如火灾、交通事故等相对较易应对，但突发事件发展演化可能会形成事件链，打破了单一事件的相对确定性，事件链的发展演化过程难以预料，大大提高了失控的可能性，次生灾害有时造成的损失更大。因此，厘清事件链的演化机制，对应急管理决策者把握事件发展方向，采取及时有效的应对方案非常重要。根据突发事件的相关案例分析总结结构化框架，将突发事件发展演化方式总结为以下四种[②]。

1. 直链式演化方式

如图 1.5 所示，原发事件在外界因素的影响下单向发展。事件 A 发生之后，该事件与外界因素相互作用，触发事件 B，而事件 B 与外界因素相互作用，触发事件 C，以此类推。在这个过程中，两个事件通过活跃属性而直线连接在一起。此类演化方式的应急处置重点在于准确识别活跃属性，并通过对活跃属性施加控制达到切断事件演化路径，控制事件的目的。

事件A → 事件B → 事件C

图 1.5 直链式演化方式

地震引发河道两侧山体滑坡或崩塌，滑坡体或崩塌体落入河道形成拦水堤坝，河水聚集成湖的现象称为地震堰塞湖。地震堰塞湖的形成具有三个基本条件：①地震区内有河流经过；②河道两侧有山体，河床海拔明显低于周边山体；③地震引发山体滑坡堵塞河道。由于堰塞湖蓄水量大、落差大，如果被冲垮，形成严重的地震后次生水灾[③]。如遇到较强余震，降水天气，就会加剧其危险性。地震与其衍生的堰塞湖事件通过余震参数、

---

① 人民网. 习近平：坚持政治建警改革强警科技兴警从严治警 履行好党和人民赋予的新时代职责使命[EB/OL]. http://jhsjk.people.cn/article/31074825，2019-05-09.
② 李勇建，乔晓娇，孙晓晨，等. 基于系统动力学的突发事件演化模型[J]. 系统工程学报，2015，（3）：13.
③ 聂高众，高建国，邓砚. 地震诱发的堰塞湖初步研究[J]. 第四纪研究，2004，（3）：293-301.

天气、地质地貌等活跃属性直线连接在一起，如图 1.6 所示。

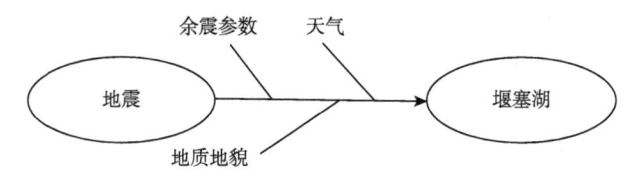

图 1.6　直链式演化方式案例

2. 发散式演化方式

如图 1.7 所示，原发事件通过活跃属性进行发散传导。事件 A 发生后，该事件与外界因素相互作用，触发事件 B、事件 C 等多个事件。多个事件共同发展使事件演化更加复杂，同时也增强了应对难度。此类演化方式的应急处置重点在于预测原发事件的演化趋势及其演化路径，通过控制连通演化路径的活跃属性来切断事件演化路径，实现应对目标。

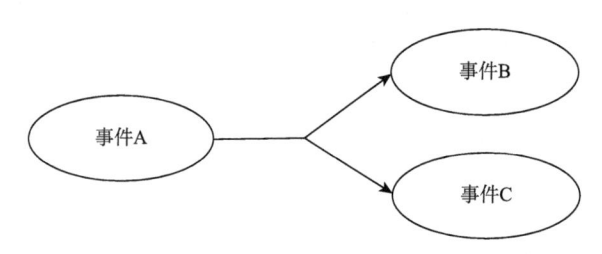

图 1.7　发散式演化方式

2011 年日本福岛核电站核泄漏事故就是"3·11"东日本大地震发散式演化的结果。地震发生时，震中位于东太平洋海域，且震源深度仅海下 10 千米，地震触发了海啸；地震造成的核电站操作系统供电的中断，导致了福岛第一核电站和第二核电站的 6 个反应堆冷却系统失灵。从 3 月 12 日到 3 月 15 日，福岛第一核电站 4 个机组先后发生爆炸，并出现放射性物质外泄情况[①]。地震的活跃属性震级、烈度、地质地貌与海啸事件、核泄漏事件联系起来，事件以发散式发展演化，组成了巨灾系统，如图 1.8 所示。

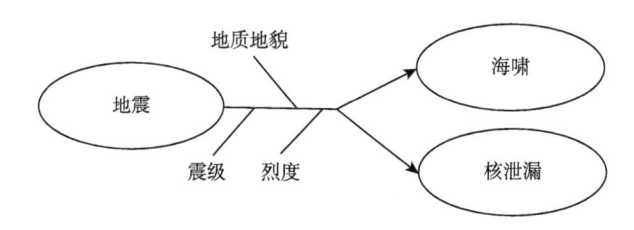

图 1.8　发散式演化方式案例

---

① 薛澜，沈华. 日本核危机事故应对过程及其启示[J]. 行政管理改革，2011，（5）：28-32.

3. 集中式演化方式

如图 1.9 所示，原发事件 A 和事件 B，通过集中作用导致了事件 C 的发生。与发散式演化方式相比较，该演化方式需要多个事件共同作用才能触发衍生或次生事件，因此对其应对处置相对容易，只要能够有效地对其中至少一个原发事件进行应急管理，切断其演化路径，就能达到控制事件演化，避免后续事件发生的目的。

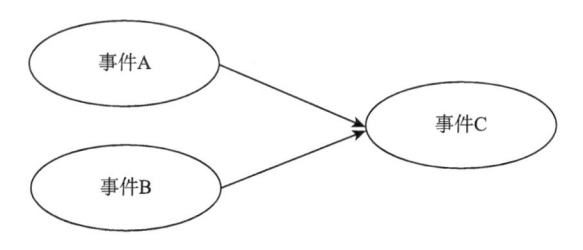

图 1.9　集中式演化方式

2011 年各国物资哄抢事件即日本福岛核电站核泄漏事件和谣言事件集中式演化的结果。当福岛核泄漏事件发生后，民众在了解该事件的过程中，认知出现偏差，加之类似事件（切尔诺贝利核电站）的影响造成了心理恐慌，一时间谣言四起。这导致了全球物资哄抢事件的发生：中国抢购盐，韩国抢购海带和紫菜，美国西海岸抢购碘片和防毒面具，保加利亚、芬兰、俄罗斯等国抢购碘制剂，等等。福岛核泄漏事件的活跃属性扩散物致死率、扩散范围和谣言事件的活跃属性心理恐慌程度共同作用后与物资哄抢事件连接为一条事件链，如图 1.10 所示。在应对物资哄抢事件时，各国政府和权威研究机构对扩散物传播速度、危险性做出说明使民众了解事件的进展，并安抚民众情绪；通过网络、报纸等渠道对哄抢对象的保有量和供应能力予以官方说明，进一步降低民众心理恐慌程度，最终控制事态演化。这一经验表明，事件以集中式发展演化时，事件的复杂度和不确定性相对较低。决策者应尽快识别出任意活跃属性并加以控制，达到尽快掌控局面的目的。之后再通过其他属性的识别和控制而实现有效应对。

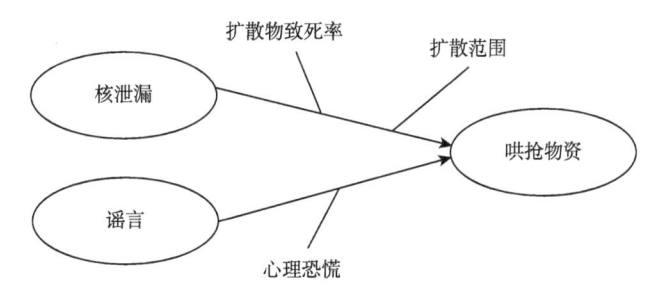

图 1.10　集中式演化方式案例

4. 循环式演化方式

如图 1.11 所示，事件 A 发生后，通过活跃属性触发了事件 B，事件 B 通过活跃属性导致了事件 C 的发生，而事件 C 又通过活跃属性触发或激化了事件 A，最终形成了一个环状的事件群，环上事件通过活跃属性互相作用。这种演化方式下，应急处置的重点应落在识别并控制任意活跃属性，切断该属性所在的演化路径，将循环式转化为图 1.5 所示的直链式再予以应对。

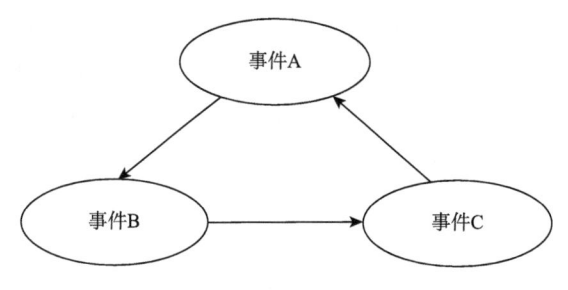

图 1.11 循环式演化方式

山体滑坡事件、堰塞湖事件和水灾事件是最具代表性的循环式演化方式。山体滑坡事件通过活跃属性滑坡体规模在一定地质地貌（如阻塞河流）条件下导致堰塞湖事件发生，而堰塞湖事件的活跃属性湖区水位达到其承载阈值就会触发水灾事件，而在一定地质地貌情况下，水灾事件通过活跃属性水利设施损毁程度又会引起山体滑坡事件，如图 1.12 所示。在应对此类事件时，应首先控制任意活跃属性，以其为节点打破演化路径，转化为以其中某一事件为原发事件的直链式演化方式施加控制。

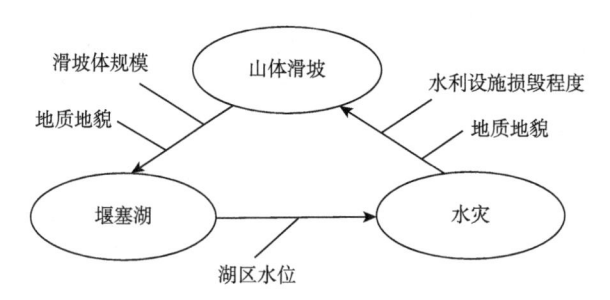

图 1.12 循环式演化方式案例

在突发事件以巨灾系统发生的情境下，明确突发事件的发展演化方式能够辅助决策者厘清事件之间的逻辑关系；从活跃属性层面对事件演化方式做进一步的分析和界定，为决策者及时有效地把握事件控制关键点提供参考[①]。

1.3.3 突发事件的生命周期

突发事件生命周期理论最早于 20 世纪 30 年代被提出，50 年代被广泛应用于突发事件的研究，主要是进行阶段性划分，包括四个阶段，即诞生、成长、成熟、死亡，后被应用于危机管理中，使人们对危机能够全面了解，也能更好地针对危机所处的不同阶段采取针对性措施，避免危机扩大化。随着时间的推移，生命周期理论进一步细化成五阶段划分理论、六阶段划分理论。

---

① 李勇建，乔晓娇，孙晓晨，等. 基于系统动力学的突发事件演化模型[J]. 系统工程学报，2015，（3）：13.

罗伯特·希斯最开始提出了危机管理四阶段论，即缩减阶段（reduction）、预备阶段（readiness）、反应阶段（response）和恢复阶段（recovery），简称"4R"危机管理理论[1]。这四个阶段的具体内容分别为：①缩减，指的是减少危机的成本和损失；②预备，指的是建立相应的危机预警系统；③反应，指的是在危机发生阶段的管理手段，面对危机要在短时间内迅速做出正确的反应，避免危机进一步扩大；④恢复，指的是在危机消退后，尽快恢复组织的正常运转并修复影响等。

生命周期理论的四阶段划分法作为最早被提出来的理论，目前仍具有重大影响力。基于此理论，美国州长协会（National Governors Association，NGA）将应急管理全过程划分为减缓（mitigation）、准备（preparedness）、响应（response）、恢复（recovery）四个阶段[2]。

管理学者斯蒂文·芬克出版的《危机管理：对付突发事件的计划》一书中，将危机管理划分成五个阶段，包括危机的酝酿期、爆发期、扩散期、处理期和后遗症期五个阶段[3]。这五个阶段的具体内容为：①酝酿期，指事故灾难还未发生，但是已经有些许征兆，当事故发生因素积累到一定程度，事故就有可能会爆发。②爆发期，指事故已经发生，但仅仅是爆发初期，如果及时采取应急措施，很大程度上可以控制事故发生的态势。③扩散期，指事故已经完全爆发，并不断扩大影响范围，此时要想控制住事故发展形势，必须采取强有力手段。④处理期，指通过采取相应的应急救援措施，使事态得以被控制。⑤后遗症期，指危机发生后恢复与重建，以及给予受灾人员物质上的救助和精神上的慰藉。2001年"9·11"事件之后，美国国土安全部（Department of Homeland Security，DHS）将NGA提出的四个阶段修改为五个阶段，即准备、预防、保护、响应、恢复。

还有学者提出了六阶段模型和七阶段模型，如奥古斯丁将危机管理全过程划分为六个阶段，即避免危机、准备管理危机、察觉危机、抑制危机、解决危机、从危机中获利[4]。伯恩等将危机管理全过程划分为七个阶段，即早期侦测、态势感知、做出关键决策、危机协调、解释、绩效问责、教训汲取[5]。

综上所述，突发事件的发展是一个具有生命周期的过程[6]，酝酿期处于突发事件爆发之前，爆发期、扩散期处于突发事件事中，而重建期是突发事件之后。虽然存在多种阶段划分方法，但是其共性可以总结为图1.13。

---

[1] 希斯 R. 危机管理[M]. 王成，等译. 北京：中信出版社，2004.
[2] National Governors' Association Center for Policy Research. Comprehensive Emergency Management：A Governor's Guide[M]. Washington, D.C.：National Governors' Association, 1979.
[3] Fink S. Crisis Management：Planning for the Inevitable[M]. New York：American Management Association, 1986.
[4] 奥古斯丁 N R. 危机管理[M]. 北京：中国人民大学出版社，2001.
[5] Boin A, Hart P, Kuipers S. The crisis approach[C]//Rodriguez H, Donner W, Trainor J E. Handbook of Disaster Research. Cham：Springer, 2018：23-38.
[6] 刘思亮, 夏泉. 基于危机生命周期理论的研究生突发事件应对机制构建[J]. 中国应急救援, 2017, (3)：12-18.

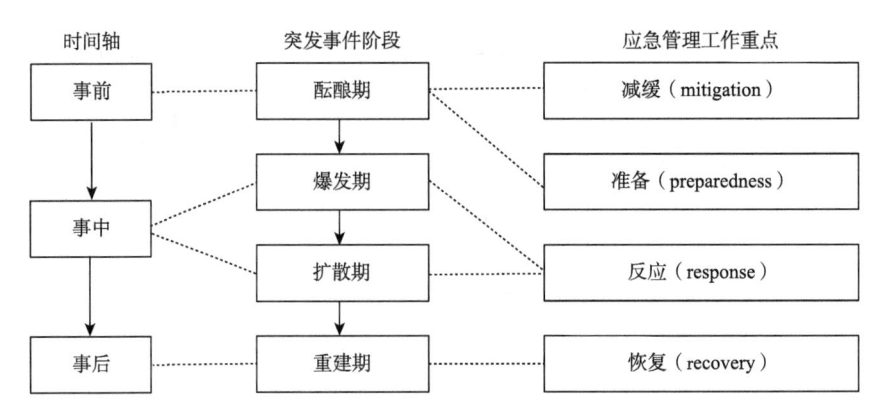

时间轴	突发事件阶段	应急管理工作重点
事前	酝酿期	减缓（mitigation）
事中	爆发期	准备（preparedness）
	扩散期	反应（response）
事后	重建期	恢复（recovery）

图 1.13　突发事件的生命周期

突发事件的酝酿期。突发事件虽然具有突发性，但是很多突发事件存在酝酿发酵的过程，尤其是事故灾难和社会安全事件。对于事故灾难，管理松懈、意识薄弱通常在事故灾难发生之前已经存在相当长的时间，期间突发事件的征兆不断出现，但未造成损害或损害很小，甚至可能出现过未遂事故。如果管理者和相关责任人能从这些征兆和未遂事故中吸取教训，提高警惕，及时进行整改，那就可能避免事故灾难的发生。对于社会安全事件，潜伏期更加明显，在这个阶段中矛盾逐渐积累，量变或者质变已发生但不明显。随着群众的不满情绪逐渐积聚，如果矛盾处置不当，就会成为社会安全事件的诱发因子。

突发事件的爆发期。突发事件的标志性事件发生，严峻态势出现。突发事件一旦发生便会对社会造成巨大冲击，马上引起社会普遍关注，产生很强的震撼力。例如，传染病开始传播，事故灾难的发生，群体矛盾激化引发的群体性暴力事件，自然灾害的发生，等等。突发事件的爆发期一般时间很短，但是危害最大。

突发事件的扩散期。突发事件爆发之后，其影响不断扩大。其中包括两个方面，一方面，事态本身的发展，如传染病、社会安全事件，在爆发之后会不断传播，影响面会越来越广；另一方面，突发事件引发的次生事件，如突发事件引起的网络舆情导致人们非理性的行为（如抢购等），突发事件引起的供应链中断对人们的生活造成的困难等。这个阶段突发事件造成的影响不断扩大，危害达最高点。

突发事件的重建期。随着突发事件得到有效处置，在此阶段突发事件影响的强度、广度都逐渐减小，矛盾冲突得到缓和，相关各方的利益得到基本保障，受灾人们的生活逐步恢复正常，社会秩序也恢复正常状态。

➢ 本章小结

首先，介绍了突发事件的定义和分类；其次，分析了突发事件的主要特征，包括危害性、紧迫性和不确定性；最后，讨论了突发事件的基本过程，阐述了其发生机理、演化过程及其整个生命周期。

➢ 关键术语

突发事件　危害性　紧迫性　不确定性　发生机理　演化过程　生命周期

➢ 复习思考题

1. 根据公共管理的角度分类，突发事件可以分为哪些类别？
2. 突发事件的主要特征有哪些？
3. 突发事件的发展演化机理有哪几种？请举例说明。
4. 突发事件的生命周期可以分为哪些阶段？

第 2 章

应急管理概念、理论与方法

突发事件日趋复杂化，对人们的生产生活造成巨大危害。习近平总书记在主持中央政治局第十九次集体学习时强调，应急管理是国家治理体系和治理能力的重要组成部分，承担防范化解重大安全风险、及时应对处置各类灾害事故的重要职责，担负保护人民群众生命财产安全和维护社会稳定的重要使命。要发挥我国应急管理体系的特色和优势，借鉴国外应急管理有益做法，积极推进我国应急管理体系和能力现代化[1]。

2.1 应急管理概念

2.1.1 应急管理的基本含义

国内外学者对应急管理下了不同的定义，根据其侧重点的不同，主要可以分为两类。一类应急管理的定义着重强调对突发事件的管理，如2009年联合国国际减灾战略在《术语：灾害风险削减的基本词汇》中提出，应急管理是组织与管理应对紧急事务的资源与责任，特别是准备、响应与恢复。应急管理包括各种计划、组织与安排，它们确立的目的是将政府、志愿者与私人机构的正常工作以综合协调的方式整合起来，满足各种各样的紧急需求，包括预防、响应与恢复[2]。

在我国，应急管理是指政府及其他公共机构在突发事件的事前预防、事发应对、事中处置和善后恢复过程中，通过建立必要的应对机制，采取一系列必要措施，应用科学、技术、规划与管理等手段，保障公众生命、健康和财产安全；促进社会和谐健康发展的有关活动[3]。

美国联邦应急管理署认为，应急管理是有组织地分析、规划、决策与调配可利用的资源，针对所有危险的影响而进行的减缓、准备、响应与恢复[2]。

---

[1] 人民网. 习近平主持中央政治局第十九次集体学习[EB/OL]. http://jhsjk.people.cn/article/31483205, 2019-11-30.
[2] 杨月巧，王慧飞. 新应急管理概论[M]. 北京：北京大学出版社，2020.
[3] 姜安鹏，沙勇忠. 应急管理实务[M]. 兰州：兰州大学出版社，2010.

德拉贝克与霍特默说：应急管理是这样一种学科与职业，它应用科学技术、规划与管理来应对极端事件。这些极端事件可能会导致多人伤亡，对财产造成重大损失，扰乱社会生活[①]。

另一类关于应急管理的定义聚焦于对突发事件风险的管理，认为风险管理应贯穿于应急管理的全过程。例如，威廉·沃认为应急管理就是风险管理，其目的是使社会能够承受环境、技术风险，应对环境、技术风险所导致的灾难。哈多与布洛克指出应急管理的简要定义是应对风险与规避风险的学科。

2.1.2 应急管理的主要特点

应急管理是管理的一种，其本质也是协调，然而应急管理是对突发事件的管理，与一般的管理存在差异，具有以下特点。

1. 政府主导性

政府在突发事件应对中起主导性作用，应急管理的责任主体是政府。《中华人民共和国突发事件应对法》规定，县级人民政府对本行政区域内突发事件的应对工作负责；涉及两个以上行政区域的，由有关行政区域共同的上一级人民政府负责，或者由各有关行政区域的上一级人民政府共同负责。法律上明确界定了应急管理的政府主导性，同时，实践中突发事件应对需要大量人力、物力，应急管理也需要政府主导。政府具有行政资源，拥有组织严密的行政组织体系，可以调配大量的社会资源，具有强大的社会动员能力，这是任何企业、非政府组织（non-governmental organizations，NGOs）、个人无法比拟的。只有由政府主导，才能协调各种资源和各方面力量，有效开展应急管理。

2. 行政强制性

《中华人民共和国突发事件应对法》规定，单位或者个人违反本法规定，不服从所在地人民政府及其有关部门发布的决定、命令或者不配合其依法采取的措施，构成违反治安管理行为的，由公安机关依法给予处罚。在应对突发事件时，政府应急管理的一些原则、程序和方式不同于正常状态，权力将更加集中，决策和行政程序将更加简化，一些行政行为带有更大的强制性。当然，突发事件应对过程中的非常规行政行为必须遵守相应的法律、法规，应急管理活动受到法律、法规的约束，需正确行使法律、法规赋予的应急管理权限。应急管理以法律、法规为手段，规范和约束应急管理过程中不同组织、个人的行为，确保应急管理措施落实到位。

3. 社会参与性

《中华人民共和国突发事件应对法》规定，公民、法人和其他组织有义务参与突发事件应对工作。尽管应急管理的责任主体是政府，但是政府需要调配各种社会资源参与

---

① 陈安，陈樱花. 公共危机与应急管理领导干部读本[M]. 北京：中共中央党校出版社，2020.

应急管理。如果没有全社会的共同参与，突发事件应对不可能取得好的效果。例如，新冠疫情期间，全国各地的医护人员支援湖北武汉抗击疫情；企事业单位纷纷组织捐款捐物，筹集防护用品；汽车租赁公司员工义务接送医护人员往返驻地与医院；保障供应人员，不辞辛劳地为武汉人民提供生活物资；广大市民克服生活不便，遵守防疫政策，积极参与抗疫，宣传疫情防控相关知识。万众一心、共同参与是武汉迅速战胜突发新冠疫情的基本保障。

4. 目标广泛性

《中华人民共和国突发事件应对法》规定，有关人民政府及其部门采取的应对突发事件的措施，应当与突发事件可能造成的社会危害的性质、程度和范围相适应；有多种措施可供选择的，应当选择有利于最大程度地保护公民、法人和其他组织权益的措施。应急管理以维护公共利益、社会大众利益为己任，以保持社会秩序、保障社会安全、维护社会稳定为目标。其出发点就是把人民群众的利益放在第一位，关注的是包括经济、社会、政治等方面的公共利益和社会大众利益，保证人民群众生命财产安全，保证人民群众安居乐业。

2.1.3 应急管理的工作原则

《国家突发公共事件总体应急预案》提出了应急管理六项工作原则：以人为本，减少危害；居安思危，预防为主；统一领导，分级负责；依法规范，加强管理；快速反应，协同应对；依靠科技，提高素质[①]。

1. 以人为本，减少危害

把保障公众健康和生命安全作为首要任务，处置措施合理匹配。可能造成人员伤亡的突发事件预警阶段，及时采取人员避险措施；突发事件发生后，优先开展抢救人员的紧急行动；加强抢险救援人员的安全防护，最大限度地避免和减少突发事件造成的人员伤亡和健康危害。处置突发事件所采取的措施应该与突发事件造成的社会危害的性质、程度、范围和阶段相适应；处置突发事件有多种措施可供选择时，应选择对公众利益损害最小的措施；对公众权利与自由的限制，不应超出控制和消除突发事件造成的危害所必要的限度，并应对公众的合法利益所造成的损失给予适当的补偿。

2. 居安思危，预防为主

建设应急预案体系及预警机制。按照国家关于应急预案建设的要求，本着预防与应急相结合、常态与非常态相结合的原则，完善灾害事故处置预案，形成应急预案体系，

---

① 中华人民共和国中央人民政府. 国家突发公共事件总体应急预案[EB/OL]. http://www.gov.cn/yjgl/2006-01/08/content_21048.htm, 2006-01-08.

包括市区县各级政府部门应急预案，部分市级基层应急单元预案和重大活动应急预案[①]。涵盖突发事件应对的各个方面和环节，预案要"管用、能用"，吸收应对各种突发事件的经验和教训，能够解决问题。注重应急预案的动态性，在实践中检验预案并不断修正、充实和完善。同时，建立预测与预警机制。构建气象、地震、海洋灾害等自然灾害监测预警预报体系，以及其他灾种监测预报设施和网络。同时增强忧患意识，高度重视公共安全工作，居安思危，常抓不懈，防患于未然。做好应对突发事件的思想准备、预案准备、组织准备及物资准备等。通过强化事故灾难风险隐患排查，有效增强突发事件的预防和预警能力。

3. 统一领导，分级负责

加强领导，建立应急管理体制，从突发事件的固有特点出发，吸取国内外应急管理经验，努力建立有利于快速高效决策和资源统一调度的指挥协调系统。实行行政领导负责制：应急管理工作实行集中统一领导，"一把手"对辖区内突发事件预防及处置负有主要责任；建立健全分类管理、分级负责，条块结合、属地管理为主的应急管理体制，各级政府之间、协调机构、工作机构之间各司其职，同时相互配合；加强基层应急管理单元建设，实行网格化、全覆盖，推进应急管理重心下移。强化区域、时段、环节全覆盖，形成条、块、点相结合的工作格局。

4. 依法规范，加强管理

法治是应急管理事业的基石和保障。2002~2003 年突发 SARS 事件之后，我国应急管理法治建设取得了飞跃式发展，《中华人民共和国突发事件应对法》这一综合性法律在 2007 年出台。习近平总书记在总结新冠疫情防控工作时说："这次疫情发生以来，各级党委和政府在党中央统一领导下，积极开展防控工作，取得初步成效，但也有一些地方和部门面对突如其来的疫情进退失措，出台的一些防控措施朝令夕改，一些地方甚至出现了严重妨碍疫情防控的违法犯罪行为，群众对此不满意。实践告诉我们，疫情防控越是到最吃劲的时候，越要坚持依法防控，在法治轨道上统筹推进各项防控工作，全面提高依法防控、依法治理能力，保障疫情防控工作顺利开展，维护社会大局稳定。"[②]

习近平总书记在中共中央政治局以我国应急管理体系和能力建设为主题进行第十九次集体学习时强调，要坚持依法管理，运用法治思维和法治方式提高应急管理的法治化、规范化水平，系统梳理和修订应急管理相关法律法规，抓紧研究制定应急管理、自然灾害防治、应急救援组织、国家消防救援人员、危险化学品安全等方面的法律法规，加强安全生产监管执法工作。要坚持群众观点和群众路线，坚持社会共治，完善公民安全教育体系，推动安全宣传进企业、进农村、进社区、进学校、进家庭，加强公益宣传，普及安全知识，培育安全文化，开展常态化应急疏散演练，支持引导社区居民开展风险隐

---

① 付瑞平. 加强顶层设计 进一步提升应急预案体系建设质量[J]. 中国应急管理，2020，(11)：8-11.
② 人民网. 习近平：全面提高依法防控依法治理能力 健全国家公共卫生应急管理体系[EB/OL]. http://jhsjk.people.cn/article/31610816，2020-02-29.

患排查和治理，积极推进安全风险网格化管理，筑牢防灾减灾救灾的人民防线[①]。

5. 快速反应，协同应对

围绕统一指挥、反应灵敏、协调有序、运转高效的目标要求，建立统一的应急处置指挥平台。突发事件发生后，组织应急联动单位进行即时处置，以公安、消防、防汛、抗震、医疗等专业队伍为基本力量，整合各方面人员资源，形成综合性应急队伍体系。一旦发生先期处置仍不能控制的紧急情况，则报请上级应急管理委员会，启动相应应急预案。在突发事件处置完毕后，进入善后处理阶段。对伤亡人员及征用物资给予抚恤和补偿，对受灾情况进行评估，采取有效措施，恢复正常生产生活。

6. 依靠科技，提高素质

高度重视灾害事故智慧应急科技发展，将其作为应急管理体系及能力现代化改革的中心任务，纳入各级应急管理部门工作中去。充分利用各种资源，发挥产业优势，做好社会发展科技成果的转化和服务工作，共同推进应急管理从信息化向智慧化的更高水平迈进。进一步鼓励应急管理领域的前瞻性、基础性、原创性科学研究，合理加大公共财政对应急管理信息技术转化应用的投入，同时引导地方和行业的科技投入，逐步构建多元投入、多学科支持智慧应急发展的新格局[②]。

2.1.4 应急管理行为规范

在突发事件中，人们常常面对紧急时刻，采取何种决策往往取决于决策者的观念，因此应急管理实践应遵守基本的行为规范，主要反映在以下方面。

1. 责任

责任是个人和组织在应急管理中最重要的要素。就组织中的个人而言，责任来自两方面：一是外部因素的客观责任，包括法律、制度、组织内的规范、人和组织的负责关系、任务承诺等。在应急状态下，组织倾向于集中化管理，应急人员需要调整，尽力做到对上级负责，对下级担责，依照规程、预案开展应急工作。二是个人内心驱动的主观责任，包括根植于人内心的理想、良知等。当客观责任的既定框架不能解决突发事件中的问题时，应急人员应该基于其主观责任，行使自由裁量权。只有在主观责任与客观责任共同作用下，才能使应急管理不出现停滞、中断的情况，保证应急管理的连续性和有效性，并获得合作者和公众的信任。例如，黑龙江省森林消防总队黑河市森林消防支队爱辉区大队四中队特种车辆维修技师吴迪，在 2020 年黑河市百年不遇的冻雨和暴雪灾害抢险救援中，不得不顶着零下 20 多度的严寒，打开舱盖露天驾驶。经过一整天的努力，完成了机场高速交通

[①] 人民网. 习近平：充分发挥我国应急管理体系特色和优势 积极推进我国应急管理体系和能力现代化[EB/OL]. http://jhsjk.people.cn/article/31483384, 2019-12-01.

[②] 刘奕, 张宇栋, 张辉, 等. 面向 2035 年的灾害事故智慧应急科技发展战略研究[J].中国工程科学, 2021, (4): 117-125.

大动脉的除冰任务,赢得驻地群众的一致赞誉,而他自己身上却多处冻伤[1]。

2. 价值

降低灾难事件中社会和人民的损失总量是应急管理的总目标,但在应急处置环节中,常会出现各种利益冲突,陷入困境,因此应急人员必须在时间压力之下,以价值判断,确保以人为本、生命至上、保护最大多数人的利益、不以无辜者为代价保全他人利益[2]。面对突发事件,习近平总书记曾多次作出重要指示,"全力救治伤员"[3]。

毋庸置疑,尊重生命是人道主义最基本的信条,也是应急管理中确定工作优先次序的最重要原则。在突发事件处置中,如果生命权与其他权益发生冲突,其他权益的保护应让位于抢救生命。同时,在应急处置中常常会遭遇由于时间、人力、物力等资源限制而必须对救援对象有所取舍的情况,这时候要遵循的原则就是保护最大多数人的利益,如此才能达到减少危机和灾难事件中的社会和人民损失总量的目标。

3. 关系

面对突发事件,所有人都要建立共享共担、通力合作的伙伴关系。突发事件往往发展迅速,事件的演化复杂多变,因此组织跨区域、跨专业的快速联动团队成为制胜的关键。新冠疫情暴发后,国家卫生健康委员会迅速行动,统筹调度全国医疗资源,协调各地向疫情暴发地派出医疗救治队伍,支援当地开展核酸检测、病人收治等工作,以尽快扑灭疫情。

实际上,"一方有难八方支援"是我国应急管理的优良传统和鲜明特色,突出体现出我国国家制度和国家治理体系"坚持全国一盘棋,调动各方面积极性,集中力量办大事"的显著优势。伴随应急管理领域在机制体制上的创新改革推进,合作的精神、共享的态度、共担的勇气也是应急管理的价值之一,应成为应急管理各级行政人员的基本理念。在面临决策或行动时,能以开放的态度,主动寻求合作、积极响应合作,与各地、各团队形成联系紧密、配合默契的伙伴关系,有利于在整体上提高全社会应急管理能力和水平。

2.2 应急管理理论

2.2.1 脆弱性理论

1. 脆弱性定义

脆弱性英文释义为物体容易受到攻击、伤害和损坏的特性。该理论源于对自然灾害

---

[1] 张玉东,吕志强,苏新兵. 荣誉,既是鼓励更是鞭策——记"2020最美应急管理工作者"吴迪[J]. 中国应急管理,2021,(2): 92-93.
[2] 吴险峰,李翙. 应急管理中的伦理问题研究[J]. 新西部,2017,(21): 71-72.
[3] 人民网. 习近平: 全力救治伤员 做好灾后重建[EB/OL]. http://military.people.com.cn/n/2015/0507/c1011-26960727.html, 2015-05-07.

的研究，由 Timmerman 提出[①]。其最早用于地质学研究中，是指系统自身存在固有的缺陷、弱点和薄弱点导致承受灾害事件的伤害能力与恢复能力相对脆弱，从而无法保证系统正常运行，即系统自身运行时所自带的不稳定性或可变性，经调查研究大量事故资料表明事故灾难的基本成因主要基于其脆弱性，并逐渐发展成一种理论[②]。20 世纪 70 年代，英国学者把脆弱性的概念引入自然灾害研究领域，目前已广泛应用于风险管理、信息安全管理、生态变化、公共健康、气候变化、可持续性发展研究、经济学和工程学等领域[③]。研究表明，脆弱性与事故规模存在正相关关系，脆弱性越强，事故规模越大，特别是叠加事故应对决策不当因素下，原有事故的波及范围及危害发生大幅增长[④]。

随着理论的逐渐完善，脆弱性开始与资源环境、社会经济和政府政策相关联，并划分为单要素脆弱性和耦合系统脆弱性。单要素脆弱性是以某一种具体要素或系统作为研究对象，如灾害、水资源、经济脆弱性等；耦合系统脆弱性从系统整体角度出发，如城市、生态、人的耦合系统等。单要素脆弱性是耦合系统脆弱性的基础和前提，耦合系统脆弱性需要在单要素脆弱性相互作用的前提下进行集成分析[⑤]。

脆弱性是复杂的，和以下因素有关：①物理因素，如建筑物的不合理设计和建造、不规范的土地使用规划等。②社会因素，如不平等、边缘化、性别歧视、社会地位、残疾和年龄、心理因素等。炎热天气下，老年人的独处是最重要的脆弱性因素。③经济因素，如没有完善的基本保险覆盖、对单一行业的依赖、对全球供应链的依赖等。④环境因素，如环境管理不善、自然资源的过度消耗、气候变化等。脆弱性是一系列经济、社会、文化、制度、政治和心理因素共同作用的结果，受到人们生活及其所处环境的影响。

脆弱程度可以解释为什么相似的突发事件在不同环境中会导致不同程度损失和影响。例如，处于地震带的国家经常暴露于地震风险之中，如果基础设施抵御地震的能力强，即使地震发生的可能性仍然很高，但受到地震破坏的程度和损失却比较小。同时，社会中的一些群体比其他群体更容易受到伤害，是脆弱群体。脆弱群体在灾难发生后最难重建他们的生活，这反过来又使他们更容易受到后续灾难事件的影响。因此，必须降低脆弱性，以减小灾难造成的损失。

2. 脆弱性分析框架

脆弱性分析包括了解脆弱性的根本原因或影响因素，国内外运用最为广泛的模型有风险-灾害分析模型、地方灾害脆弱性分析模型、压力释放分析模型、人-环境耦合系统分析模型等[⑥]。例如，在对自然灾害脆弱性分析时，学者们提出要考虑以下五方面因素：

---

① Timmerman P. Vulnerability, Resilience and the Collapse of Society: A Review of Models and Possible Climatic Application[M]. Toronto: Institute for Environmental Studies, 1981.

② 韩豫, 成虎. 基于脆弱性的地铁运营安全事故致因分析[J]. 中国安全科学学报, 2013, (8): 164-170.

③ 路笃辉, 李兵, 张媛媛, 等. 基于脆弱性理论的电梯风险评估模型及影响因素研究[J]. 中国特种设备安全, 2021, (12): 74-80.

④ 李泽中, 戴羽. 山地马拉松赛事安全风险的形成机理及防控研究——基于系统脆弱性理论框架的分析[J].体育科技文献通报, 2021, (10): 17-20.

⑤ 杨飞, 马超, 方华军. 脆弱性研究进展：从理论研究到综合实践[J]. 生态学报, 2019, (2): 441-453.

⑥ 毛亚会, 余丹林, 郑江华, 等. 城市脆弱性评价研究进展[J]. 环境科学与技术, 2017, 40 (12): 97-103.

①生存实力和恢复力；②福祉和当前状态；③自我保护；④社会保护；⑤治理。

这五个方面是相互关联的，它们之间的联系对于理解脆弱性的原因和减小脆弱性相当重要。决定一个人的脆弱性的基本因素是其生存实力及其对危害的抵抗力。一个人的福祉和自我保护是由其生存实力决定的。反过来，不同人群之间不同的生存实力在很大程度上取决于治理类型。社会的治理框架影响着收入和资产的分配方式，从而影响着不同人的生存实力。同样，社会保护也与治理类型密切相关。例如，在一些国家，非政府组织和民间组织较多，可以帮助保护脆弱群体，但在另一些国家，非政府组织和民间组织数量少、能力弱，不具备为个人提供社会保护的能力。

3. 脆弱性评价

脆弱性评价方法首先要建立科学合理的指标体系，然后利用不同数学模型进行计算，得出脆弱性指数。较为常用的方法是函数模型法、综合指数法、决策树分析法、BP（back propagation，神经网络）模型法等。随着研究深入，还出现了情景分析法、集对分析和数据包络分析等。不同的评价方法有不同的研究特点，可根据实际的研究目的进行合理选择。

2.2.2 风险感知理论

风险感知，又称风险认知，指人们对风险事物和风险特征的感受、认识和理解。突发事件中人们的决策通常是在风险感知、风险评价的基础上开展的，因此，风险感知是应急管理的重要组成部分。目前风险感知的研究主要从两个方面入手，一是风险感知的心理测量流派，主要运用心理学方法研究风险问题，侧重对风险根源的主观特征和主观感受的测量；二是风险感知的文化理论流派，试图从认知主体自身的生活方式理解风险感知及与风险有关的行为。

风险感知的心理测量流派的最主要前提假设是风险是主观的，而不是客观的，即风险不是独立于人们头脑和文化之外的东西，属于心理学范畴。风险是受心理、社会、制度和文化等多种因素影响的个人主观感知，所以通过设计调查工具，可以量化不同因素之间的内在关联及其对风险感知的影响，从而阐明个人和社会面对灾难时的反应[1]。

风险感知的文化理论流派认为，风险感知有赖于共享的文化，而不是靠个人的心理。他们认为现实世界无论出现何种客观危险，社会组织会强调那些强化团体凝聚力的道德、政治或宗教秩序的东西，并得出结论：有关风险的讨论充满高度的道德和政治感情[2]。该理论强调个人、组织和社会之间的内在关系，这里的风险感知属于社会学理论的范畴。它预设了一个积极的而非被动的风险感知者，这个感知者不完全是个人，而是受组织所驱动的、具有主动选择或回避风险的能力。根据文化理论，人们应对风险主要是依据认知社会的方式及各种制度和程序规则。

---

[1] Douglas M. Risk Acceptability According to the Social Sciences [M]. New York：Russell Sage Foundation，1985.

[2] 道格拉斯 M. 洁净与危险[M]. 黄剑波，卢忱，柳博赟译. 北京：民族出版社，2008.

文化理论可以被用来预测风险的感知和风险管理中决策程序的偏好。研究发现等级主义者倾向信任权威（如专业领域权威或政府），他们最关注那些威胁社会秩序的风险，也更喜欢专家委员会的基本管理战略和安全标准；平等主义者倾向怀疑权威，主要关注那些源于制度（特别是被认为是不平等的制度）的风险，平等主义群体可能非常关心责任问题，偏向鼓励全员参与式的决策过程；宿命论者倾向将各种事件的发生和结果看作命运和机会的安排，面对风险他们觉得无能为力，且认为做各种决定都超出了他们的控制范围，因此他们往往选择逆来顺受；个人主义者面对风险，倾向基于自己的选择而做出最大努力，并基于经济因素特别是成本-收益分析而做出理性的决策[1]。

当前学术界对是否应该将公众风险感知纳入风险管理决策存在争议。赞同者认为，公众风险感知是风险管理决策的前提，有助于风险管理决策；反对者则认为，公众风险感知对风险管理和风险决策毫无用处。尼克·皮金在其《风险评估、价值与社会科学计划：我们为何需要风险感知研究》一文中具体概括了正反两方的主要观点，如表2.1所示[2]。

表2.1　公众风险感知是否纳入风险管理的正反方观点

反方观点	正方观点
公众感知是噪声和偏见	公众应当参与那些对他们有影响的风险决策
公众态度也是偏见和歧视	公众感知反映了人们的基本价值
管理风险仅仅需要管理公众感知	公众感知能产生较大实际影响或显著后果
公众在其风险感知中并不是同质的	专家也有偏见
风险仅仅是社会建构的产物	公众风险感知能丰富专家的分析

具体来说，反对者中普遍流行的一种观点是：公众并不具有正确评估伤害的知识，公众的看法往往是有误的、短暂的和失之偏颇的，不能反映完整的信息。当今时代的问题具有高度的复杂性、多层次的关联性、动态变化性和不确定性，通常会涉及多学科交叉知识和技术，普通公众缺乏必要的时间、信息和专业技术去深入了解那些复杂问题，他们对风险的判断结果和风险的可接受性会受到噪声和偏见的干扰。按照风险感知的文化理论流派的解释，社会中存在不同的组织，有不同的文化和组织结构，构建的风险感知水平也不同，因此不应该将社会看作一个同质的整体来量化风险感知水平。更进一步，如果风险感知是组织构建的，更多的研究应该聚焦于如何管理公众的风险感知。

支持者最主要的观点包括风险感知会导致一些有实际后果的行为，无视公众感知的政策是非常危险的。另外，专家虽然在信息完整性和知识技能储备上存在优势，但是风险评估本身存在一些价值判断，专家评估同样存在偏见问题。公众可能会提供一些不同于专家视角的信息和价值判断，能使风险管理者得出整体性更优的风险评价结果。更重

---

[1] Wildavsky A, Dake K. Theories of risk perception: who fears what and why?[J]. Daedalus, 1990, 119 (4): 41-60.

[2] Pidgen N. Risk assessment, risk values and the social science programme: why we do need risk perception research [J]. Reliability Engineering and System Safety, 1998, 59 (1): 5-15.

要的是，公众有正当理由参与那些对他们有影响的风险决策，而且参与可以增加公众对那些风险管理组织的信任，参与决策的公众必将执行他们自己所选的方案，有助于风险管理活动的实施[①]。

2.2.3 风险放大理论

新媒体语境下，风险放大成为社会风险事件的新趋势，给公共决策带来困境。风险的社会放大理论框架（social amplification of risk framework，SARF）认为，风险的社会放大包含两个机制：关于风险或风险事件的信息传递，即信息机制，以及社会的反应机制。"……风险、风险事件以及两者的特点都通过各种各样的风险信号（形象、信号和符号）被刻画出来；这些风险信号反过来又强化或弱化了对风险及其可控性的认知，与一系列心理的、社会的、制度的，或者文化的过程相互作用。"[②]风险通过信息系统和风险信号放大站（个体放大站和社会放大站）而被放大，产生行为反应，行为反应转而导致超出原始危害事件直接影响范围的次级影响。例如，新冠疫情引起的"信息疫情"放大了病毒的危害，引起了一些人的极端行为，如对患者的网络暴力、对疫区的污名化等。另外，突发事件可能引起次级影响，如危害物理性质的变化、对经济的影响、政治和社会压力、对其他技术和活动的影响、持久的心理感知和意象等。次级影响被社会群体和个体感知，产生了第三级影响。这些影响可能传播或"波及"其他方面、其他地方或未来，形成"涟漪效应"。涟漪向外扩散，第一层包含直接受到影响的受害者，然后涉及周边人群、行业，并进一步影响社会的其他部分。例如，俄乌战争，不仅仅导致乌克兰人民背井离乡、乌克兰和俄罗斯士兵的伤亡，由于战争影响俄罗斯和乌克兰粮食的生产和销售，一些依赖从俄罗斯和乌克兰进口粮食的国家陷入饥荒，国际粮食市场价格上涨，导致整个欧洲和美国也陷入高通货膨胀的境地。

2.2.4 安全韧性理论

从语源学角度分析，韧性一词最早来源于拉丁语"resilio"，其本义是"恢复到原始状态"。韧性的概念随着时代的演进也被应用到了不同的学科领域。19 世纪中叶，伴随着西方工业发展进程，韧性一词被广泛应用于机械学，用以描述金属在外力作用下形变之后复原的能力。20 世纪 80 年代，加拿大生态学家霍林首次将韧性的思想应用到系统生态学的研究领域，用以定义生态系统稳定状态的特征。自 20 世纪 90 年代以来，学者对韧性的研究逐渐从自然生态学向人类生态学延展。韧性概念的每一次修正和完善都丰富了其外延和内涵，标志着学术界对韧性认知深度的逐步提升。

工程韧性来源于工程力学中韧性的基本思想，通常把工程韧性定义为在施加扰动之后，一个系统恢复到平衡或者稳定状态的能力，如图 2.1 所示。工程韧性强调系统有且

[①] 王锋. 当代风险感知理论研究：流派、趋势与论争[J]. 北京航空航天大学学报：社会科学版，2013，(3)：18-24.
[②] 皮金 N，卡斯帕森 R E，斯洛维奇 P. 风险的社会放大[M]. 谭宏凯译. 北京：中国劳动社会保障出版社，2010.

只有一个稳态，而且系统韧性的强弱取决于其受到扰动脱离稳定状态之后恢复到初始状态的速度。

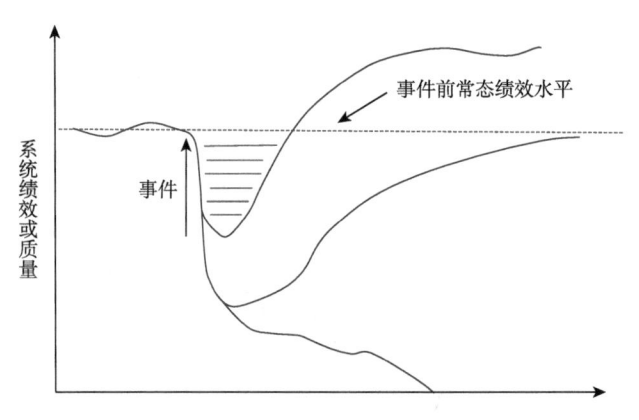

图 2.1　工程韧性概念示意图

20 世纪八九十年代，工程韧性一直被认为是韧性的主流观点。然而，随着学界对系统和环境特征及其作用机制认识的加深，暴露出传统的工程韧性论僵化单一的缺点。韧性应当包含系统在改变自身的结构之前能够吸收的扰动量级，扰动的存在可以促使系统从一个平衡状态向另外的平衡状态转化。这一认知的根本性转变使许多学者意识到韧性不仅可能使系统恢复到原始状态的平衡，而且可以促使系统形成新的平衡状态。受这一认知的启发，进而发展出生态韧性理论，强调系统生存的能力，而不考虑其状态是否改变。在生态韧性的前提下，系统状态既有可能恢复到扰动前的平衡状态，也有可能在越过某个门槛之后达成全新的一个或者数个平衡状态。因此，生态韧性可以被视为系统即将跨越门槛前往另外一个平衡状态的瞬间能够吸收的最大的扰动量级，如图 2.2 所示。

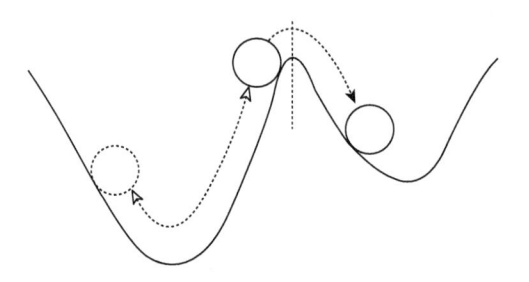

图 2.2　生态韧性概念示意图

演进韧性观点的本质源于一种全新的适应性循环理论。与之前系统结构的描述不同，演进韧性强调系统的适应和转变的能力，将系统的发展划分为四个阶段，即利用阶段、保存阶段、释放阶段及重组阶段，如图 2.3 所示。演进韧性建立在对生态韧性认知的基础上，关注系统在回应压力和限制条件的全过程中展现出的变化、适应和改变的能力[1]。

---

[1] 周向红，鲁明慧. 疫情防控视域下社区媒介参与社区治理的路径优化：演进韧性与技术嵌入[J]. 行政与法，2021，（3）：28-43.

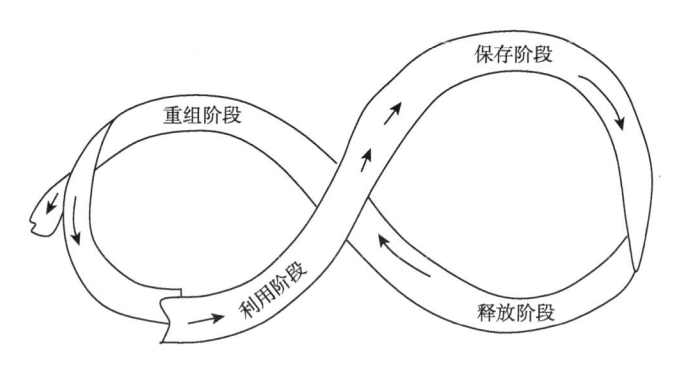

图 2.3 演进韧性概念示意图

在韧性理论中，延伸出抗逆力的概念，侧重应急管理中应对风险的回弹能力。从系统的角度来看，抗逆力是指系统能够积极抵御和适应风险灾难的冲击，既包括通过风险因素与保护因素的互动机制发挥自组织作用的内在特质，也包括在动态的应对过程中，通过多样性策略调用冗余资源和启动重构，以快速实现减灾和恢复常态的能力[1]。从承灾体的角度看，抗逆力是指承灾体本身对外界冲击的直接承受能力，包括：承受的幅度和频次，能够承受多大程度的风险（吸收能力）；承灾体根据外界环境的变化调整并适应的能力（适应能力）；承灾体在突发事件冲击后的修补能力，包括恢复程度和速度等能力（修复能力）[2]。

系统抗逆力可以进一步细化，从系统属性的维度来说，抗逆力包括：冗余性，在社会系统面临打击或破坏时，其他系统能够替代原系统继续提供基本功能和服务；鲁棒性，在面临环境突变时，系统能够抵御破坏并能持续、有效运行；快速性，在面临危机时，迅速反应，在短时间内对事件予以反应；富足性，社会系统能够有效地动员资源的充裕度。从系统结构的维度来说，抗逆力包括：系统多样性，响应计划和响应策略的多样性有助于灾难应对；结构去中心化，地理位置去中心化可以降低灾难或恐怖袭击对组织或系统的影响，危机发生时，决策的去中心化与冗余性和丰富性相关；组织网络化，在灾难发生时，组织网络能够在技术系统的支持下及时搜集、交换和共享信息，以实现相互适应、动态调整；社会资本，在灾难研究中，个人和社会团体的社会资本也被认为是提高组织抗逆力的第三个结构要素，社会资本的增加有助于增加个体获得的信息量，丰富其物质财富，从而增加个体与团体的潜在合作的可能性，并获取相应的情感支持。从突发事件应急过程的维度来说，抗逆力包括：信息互动，在灾难发生时，关键节点能够协调组织间分享信息，共同解决问题；应急灵活性，及时调整方式与手段以应对复杂多变的应急环境[3]。

---

[1] 樊博, 聂爽. 应急管理中的"脆弱性"与"抗逆力"：从隐喻到功能实现[J]. 公共管理学报, 2017, (4): 129-140, 159-160.

[2] 刘家国, 姜兴贺, 赵金楼. 基于解释结构模型的供应链弹性系统研究[J]. 系统管理学报, 2015, (4): 617-623.

[3] 樊博, 乔楠. 应急管理视域下抗逆力构成及其关系结构研究[J]. 中国行政管理, 2022, (2): 8.

2.3 应急管理研究方法

应急管理具有高度的复杂性、系统性，需要多学科交叉开展研究，主要可以分为突发事件的应急决策、信息处理、演化建模、个体/群体行为反应这几个方面[①]。

2.3.1 突发事件的应急决策

1. 基于突发事件案例情景推演的决策支持

随着信息技术发展，突发事件案例数据库结构化构建可以实现突发事件的客观、完整和规范化表达，可以在突发事件应急决策活动中为管理者提供决策支持服务，提高应急响应的效率与科学性，降低突发事件造成的损失与负面影响。通过引入共性知识元模型，以知识元的形式抽取突发事件应急管理共性知识，形成共性可扩展的应急知识元体系。同时对应急管理案例进行情景的划分，在此基础上对应急管理案例情景序列的知识结构进行分析，结合应急知识元体系进行应急管理案例的情景化表示及存储，使应急管理过程各阶段的信息分离，形成基于知识元的应急管理案例情景库，满足"情景-应对"模式中案例推演的需要[②]。

2. 应急资源保障与协调优化模型

应急资源保障为突发事件应急救援提供物质基础，是开展应急救援和处置的根本保障。应急资源保障问题可以细分为应急物资储备与选址、应急物资调配和物流等。数学模型，如整数规划模型、单目标或多目标优化模型是这方面研究采用的主要方法。针对多级救灾物资储备体系的储备库选址问题，段倩倩等通过构建表征协同时效权重和最大协同时间的 sigmiod 关系函数，提出了基于迭代优化的多级救灾物资储备体系储备库选址模型，并在此模型的基础上实现了跨区域的救灾储备网络体系的构建[③]。应急物流具有不确定性、突发性、时间约束较强、经济性较弱等特点，综合考虑应急物资的运输时间、运输路径和道路复杂性，张伟等建立了多目标非线性混合整数规划模型，进行最优运输路径的选择[④]。王晶等的研究考虑了受损道路的修复情况，构建了包括应急设施定位、障碍道路修复及配送路径选择的综合优化模型，以应急救援的时间最短为目标，为提升应

---

① 范维澄，霍红，杨列勋，等. "非常规突发事件应急管理研究"重大研究计划结题综述[J]. 中国科学基金，2018，（3）：297-305.
② 王宁，郭玮，黄红雨，等. 基于知识元的应急管理案例情景化表示及存储模式研究[J]. 系统工程理论与实践，2015，（11）：2939-2949.
③ 段倩倩，白鹏飞，张小咏，等. 协同视角下多级救灾物资储备体系中的储备库选址模型[J]. 数学的实践与认识，2018，（21）：141-148.
④ 张伟，杨斌，朱小林. 多目标应急物流路径选择研究[J]. 江苏科技大学学报（自然科学版），2017，（2）：219-224.

急物资配送效率提供理论指导[1]。

2.3.2 突发事件的信息处理

1. 突发事件的情景信息处理

"情景-应对"型应急决策中最重要的一点就是做到实时、快速、准确。以计算机技术为主的新一代信息技术，如图像识别、大数据、卫星遥感、人工智能、决策支持系统等，与应急决策结合起来，能大大提高"情景-应对"型应急决策的效率。无人机具有机动快速、使用成本低、维护操作简单等技术特点，在2008年汶川地震抗震救灾中应用于突发事件应急处置。中国科学院遥感科研人员在灾区将遥感影像技术应用于了解震后灾区的房屋、道路等损毁程度与空间分布，以及地震次生灾害，如滑坡、崩塌及因此而形成的堰塞湖的分布状况与动态变化等。期间发现汶川县草坡乡的一个楼顶上有"SOS700"红色标记，马上报告给救援指挥部，700名受灾群众成功获救。草坡乡由于山体严重滑坡，道路中断，是此前唯一还没有得到救援的乡。遥感技术在应急管理中可以发挥重要作用，为救援、灾情评估、地震次生灾害防治和灾后重建工作等提供了第一手信息和科学决策依据[2]。

2. 突发事件中在线舆情监测与分析

社交媒体的广泛应用加快了信息传播和分享，也造成舆情信息泛滥。突发事件是人们关注的焦点，长久以来，突发事件与互联网舆情紧密联系。一方面，通过互联网可以快速分享有用信息，有利于救援工作的开展，提高突发事件应急管理的效率，降低突发事件造成的危害。另一方面，网络舆情中又存在大量虚假信息，可能加剧群体恐慌心理，导致过激行为，扩大突发事件的危害性，造成巨大损失。因此，对于突发事件网络舆情的研究主要集中在两个方面，如何利用网络舆情信息和如何控制网络舆情。新冠疫情暴发之后引起了社会各界的极大关注，数十亿人在社交媒体上快速响应，发布或寻求疫情相关信息。社交媒体信息内容是突发事件态势的直观反映，蕴含了人物、地点、状态等各类突发事件的构成要素,把握社交媒体信息的内容特征能够发现用户普遍关注的问题。同时，社交媒体提供的时间戳和地理位置数据，将时间和空间维度嵌入语义内容中，通过联合分析社交媒体信息的时空分布和语义内容，有助于进一步了解不同位置的用户在不同阶段的关注热点和看法，也可以从中窥探到突发事件的演化过程[3]。基于社交媒体数据，通过构建实时应急主题分类模型，可以从大量、实时的文本流中快速提取或定位应急信息，以更好实施应急处置工作[4]。突发事件网络舆情识别的主要方法包括自然语言处

---

[1] 王晶，曲冲冲，易显强. 道路修复条件下灾后应急资源配送 LRP 研究[J]. 运筹与管理，2017，(12)：77-82.
[2] 龚建华，赵忠明. 四川汶川地震应急无人机遥感信息获取与应用[J]. 城市发展研究，2008，(3)：31-32, 42.
[3] 徐元，毛进，李纲. 面向突发事件应急管理的社交媒体多模态信息分析研究[J]. 情报学报，2021，(11)：1150-1163.
[4] 王艳东，李昊，王腾，等. 基于社交媒体的突发事件应急信息挖掘与分析[J]. 武汉大学学报（信息科学版），2016，(3)：290-297.

理模型、深度学习算法和神经网络检测等，如采用机器学习技术对正确信息和错误信息进行分类，应用深度学习算法的舆情热点及情绪识别，基于文本和图像两种不同模式的假新闻检测。

2.3.3 突发事件的演化建模

突发事件复杂性高，往往具有多主体、多因素、多尺度、多变性等特征，研究突发事件动态演化，了解原生事件的发展、次生事件的演变机理和突变条件，对应急决策有重要意义。利用系统动力学模型可以构建突发事件主要因素的相互关系和反馈作用，并模拟反馈回路作用下的系统行为，预测系统状态的积累和变化。李勇建等应用系统动力学研究了地震衍生的堰塞湖事件的演化过程，给出了地震衍生堰塞湖应对的决策建议，为应对此类型突发事件提供了决策支持[1]。于小兵等应用系统动力学研究了台风灾害的应急策略，模型包括台风灾害的自然属性（台风灾害直接引发暴雨，导致滑坡、山洪、泥石流等次生灾害）和社会属性（台风造成城市内涝，给市民带来损失，导致民众恐慌），梳理了政府、防汛防台抗旱指挥部、市民等多元主体在台风灾害应急管理中的行为机制。模型仿真分析发现政府应急调度水平、防汛防台抗旱指挥部协同度和市民参与度直接影响到台风灾害带来的经济损失和社会恐慌程度，且此三方的重要程度基本相当[2]。计算机仿真实验安全、可控、无破坏性、可多次重复、不受气候条件和空间与时间限制，因此在突发事件应急管理中有着广泛的应用前景。

2.3.4 突发事件中个体/群体行为反应

1. 个体行为反应

人格特质、行为过程和个体-情景交融三个层面可以解释公众行为发生机理[3]。早期研究主要集中于研究产生某种特定行为的个体具有何种特定气质。这种理论忽略了行为产生的情境依赖和复杂演变过程，一些学者基于过程思想提出了行为过程模型，运用较广泛的是"刺激-机体-反应"（SOR）模型，如图2.4所示。其中，S（stimulus）表示外界物理刺激；O（organism）表示个体依据其认知对刺激信息进行加工，形成的情绪或者认知；R（response）表示个体接受刺激及对刺激信息加工之后，产生的反应和行为[4]。SOR模型表明，外界刺激是个体产生情绪反应（意识）的前提，其情绪反应（意识）会进一步导致个体的行为。

---

[1] 李勇建，乔晓娇，孙晓晨，等. 基于系统动力学的突发事件演化模型[J]. 系统工程学报，2015，(3)：306-318.
[2] 于小兵，曹杰，王旭明，等. 基于系统动力学的台风灾害应急策略研究[J]. 管理评论，2018，(2)：222-230.
[3] 王义保，王天宇，刘卓，等. 基于SOR模型的突发公共卫生事件公众应急行为研究[J]. 重庆社会科学，2020，(5)：19-31.
[4] Mehrablan A, Russell J A. An Approach to Environmental Psychology[M]. Cambridge：MIT Press，1974.

```
外界物理刺激（S）        个体机体（O）         反应和行为（R）
突发事件         →      认知、情绪     →      个体行为决策
```

图 2.4 "刺激-机体-反应"模型

此模型适合应用于突发事件中个体行为研究，因为突发事件是典型的外界物理刺激，个体在突发事件下会产生特定的情绪反应，如焦虑、恐惧等，进一步导致个体行为决策。然而，这些模型都忽略了公众间的个体差异，对相同情境下个体行为决策存在差异的现象解释力不足。林德尔等提出的防护型行为决策模型，考虑了个体差异与情境因素对心理感知的影响，较好地解释了公众在突发风险情境下的行为反应[1]。

2. 群体行为反应

居斯塔夫·勒庞的《乌合之众——群体心理研究》，是研究群体心理学的一部开山之作，也是社会心理学领域的奠基作品之一[2]。该书将群体作为心理实体来研究，书中的群体是指受某一事件、演说、激情、恐惧、爱恨的刺激而聚集在一起，为某个目标或某个精神需求而有所行动的人，他们并不一定需要在某个地点聚集，人数也未必众多，有时十几个人就可以构成一个群体。当人们有了相同的心理诉求，就有可能形成群体，而群体一旦形成，群体中的个人就会出现智力下降、易于冲动和自信倍增的心理特征。群体更乐于接受简单明了的号召和主张，不关心证据和论述，不进行分析和判断。越是迎合人群基本需求的简单主张，越容易得到群体的拥护支持，所以群体特别易于被暗示误导，相信并传播荒诞不经的谣言，接受稀奇古怪的理念。"群体中的个人仅因人多势众，就会感到有种不可战胜的力量，这种力量会让他感情用事……甚至肆意妄为。"[2]因此，作为群体中的一员，个人更容易冲动，自信心爆棚。在勒庞看来，群体的行为完全是无意识的，他强调"群体的无意识行为取代了个体有意识的行为，这是现时代最显著的特征之一"。当今这个互联网时代，随着社交媒体普及性越来越高，勒庞描述的群体心理的形成越来越简单，勒庞描述的群体心理现象也愈发明显起来，而这样的群体心理在突发事件中又更为常见。

> **本章小结**

本章首先介绍了应急管理的基本含义、主要特点、工作原则，并讨论了应急管理中存在的伦理问题。其次，阐述了应急管理中的一些理论，包括脆弱性理论、风险感知理论、风险放大理论和安全韧性理论，在这些理论的指导下开展了应急管理实践。最后，讨论了应急管理研究方法，包括突发事件的应急决策、突发事件的信息处理、突发事件的演化建模和突发事件中个体/群体行为反应。

---

[1] Lindell M K, Lu J, Prater C S. Household decision making and evacuation in response to hurricane Lili[J]. Natural Hazards Review, 2015,（4）: 171-179.
[2] 勒庞 G. 2015. 乌合之众——群体心理研究[M]. 胡小跃译. 杭州：浙江文艺出版社.

➤ **关键术语**

应急管理　脆弱性　风险感知　风险放大　安全韧性　应急决策　演化建模　个体行为　群体行为

➤ **复习思考题**

1. 突发事件应急管理有哪些主要特点？
2. 谈谈你对脆弱性的理解和体会。
3. 是否应该将公众风险感知纳入风险管理决策？为什么？
4. 叙述安全韧性理论的演化过程。

第3章

中国应急管理发展历程

应急管理的现代化建设是我国国家安全治理体系和治理能力现代化的重要组成部分。应急管理的重要职责是防范化解重大安全风险和有力、有序、有效应对突发事件，这关系到人民生命财产安全、社会秩序稳定和国家长治久安[①]。我国古代的很多文学作品和民间传说都展现了古人应对各类突发事件和自然灾害的智慧和经验，历朝历代的政府都十分重视灾害的应对和处理，也逐渐在实践中积累了一套灾害应对的程序和体制。中华人民共和国成立后，随着社会经济的不断发展、国家治理体系的不断完善和治理能力的不断提高，政府在应急管理的理念、体制、机制、法制、主体、方法、过程等方面进行了一系列革新。这些调整和转变不断推动应急管理相关科学技术发展和灾难应对知识体系走向成熟，推动我国应急管理体系和能力能够适应现代社会的变化和发展。我国应急管理建设历程的每一阶段都在根据当时的社会背景、历史条件和人民需要进行调整和完善，因此每一阶段都各有其侧重点和创新处。因此推动我国应急管理体系和能力的现代化，需要传承性创新，对古往今来应急管理历程进行全面梳理和总结。

■ 3.1 1949年以前的应急管理时期

3.1.1 灾害演变与特点

《淮南子》记载："往古之时，四极废，九州裂；天不兼覆，地不周载；火爁焱而不灭，水浩洋而不息。"[②]这描绘了古代灾难的真实场景。可以说中华民族漫长的历史，就是一部与地域分布广泛的自然灾害和种类纷繁复杂的人为灾难英勇斗争的历史。中国起源于农业文明，历朝历代的统治王朝都非常注重灾害应对问题。在古代社会，灾害如果频繁发生将严重影响农业耕作的可持续发展和百姓的安居乐业，并且如果历朝历代的皇帝对灾害处置不当，极有可能会危及皇权稳固，国家同样容易陷入动荡不安、民不聊生

[①] 陈胜. 中国应急管理体系发展与实践[J]. 中国机构改革与管理, 2020, (2): 38-39.
[②] 赵宗乙. 淮南子译注[M]. 哈尔滨：黑龙江人民出版社, 2003.

的黑暗境地。我国古代社会长期受到重农思想的驱使和"灾异天谴"观念的束缚，逐渐形成了"救灾"与"救政"并存的两种救灾框架，这一模式贯穿历朝历代，救灾这种侧重经济领域的救济方式亦成为政治领域的应急事务[1]。《周易·既济》中说道"君子以思患而豫防之"，古代中国从朝堂到乡野，为了应对自然灾害等突发事件，进行了一系列的知识积累和探索尝试。

史书中记载了我国先民长期与自然灾害抗争的大量灾害史料和积累的救灾经验。目前，我国最早的有文字可考的灾荒记录是殷墟甲骨文字，后续《竹书纪年》和《春秋》中也开始有比较详细的灾荒记录。自此之后，有关灾荒及荒政的记载连绵不断。西周以后，史书更是具体记录了水灾、旱灾、地震、蝗灾、瘟疫、霜灾、冰雹等灾害的发生情况。据统计，从殷商时代到20世纪30年代，包括水灾和地震灾害在内的各种灾害共计5 258次，灾害频发的后果不仅带来直接的人口伤亡，还有因为救灾不力引发的农民起义和流民盗寇，间接伤亡人数不容小觑。据史料记载，从清朝嘉庆十五年（1810年）至光绪十四年（1888年）的70余年间，共有6 278万人死于饥荒[2]。

1. 两汉、魏晋、南北朝：各类灾害频繁发生

据史料记载，在西汉至南北朝近八百年间，旱灾、水灾、蝗灾、饥荒、冰雹、风灾、瘟疫、地震等灾害频发。发生最多的是水灾和旱灾，二者频率比较接近。从危害后果来说，相较于旱灾，水灾后果更为严重。根据史料记载，秦汉时期和魏晋南北朝时期的水灾、旱灾都在百起左右。对于以农耕文明为主的我国，水灾的后果不仅是直接淹没庄稼、淹死牲畜，造成颗粒无收和百姓饥馑，另外还会因为人和动物的死亡造成细菌繁殖、病毒横行，以及后续瘟疫的发生。因此，无论是从水灾自身的直接危害，还是从次生灾害来说，水灾对农业生产和农业文明都有巨大的负面影响。水灾有多种表现形式，如大霖雨、江河溃决、洪水暴发等多种情况[3]。黄河在西汉时期被称为"害河"，主要原因之一是黄河容易淤积泥沙和决堤，冲毁农田屋舍，造成人亡畜死。另外，泗水、汉水、伊水、济水、颍水等各大河流在历史上也多次泛滥，淹毁农田，造成粮食减产、饥馑[4]。还有冰雹造成的灾害、飓风台风引发的灾害、霜冻灾害、蝗灾、雪灾等多种灾害，还经常发生水灾和旱灾接连发生、旱灾和蝗灾先后发生、飓风和冰雹同时发生等多灾链发或者多灾并发的情况，灾害的影响区域有时甚至达到三四十个郡县之多[5]。对人民生活造成的打击相当严重，并且容易引发粮食大规模减产、民不聊生等社会问题[6]。

当时一些主要灾害的特点是：水旱等多种灾害交替，社会抗灾能力弱；蝗灾严重，且常常是旱灾和蝗灾两灾并发或者链发；各种自然灾害导致粮食歉收，饥荒降临，饿殍

---

[1] 李军，黄玉玺. 救灾与救政：中国古代社会救灾制度反思[J]. 南京农业大学学报（社会科学版），2018，18（3）：142-151，156.

[2] 张介明. 我国古代对冲自然灾害风险的"荒政"探析[J]. 学术研究，2009，（7）：122-127，160.

[3] 邓云特. 中国救荒史[M]. 北京：商务印书馆，1993.

[4] 卜风贤. 周秦汉晋时期农业灾害和农业减灾方略研究[D]. 西北农林科技大学博士学位论文，2001.

[5] 张波. 中国农业自然灾害史料集[M]. 西安：陕西科技出版社，1994.

[6] 吴宾，党晓虹. 历史时期自然灾害对古代粮食安全的影响[J]. 农业考古，2008，（4）：258-263.

遍野，甚至出现瘟疫横行、易子相食等人间惨剧。

2. 隋、唐、五代十国：灾害程度和种类增加

史料记载隋、唐、五代十国时期发生旱灾近200次、水灾近200次，蝗灾、冰雹灾害、霜冻、飓风、瘟疫、地震、雪灾、鼠灾等都有出现，数量不等。其中，旱灾引起17次饥荒，不明原因造成的饥荒56次，水灾引起2次，其他灾害引发2次。与两汉、魏晋、南北朝时期相比，自然灾害发生频率增加了接近一倍，很多灾难加重，还出现了比较少见的鼠灾、兔灾，只有地震灾害有所减少。例如，唐朝开耀二年、永淳元年出现了"兔害稼，千万为群，食苗尽，兔亦不复见"的灾情[①]。

3. 宋元明清：水灾、旱灾、虫灾、饥荒成为四大主灾

四个朝代的近千年间，灾害发生越来越频繁，共发生水灾超过千次，平均每年发生超过1次；发生旱灾接近千次，近乎每年发生1次；虫灾和饥荒各400余次，平均每两年发生1次。其他常见的自然灾害，如飓风台风、雪灾、瘟疫及生物灾害鼠灾等也非常高发。仅以两宋为例，三百余年间，遭受各种灾害总计874次[②]。

在这一时期灾害带来的损失也常常是毁灭性的、极度惊人的。例如，《明史》卷28记载：建文四年夏，"京师飞蝗蔽天，旬余不息"；天启五年六月"济南飞蝗蔽天，田禾俱尽"[③]。

从这一时期开始，人类的活动已经逐渐成为导致自然灾害的重要原因，如水灾、旱灾、蝗灾、瘟疫都和人类对自然的不合理开发有关。人类活动成为灾害频发的重要原因之一。很多曾经繁荣的国家湮没于黄沙之中，如古丝绸之路上楼兰古国的消失。楼兰古国曾经是一个强盛繁荣的国家，其历史可以追溯到公元前，是西域三十六国之一。公元399年，高僧法显西行取经，途经楼兰古国旧址，在《佛国记》中写下此地已是"上无飞鸟，下无走兽，遍望极目，欲求度处，则莫知所拟，唯以死人枯骨为标帜耳"。人们对楼兰的消亡进行了很多推测，共识最多的是两个原因：一是由于楼兰古国处在沙漠之中，严重干旱，缺水，植被稀疏，生态严重恶化，虽然楼兰曾经颁布过世界上最早的环境保护法律，但是当地盲目乱砍滥伐，致使水土流失，风沙侵袭，土壤水分减少，即使有环境保护法律，也无法抵挡自然环境恶化的趋势，人们无法继续生活，于是逐渐搬离了楼兰；二是楼兰人乱砍滥伐，导致植被破坏，水土流失，楼兰的河床中淤积泥沙，塔里木河就改道了，楼兰古国所在的罗布泊湖逐渐蒸发消失，变成了沙漠，楼兰人曾经为了缓解楼兰的缺水问题日夜引水，但昔日繁华的楼兰古城最终还是因为缺水而成为一座废城[④]。上述两个原因都可以看到人类行为和自然环境的互相影响愈发加深。随着经济发展和科技进步，人类对自然界影响的深度和广度逐渐增加及延展，但是人类对于如何与自然和谐共处，则缺乏足够深刻的认识。

---

① 桂慕文. 中国古代自然灾害史概说[J]. 农业考古, 1997, (3): 230-242.
② 邓拓. 中国救荒史[M]. 北京: 商务印书馆, 1998.
③ 张婧. 明朝蝗灾史料辑录[J]. 历史档案, 2020, (3): 4-7.
④ 于冰沁, 王向荣. 浅析古文明的兴衰与自然生态环境的关系[J]. 辽宁行政学院学报, 2008, (9): 246-247.

3.1.2 应对措施

1. 灾前预防

我国古代已经认识到了灾前准备和灾害预防的重要价值，做好准备才能够尽可能降低灾害带来的损失。古代自然灾害最严重的后果之一就是导致颗粒无收、饥荒饥馑和人口死亡[1]，故而"建仓积粮"对于抗御灾年具有重要价值。历朝历代对于这一做法都有很多的探索，通过各朝各代的探索实践，我国粮食储备制度在明清时期已经趋于完整。常平仓在省会至州郡各地都有处可寻，社仓则主要建于乡村，义仓则是由市镇修建，而在边疆地区用于军士借粜的称为营仓[2]。对于储粮备荒的重要性，《淮南子》卷9"主术训"中记载有"夫天地之大，计三年耕而余一年之食，率九年而有三年之畜，十八年而有六年之积，二十七年而有九年之储；虽涝旱灾害之殃，民莫困穷流亡也。故国无九年之畜，谓之不足；无六年之积，谓之悯急；无三年之畜，谓之穷乏"。

自汉代后，由政府修建管理的"常平仓"大多坐落于通都大邑。隋唐时期开始出现的"义仓"则普遍建立在州县一级。在南宋时期，官方储粮和民间储粮同步进行，在广大农村设立了带有民间慈善救济色彩的"社仓"。常平仓与义仓、社仓一起，形成官方与民间储粮互补体系，在古代中国解决饥荒、对抗灾害的历史上留下了浓墨重彩。宋人董煟称"救荒之法不一，而大致有五：常平以赈粜，义仓以赈济，不足则劝分于有力之家，又遏粜有禁，抑价有禁。能行五者，则亦庶乎其可矣"[3]。

西汉开始由官方出资建设的粮仓，命名为常平仓，在丰收年节储备多余的粮食，当发生灾荒时采用平粜或散济的手段来帮助百姓糊口[4]。西汉初年著名的政论家、文学家贾谊称"夫积贮者，天下之大命也"。自西汉后常平仓制度作为我国古时仓储粮食的基本形式被历朝帝王保留下来，这一制度虽偶有衰微之势，但从未废弃。在汉王朝与匈奴发生战争的背景下，汉王朝的势力范围不断扩大，神爵二年（公元前60年）达至西域并修建了西域都护府。守卫边境地区的人数急剧增加，其军用粮食负担也随之增大。常平仓第一次在历史文献中出现是在五凤四年（公元前54年），由耿寿昌奏设"常平仓，以给北边，省转漕"[5]。从隋代开始，民间还修建公益粮仓——义仓，但在之后由地方政府接手管理。在宋代，出现了义仓、常平仓、惠民仓、广惠仓、社仓等多种形式，用于抵抗荒灾[6]。朱熹主张以谷物替代资金，以乡村为基础，由地方士绅主导来建立社仓。在民国时期，学者们在评判各类粮食仓储制度的影响时，指出由朱熹创办的社仓影响最大且最为普遍[5]。

常平仓和义仓同样由地方政府统一管理，属于救灾行政体制的一部分，性质为官

---

[1] 潘春华，翟爱萍. 闲话明清两朝防灾减灾救灾机制及其政策措施[J]. 中国减灾，2020，（2）：54-59.
[2] 董强. 古代的救灾"机制"[J]. 百科知识，2008，（8）：46-47.
[3] 澎湃新闻. 中国古代应对灾荒有哪些"奇招"？[EB/OL].https://www.thepaper.cn/newsDetail_forward_18325004，2022-05-29.
[4] 王卫平，黄鸿山，康丽跃. 清代社会保障政策研究[J]. 江苏师范大学学报（哲学社会科学版），2005，31（4）：77-82.
[5] 澎湃新闻. 储粮备荒：中国历史上的常平仓[EB/OL]. https://www.thepaper.cn/newsDetail_forward_6849079，2020-04-07.
[6] 邹逸麟. "灾害与社会"研究刍议[J]. 复旦学报（社会科学版），2000，（6）：19-27.

仓。此外，常平仓不仅可为本地抗击灾荒发挥力量，也可在其他地区发生重灾时，调配粮食给予支援，帮助其减轻粮食负担[1]。除了修建粮仓外，古代各地方政府灾前防灾减灾的措施还有发展农业，鼓励民众开发荒地，运用农业技术提升粮食产量，兴修水利工程等[2]。义仓初置之际是为了储备粮食以救济水旱之灾。在全国各地，每家每户在无灾之年都必须缴纳粮食，并且规定了每家每户应该缴纳的数量，根据每户家庭贫富程度划分为不同等级。虽名字为义仓，也具有民间慈善的性质，但是实际上义仓并非源自民间，从建立之初就不是由百姓运营，可以说义仓是由官方主导并动员百姓参与的日常备灾准备之一。社仓修建于乡村和公社，在地方官员的监督协助下由民间自行管理和运营。

2. 灾中勘按

根据灾中勘按的灾情调查报告，灾区地方官员首先要做的就是逐级上报灾害的具体情况，这使上级政府能够及时、准确地了解灾情，而灾情调查和及时上报是政府提供救灾的前提条件[3]。在两宋时期，我国形成了较为完备的抗灾程序，政府规定了较为详细的灾前、灾中和灾后的具体应对事宜、职责及负责人。在赈灾过程中，官员需要尽可能全面地收集灾害相关信息，并将其纳入政府可管控的信息范围内，这是后续顺利开展救灾工作的重要条件。古代基层政府获取灾区信息并层层上传至中央是政府探究灾害发生成因的伊始，通过基层民众诉灾、基层政府检视灾情、抄录核对受灾人口情况等步骤，政府完成对地方灾情的初步勘察。

地方官员不仅需要上报灾情，还需亲自勘察灾况，即在收到灾情报告信息后，督抚指定官吏前往受灾地区，配合当地基层官员调查核实灾情，确定受灾地区的位置和受灾场所的比例、受灾面积、受灾人数及畜禽财产的受损情况，从而确定救助金额和救助期限。掌握灾情数据形成数目字记录是救灾程序的开端，也是实施救灾措施的前提和基础[4]。为了保证地方官员履行勘灾的职责，朝廷将官员的升迁奖惩与灾情控制的成效关联起来，并且严格落实执行。例如，清政府就明确规定："地方督抚巡按即行详查顷亩情形具奏。"未报告或延迟报告辖区灾难的地方官员将受到朝廷的严厉惩罚。《大明律》还规定，在一月内逾期未上报的，从巡抚到州县的各级官员都要扣罚俸禄；超过一个月的将贬谪一级；若因延迟上报而造成严重灾难后果的将被罢黜官职。此外，政府会按照灾情的轻重缓急，安排不同级别官员负责，督抚大员必须承担调查遭受严重灾害的地区，提供信息和救济等事宜的职责；若受灾情况较轻，则由知府、同知和通判会同州县官员一起调查核实情况，逐级上报。受灾县应负责灾情表的刻录。受灾家庭自己列出详细信息，如家庭成员数量、姓名、地址、受灾土地数量等。当地官员确认信息无误后，需要根据行政区划将灾情表装订成册，作为底本。之后，勘灾官员到受灾地区视察灾情时，将以灾情表作为灾情的依据，再次复查后将底本交给州郡。

---

[1] 潘春华，翟爱萍. 闲话明清两朝防灾减灾救灾机制及其政策措施[J]. 中国减灾，2020，(2)：54-59.
[2] 温艳. 民国时期西北地区自然灾害研究[D]. 西北大学博士学位论文，2012.
[3] 杭东. 我国古代救灾制度的现代启示[J]. 中国减灾，2012，(5)：56-57.
[4] 周琼. 清前期的勘灾制度及实践[J]. 中国高校社会科学，2015，(3)：108-132，159.

州郡官员做成总簿，绘制好当地灾情图，用彩笔标好受灾严重的地区，最后报出州郡的救灾意见[1]。

3. 灾后救济

勘按灾情就是为了能根据不同的受灾情况采取适宜的灾害救济措施和方法。首先，灾害救济最为重要的两种手段便是灾蠲和缓征。灾蠲是指灾年减免百姓的民钱粮税[2]，而蠲免作为自《周礼》成书时期便萌芽的一种灾后救灾手段，为历朝历代统治者所沿用并发展，甚至包括多朝之后的明太祖朱元璋[3]。

缓征是指当年应收税款和粮食在灾后延迟征收，延期时间长短与受灾程度大小成正比。明清两朝对此都有明文规定：先勘明灾地钱粮，勘报之日起即行停征[4]。政府通过税收减免、引导社会投入的方式减少灾难损失，促进灾后生产恢复和灾区的休养生息。历朝历代在抵御灾疫的实践中，也产生了积蓄救灾、敬天修德、养民、节用等税收思想和民本思想[5]。

此外，不同于历史上的其他国家，我国历史上还有极具特色的救灾措施，如以工代赈、移粟就民、移民就食和劝奖社会助赈等。以工代赈意味着政府允许灾民参与到新修水利工程等国家建设中，百姓通过付出劳动来获得相应的救灾款和救灾物资。明代对此措施高度重视，除了将治水上升为政府的战略任务外，同样重视加大地方农田水利和公益设施建设[6]。乾隆朝工赈制度规定，具有一定规模的工赈工程由官府承担修建的一半费用，佣工者可通过参与学堂、庙宇、粮仓和桥梁等工程修建获得一定资金。通过以工代赈的实施，不仅可以缩短工赈工程的修建时间，还可以使灾民自力更生，增强自救的意识，发挥了抢险救灾和完善社会基础设施的双重功能，使社会动荡概率降低[7]。移粟就民是指政府强制对粮食进行统一的调拨，把粮食从富足的地方运输到灾区进行救灾。这种方式能够最大限度解决受灾地区的燃眉之急，帮助灾民生存下来，如在《明史》中就曾记载："秋七月，减粜河南、怀庆仓粟，济山、陕饥。"移民就食是指政府颁布相关政策法令，把受灾百姓安置到经济良好和物资充沛的地区就食糊口。此外，古代政府也意识到单纯依靠官方力量救灾的局限性，因此采取了多种措施引导社会力量参与到救灾中。例如，宋代规定罪犯可以通过自己的赈灾行为减轻罪行，而明清时期也采取了补助官员制度，以此激励百姓为灾区贡献自己的力量[8]。

---

[1] 唐黎标. 我国古代救灾"机制"浅析[J]. 防灾博览，2009，(1)：52-54.
[2] 董强. 古代的救灾"机制"[J]. 百科知识，2008，(8)：46-47.
[3] 李宏杰. 明太祖朱元璋的蠲免政策研究[D]. 云南师范大学硕士学位论文，2017.
[4] 潘春华，翟爱萍. 闲话明清两朝防灾减灾救灾机制及其政策措施[J]. 中国减灾，2020，(2)：54-59.
[5] 史卫. 我国古代应对灾疫的税收实践、思想与启示[J]. 税务研究，2020，(8)：138-143.
[6] 于文善. 明代淮北的灾荒与灾荒赈济——以《明实录》为中心[J]. 淮阴师范学院学报（哲学社会科学版），2015，37（6）：781-786.
[7] 周琼. 乾隆朝"以工代赈"制度研究[J]. 清华大学学报（哲学社会科学版），2011，26（4）：66-79，159.
[8] 张烁. 我国古代救灾机制及其现代启示[J]. 安全与健康，2011，(23)：23-24.

3.2 1949~2002年应急管理时期

由于灾害种类多、范围广，我国属于世界上自然灾害最为严重的国家之一。与此同时，伴随经济发展，我国生产安全事故等突发事件增加，干扰社会秩序的因素也有所增加，各类风险和隐患相互交织叠加[1]。中华人民共和国成立之初，正处于工业化、城镇化快速发展时期，科学技术不发达，风险认知能力较弱，各类破坏力大和影响力强的突发事件频繁发生，各种传统的和非传统的、自然的和社会的、国内的和国际的风险交织并存，这一时期是我国各方面突发事件风险不断累积的重要时期[2]。

3.2.1 突发事件的主要类型

1. 自然灾害

中华人民共和国成立之初，自然灾害平均每年影响 1.5 亿~3.5 亿人，造成 1 万多人死亡，经济损失高达 2 000 亿元。20 世纪，我国的破坏性地震占世界的三分之一，死亡人数高达 59 万人，占世界总数的一半[3]。我国主要的自然灾害有气象灾害、地震地质灾害、海洋灾害、生物灾害和森林草原火灾五大类。除了因我国境内多数火山处于休眠状态，从而没有火山灾害外，其他的所有自然灾害都曾在我国有所发生。因为独有的地理气候环境和社会经济发展状况，我国自然灾害呈现出显著的时间分布规律和区域分布规律[4]。这一时期主要有五大类灾害。

（1）气象灾害。我国是世界上遭受自然灾害最严重的国家之一。自古以来，就有"无灾不成年"的谚语。其中，气候变化引发的气候灾害是自然灾害的重要组成部分。随着气候条件的变化，台风、干旱、暴雨、暴雪、冰冻等气候现象往往演变为气候灾害，在一些地区造成了重大财产损失甚至人员伤亡[5]。

（2）地震地质灾害。我国地质灾害点多、面广、基数大、灾情重。极端天气和灾害性天气等自然条件，以及人类在工程建设活动和各种资源开发活动中的不断扩张，给我国地质环境带来了巨大破坏，造成了严重后果。与此同时，地质灾害发生的频率也在不断上升[6]。1966 年 3 月 8 日，6.8 级的地震在邢台发生；1966 年 3 月 22 日，河北省邢台专区宁晋县发生震级为 7.2 级的地震，两次地震共死亡 8 064 人，伤 38 000 人，经济损失 10 亿元[7]；

---

[1] 全永睿. 地方政府应急管理体系建设研究[D]. 山东大学硕士学位论文，2021.
[2] 刘铁民. 科学构建新时代国家应急管理体系[N]. 中国应急管理报，2019-07-30，（007）.
[3] 中国新闻网. 中国每年因突发事件死亡 20 万人 经济损失逾 6 千亿[EB/OL]. http://news.sina.com.cn/o/2006-07-15/17099469518s.shtml，2006-07-15.
[4] 王振耀. 中国自然灾害与对策[J]. 中国减灾，2004，（6）：43-44.
[5] 何志扬，庞亚威. 中国气候灾害保险的发展及其风险控制[J]. 金融与经济，2015，（6）：73-76，44.
[6] 刘传正，沈伟志，黄帅. 中国地质灾害预防应对战略思考[J]. 灾害学，2022，37（3）：1-4，11.
[7] 张肇诚. 中国震例（1966—1975）[M]. 北京：地震出版社，1988.

1976年，唐山市丰南一带在凌晨发生7.8级地震，震亡24万余人，重伤16万余人，全市交通、供电和通信等全被中断，直接经济损失约30亿元[①]，死亡人数位列20世纪世界地震史第二，仅次于我国1920年发生的海原地震，两次地震不仅造成了巨大经济损失，还夺走了无数人的生命[②]。

（3）海洋灾害。我国沿海地区交通便利、经济发达，聚集着大量人口，若发生风暴潮、海浪、赤潮、海冰和绿潮等海洋灾害，将会对经济社会秩序的稳定发展造成重大威胁。在我国，风暴潮灾害是造成经济损失最大的海洋灾害，其中伤亡（失踪）人数最多的是海浪灾害。随着海洋经济发展，海洋灾害造成的损失也在快速增加。据统计，1950~1970年每年因海洋灾害造成的经济损失为数亿元；20世纪80年代初，年均10亿元左右，中后期上升到40亿~50亿元，90年代平均每年灾损高达140亿元[③]。

（4）生物灾害。生物灾害是指由于人类生产和生活不当、生物链破坏或某些生物体在自然条件下过度快速繁殖或生长而对人类生命财产造成威胁。除了常见自然灾害的共同特征外，生物灾害还具有周期性、突发性、扩散性、隐蔽性、区域性、社会性、可控制性和治理艰巨性等特点[④]。我国是一个幅员辽阔的农业大国，生物灾害不仅种类多，而且危害巨大，造成农作物大面积减产，甚至杀死农作物，或者导致大量农产品变质。生物灾害每年给我国造成严重的经济损失。

（5）森林草原火灾。虽然我国森林面积较少，但森林火灾一旦发生，就会造成严重损失和巨大破坏。同时，我国也是世界第二大草原国家，三分之一的草原容易因自然或人为因素发生火灾。森林火灾的发生将降低林分密度，导致土地荒漠化和土壤侵蚀，打破森林地区原有的生态平衡；并且还会破坏野生动植物的生存环境，使森林地区及其周边地区的环境变得恶劣[⑤]。由于森林与草原通常具有地理上的相邻性，森林火灾常常伴随着草原火灾的发生[⑥]。我国森林草原防火形势相当严峻，事关森林草原资源和生态环境安全，若防火工作不当，将制约林业发展，影响社会经济稳定[⑦]。

2. 安全生产事故

中华人民共和国成立之初，由于广大职工的安全生产意识不强，一些工矿企业的领导干部和行政人员也存在重生产、轻安全的观念，在生产条件的限制下，工伤事故比较频繁。

3. 公共卫生事件

由于长期战乱不休，经济文化落后，人们对传染病的防范意识薄弱，中华人民共和

[①] 马泰泉. 地球的震撼：揭秘中国地震预报[M]. 北京：作家出版社，2011.
[②] 林毓铭，李瑾. 中国防灾减灾70年：回顾与诠释[J]. 社会保障研究，2019，(6)：37-43.
[③] 孙云潭. 中国海洋灾害应急管理研究[D]. 中国海洋大学博士学位论文，2010.
[④] 张国庆. 生物灾害管理理论研究与生物灾害精确管理[J]. 现代农业科技，2011，(3)：20-23, 26.
[⑤] 狄丽颖，孙仁义. 中国森林火灾研究综述[J]. 灾害学，2007，(4)：118-123.
[⑥] 王宏伟. 我国森林草原火灾应急管理：历史、改革与未来[J]. 中国安全生产，2019，14(4)：32-35.
[⑦] 顾仲阳. 国务院召开全国电视电话会议部署森林草原防火工作[N]. 人民日报，2011-03-16，(004).

国成立初期，卫生医疗条件匮乏，传染病肆虐蔓延，严重危害了人民生命健康，特别是突发公共卫生传染病事件，不仅干扰了社会秩序稳定发展，还对巩固政权构成严重威胁。1949 年，察哈尔省省会张家口（今河北省省辖市）暴发鼠疫，1951 年，上海天花疫情再次暴发。血吸虫病曾遍布我国长江流域及其以南的十几个省区市。血吸虫病给人们带来了巨大的灾难，夺去了许多人的生命，在民间血吸虫病又被称为"瘟疫之神"[①]。

3.2.2 应急管理做法

中华人民共和国成立之初，应急管理还处于起步阶段，是一种典型的分部门单灾种应急管理模式，其中主要以自然灾害事后救援为主[②]。随着我国经济的快速发展，生产安全事故日益频发，自然灾害日益增多，对分类管理的应急管理体系提出了新的挑战。这一时期，为应对日益增长的风险，我国在原有常设灾害分类管理机构的基础上，采取多设非常设机构的方式，承担跨部门组织协调和重大突发事件临时应急处置的职责[③]。

1949 年 9 月 27 日，中国人民政治协商会议第一届全体会议通过《中华人民共和国中央人民政府组织法》。该法第十八条规定，政务院设政治法律委员会、财政经济委员会、文化教育委员会、人民监察委员会和下列各部、会、院、署、行，主持各该部门的国家行政事宜。1950 年 2 月 27 日，政务院政治法律委员会召开会议，成立了中央救灾委员会，作为全国救灾工作的最高指挥机关，确立救灾方针为"生产自救，节约度荒，群众互助，以工代赈并辅之以必要的救济"。中央救灾委员会是一个高层次的议事协调机构，其成员包括内务部、财政经济委员会、财政部、农业部、水利部、交通部、铁道部、贸易部、卫生部、中华全国妇女联合会等多个部门。我国在 1950 年 6 月 7 日成立中央防汛总指挥部，办公室设在水利部。1952 年 3 月 14 日，我国成立中央防疫委员会，应对传染病。这样，形成了三个高层次议事协调机构——中央救灾委员会、中央防汛总指挥部和中央防疫委员会，其中以中央救灾委员会为核心，后两者为两翼，各相关职能部门为基础，初步形成中华人民共和国应急管理的"雁行模式"。1954 年 9 月，《中华人民共和国宪法》颁布，并且国务院成立，政务院政治法律委员会走出历史舞台，结束了历史使命。

1. 单部门负责制

在此阶段，我国应急管理各个部门相对独立，如水利部门主要负责防洪救灾，气象部门主要负责气象灾害的预报监测，地震部门主要负责地震灾害的预报监测，民政部门主要负责灾后救援，安全生产监督部门主要负责预防、抢救和调查安全生产事件。除了洪水和地震的应急管理较为成熟之外，灾害管理系统缺乏整体设计[④]。早在 1934 年，毛泽东同志就提出"水利是农业的命脉，我们也应予以极大的注意"的号召，指出"必须

[①] 搜狐. 以史为鉴——看中华人民共和国如何消灭血吸虫病[EB/OL]. https://www.sohu.com/a/381663901_120620652, 2020-03-20.
[②] 王燕青，陈红. 应急管理理论与实践演进：困局与展望[J]. 管理评论，2022，34（5）：290-303.
[③] 吴波鸿，张振宇，倪慧荟. 中国应急管理体系 70 年建设及展望[J]. 科技导报，2019，37（16）：12-20.
[④] 张海波. 新时代国家应急管理体制机制的创新发展[J]. 人民论坛·学术前沿，2019，（5）：6-15.

继续认真地进行对于灾民的救济工作"[1]。特别是从 1952~1980 年的 20 多年间，国家在水利方面的投入近 800 亿元，其中地方政府和公社队自筹近 100 亿元，建成了一大批防洪、灌溉、排涝和发电等工程设施，对黄河、淮河和海河等各个流域的重视程度也不断提高[2]。

2. 职能部门分类管理为主

按照分类管理的原则，中央政府针对各类突发事件设立了相应的职能机构，这与当时高度集中的计划经济体制相符合。在此期间，应急管理工作主要集中在主管部门的单一响应上，重点是事发后的救援和重建。应急管理机制依托政府临时动员展开，具有非程序性、临时性、非连续性等特点[3]。横向上，应急管理的相关职责划分为多个职能部门，各部门各司其职，沟通配合少。纵向上，各职能部门管理相对完善，上下级指挥沟通协调顺畅。单一部门专业化程度高，独立执行任务能力强。改革开放后，随着安全形势出现新的变化，一些专门应对具体突发事件的分类管理部门职能得到加强，管理水平有所提高。与此同时，随着社会治安和安全生产问题日益突出，我国着力加强社会综合治理机构和安全生产监管机构的建设[4]。

3. 重大自然灾害的中央"兜底"机制

由于地方政府在自然灾害管理中的责任不明确，相应的制度不完善，当发生重大自然灾害时，地方政府缺乏独立防灾减灾能力，主要由中共中央和政务院（后改组为国务院）负责统一领导灾害应急管理具体事宜，内务部（于 1969 年撤销，1978 年设立民政部）负责各部门机构的协调，专门的减灾机构和其他有关部门共同开展灾害处置工作[5]。从总体上看，灾害管理以"修复"模式为主，虽有不足，但也有显著的贡献，尤其是在应对重大自然灾害方面，如应对 1976 年的唐山大地震和 1998 年的长江洪灾[6]。

4. 政治动员发挥主导作用

中国共产党无论是在成立初期和发展壮大时期，还是在中华人民共和国成立后的执政时期，都积极运用政治动员方式，表现出巨大的政党先进性和制度优越性。在中国特色社会主义建设的今天，各种矛盾同时存在、相互激化，群体性事件、自然灾害等公共危机时有发生，适当的政治动员仍然必不可少。面对突如其来的自然灾害，政府必须尽快控制和战胜灾害，保护人民生命财产安全，维护整个社会的稳定[7]。在这一时期，政府将人民公社时期的集体制度引入救灾工作，充分发挥体制和组织优势，以"依靠群众、

---

[1] 毛泽东. 我们的经济政策[R], 1934.
[2] 中共应急管理部委员会. 党领导中华人民共和国防灾减灾救灾工作的历史经验与启示[J]. 中国应急管理, 2021, (11): 7-11.
[3] 田华. 我国应急管理体系的建设历程与完善思路[J]. 云南行政学院学报, 2017, 19 (5): 156-160.
[4] 钟开斌. 中国应急管理机构的演进与发展：基于协调视角的观察[J]. 公共管理与政策评论, 2018, 7 (6): 21-36.
[5] 刘智勇, 陈苹, 刘文杰. 中华人民共和国成立以来我国灾害应急管理的发展及其成效[J]. 党政研究, 2019, (3): 28-36.
[6] 张海波. 新时代国家应急管理体制机制的创新发展[J]. 人民论坛·学术前沿, 2019, (5): 6-15.
[7] 胡小媛. 应对自然灾害中的政治动员问题研究[D]. 苏州大学硕士学位论文, 2011.

依靠集体、生产自救、互助互济、辅之以国家必要的救济和扶持"为救灾方针理念,抗灾效果良好,取得了救灾的阶段性胜利[①]。

5. 运用生态工程和科学技术防灾减灾

我国生态工程通过政府引导、科技催化、社会兴办和公众参与等多方面努力,正在蓬勃发展,生态工程也被纳入了许多地方政府的应急管理手段中[②]。我国治沙工程在1991~2000年,在切实保护好现有林草植被的基础上,乔、灌、草相结合,封沙封草,育林、飞播造林(草)、人工造林并举,治理了大量沙漠和沙漠化土地。目前世界上最大的生态工程是我国开展的三北防护林工程,为了改善生态环境,此项工程于1979年被列入国家经济建设的重要项目。我国西北、华北和东北三大地区有大面积的沙漠、沙地和广阔的戈壁,沙尘暴危害和水土流失非常严重。由于自然条件恶劣、物资短缺,风蚀沙埋严重和沙尘暴频发,农业生产产量低且不稳定。1978年5月,邓小平等中央领导同志对有关专家向党中央提出的"关于营造万里防护林改造自然的意见"做出批示。根据中央领导同志的批示精神,国家林业总局编制并出台了《关于在西北、华北、东北风沙危害和水土流失重点地区建设大型防护林的规划》。1978年11月25日,《国务院批转国家林业总局关于在三北风沙危害和水土流失重点地区建设大型防护林的规划》的印发,正式开启了我国三北防护林体系工程的建设[③]。此工程横跨新疆、青海、甘肃等13个省(自治区、直辖市)的551个县,总面积达406.9万平方千米,约占国土面积的42.4%。整个工程历时70年[④]。与此同时,防洪减灾领域的新技术发展非常广泛,如计算机网络技术、地理信息系统、遥感技术、洪水模拟、情景分析等,被用于防洪减灾的多个方面,在各种方案和预案的计算与评估、洪水风险分析与决策支持等方面也都增加了新的科学技术手段[⑤]。

总的来说,这一时期灾害管理制度最突出的特点是部门分工和权责独立。政府与应急管理和灾害管理相关的各个部门之间联系和合作很少。对小型灾害的救灾处置仍然由地方政府主导,中央应急机构在其能力范围内,会承担协调和指导的工作[⑥]。

3.2.3 应急管理成效

中华人民共和国的防灾减灾救灾史,是一部党领导人民不畏挑战、战胜灾害、不断前进的历史。我国经历了许多艰难困苦,如唐山大地震、1998年特大洪水、汶川地震等,中国共产党坚持初心使命,带领人民战胜了困难,充分展示了中国共产党的统一领导和

---

① 新京报. 从协调组织到政府部门, 中国应急管理制度之变[EB/OL]. http://epaper.bjnews.com.cn/html/2019-09/23/content_766042.htm, 2019-09-23.
② 颜京松, 王如松. 近十年生态工程在中国的进展[J]. 农村生态环境, 2001, (1): 1-8, 20.
③ 三北局. 三北防护林体系建设工程总体规划[EB/OL]. https://www.forestry.gov.cn/sbj/5030/20220416/150215906358684.html, 2022-11-21.
④ 金宁. 我国正在实施六大生态工程建设[J]. 农业现代化研究, 1994, (4): 219.
⑤ 程晓陶, 万洪涛, 吴兴征. 防洪减灾科技发展现状与趋势[J]. 中国水利, 2004, (22): 31-33, 6.
⑥ 吴波鸿, 张振宇, 倪慧荟. 中国应急管理体系70年建设及展望[J]. 科技导报, 2019, 37 (16): 12-20.

中国特色社会主义制度的显著优越性[①]。

1. 救灾领导体制和组织机构不断健全

中华人民共和国成立之初,中央政府建立了统一的救灾领导体制,成立了中央救灾委员会,负责统一领导、组织和协调救灾工作。1949年12月19日,政务院颁布《关于生产救灾的指示》,规定各级人民政府必须成立生产救灾委员会。我国中央救灾委员会于1950年2月27日成立,负责协调全国救灾相关事宜[②]。同年4月又在北京召开了人民救济代表会议,成立了中国人民救济总会。在中央强有力的统一领导下,全国上下不畏艰难、齐心协力,成功应对了接连发生的自然灾害。除此之外,我国还针对不同的灾害类型和救灾的不同环节,建立了防灾、抢险、救援等专业机构部门,逐步完善我国灾害防控网络。1950年6月7日,中央人民政府政务院正式批准了中央防汛总指挥部的成立,1953年成立中央防治血吸虫病领导小组,各级地方成立了各级防疫委员会,在全国基层设立卫生防疫站[③]。1992年,国家防汛抗旱总指挥部替代了之前的国家防汛总指挥部,负责领导和组织全国防汛抗旱工作。其他职能部门,如民政部负责灾害救助工作,气象局负责气象灾害预测,地震局负责地震灾害预测和相关管理[④]。

2. 应急管理逐渐科学化和规范化

中华人民共和国成立以后直至20世纪70年代末的30年间,政府在进行自然灾害、生产安全事故及其他危害社会安全与社会秩序的突发公共事件的应对工作中,逐渐积累形成了一套实用的管理体制和应急工作办法,如"领导集体决策""领导重要批示"等,使社会资源能够迅速调动和集中,发动全民积极参与的力量[⑤]。党的十一届三中全会后,民政部对救灾工作进行了改革,将救灾和扶贫相结合。1985年3月18日,民政部等九部委联合向国务院提交了《关于扶持农村贫困户发展生产治穷致富的请示》,请示中写道:"要把扶贫与救灾结合起来。救灾款在保障灾民基本生活的前提下,可用于灾民生产自救,扶持贫困户发展生产。救灾款有偿收回的部分用于建立扶贫救灾基金,有灾救灾,无灾扶贫。"1993年,民政部规定了救灾分级管理、救灾资金分级承付的新方案。随着政治体制改革的推进,在政府职能发生转变和国际合作进一步加深的背景下,我国灾害应急管理开始向科学化、专业化、规范化方向发展,并取得显著成效[⑥]。在随后改革中,根据《国务院机构改革方案》第八条,将民政部的救灾职责并入应急管理部:组建应急管理部。将国家安全生产监督管理总局的职责,国务院办公厅的应急管理职责,公安部的消防管理职责,民政部的救灾职责,国土资源部的地质灾害防治、水利部的水旱灾害

---

① 中共应急管理部委员会. 党领导中华人民共和国防灾减灾救灾工作的历史经验与启示[J]. 中国应急管理, 2021, (11): 7-11.
② 王振耀, 田小红. 中国自然灾害应急救助管理的基本体系[J]. 经济社会体制比较, 2006, (5): 28-34.
③ 马宝成. 中国共产党应急治理的百年探索与基本经验[J]. 国家治理, 2021, (41): 2-7.
④ 谢迎军, 马晓明, 刁倩. 国内外应急管理发展综述[J]. 电信科学, 2010, 26 (S3): 28-32.
⑤ 田华. 我国应急管理体系的建设历程与完善思路[J]. 云南行政学院学报, 2017, 19 (5): 156-160.
⑥ 刘智勇, 陈苹, 刘文杰. 中华人民共和国成立以来我国灾害应急管理的发展及其成效[J]. 党政研究, 2019, (3): 28-36.

防治、农业部的草原防火、国家林业局的森林防火相关职责，中国地震局的震灾应急救援职责以及国家防汛抗旱总指挥部、国家减灾委员会、国务院抗震救灾指挥部、国家森林防火指挥部的职责整合，组建应急管理部，作为国务院组成部门。

3. 传染病防治和干旱灾害治理两大领域成效显著

中华人民共和国成立后，在共产党带领下，全国人民齐心协力，抗击传染病取得丰硕成果[①]。在"预防为主"的卫生工作方针指导下，预防和消灭传染病是我国政府医疗卫生工作的重点，尤其是要加强农村地区的医疗卫生工作。我国借鉴苏联模式，建立起一个比较完善的以县、乡、村"三级预防保健网"为核心的公共卫生防疫体系。中华人民共和国成立初期，在农村，有全方位的合作医疗制度；在城市，有比较成熟的劳保制度[②]。70年来，在党和政府的重视和领导下，在各级卫生行政部门和专业队伍的努力下，我国的公共卫生工作认真贯彻"预防为主"方针，依靠科学技术，实施正确措施，开创了传染病防治的新局面，取得了显著成绩。在中央卫生实验院的基础上，建立和完善了医学科学院、预防医学科学院、军事医学科学院、流行病防治研究所、生物制品研究所，以及各省市的卫生防疫站、寄生虫病地方病防治站。一些医学院校设立了卫生学系和流行病学教研室，从事传染病的教学和研究工作[③]。在干旱灾害方面，自1949年中华人民共和国成立以来，我国每年都发生不同程度的干旱。2000年是全国极端干旱的一年，也是中华人民共和国成立以来最严重的一年。财政部拨付抗旱补助资金7.61亿元，国家计划委员会安排7亿元以工代赈资金，支持重旱地区人畜应急水源建设和粮田紧急抗旱保苗工作。农业部组织15个工作组指导干旱地区工作，安排救灾化肥20万吨、救灾柴油50万吨、救灾种子752万千克。据统计，2000年，各级抗旱部门机构共完成抗旱土地4 000多万亩[④]，改良抗旱土地2 900多万亩，灌溉果树1.1亿株，建设应急抗旱工程1.28万项，维护设备22.5万套，投资租赁设备7.6万套，临时解决1 150万人和900万头牲畜饮水问题[⑤]。通过国务院有关部门密切配合，全力支持抗旱救灾工作，成功抵御了当年的特大干旱并积累了实践经验，促使人们进行更加深刻的抗旱反思，形成了促进人与自然和谐可持续发展的治水新思路[⑥]。

3.3 2003年至今新时代中国特色应急管理时期

2003年抗击SARS取得胜利后，我国以"一案三制"为核心内容的应急管理科学化

---

① 本刊编辑部. 传染病防治工作任重道远[J]. 新医学，1988，(7)：339.
② 张晓玲. 中华人民共和国成立以来我国突发公共卫生事件应急管理的发展历程[J]. 中国应急管理科学，2020，(10)：43-49.
③ 人民网. 国务院机构改革方案[EB/OL]. http://politics.people.com.cn/n1/2018/0318/c1001-29873760.html，2018-03-18.
④ 1亩≈666.67平方米.
⑤ 吴玉成，高辉. 中华人民共和国重大干旱灾害抗灾纪实[J]. 中国防汛抗旱，2009，19(S1)：39-65.
⑥ 吕娟，苏志诚，屈艳萍，等. 我国抗旱减灾体系建设与成就[J]. 中国防汛抗旱，2019，29(10)：10-15.

体系逐步建成。2012年党的十八大召开，中国特色社会主义进入新时代。2018年3月，应急管理部正式成立。2021年，国家疾病预防控制局正式挂牌。经过不断完善，中国特色应急管理体制逐步形成。这一时期，我国面临的各种不确定风险因素的挑战越来越多，形势越来越严峻。习近平总书记在党的二十大报告中强调："推进国家安全体系和能力现代化，坚决维护国家安全和社会稳定。"同时明确指出"强化国家安全工作协调机制，完善国家安全法治体系、战略体系、政策体系、风险监测预警体系、国家应急管理体系"，"构建全域联动、立体高效的国家安全防护体系"[1]。这些重要论断指明了我国应急管理体系在新时期和新时代重要的新发展思路：既要高效运用现代先进的科技智能方法和手段，又要利用现有先进的应急管理模式和程序，不断提升应急管理的科学化、专业化、智能化和精细化水平，防范化解重大安全风险，及时应对各类突发事件[2]。

3.3.1 新时代中国特色应急管理时期突发事件的特点

1. 突发事件风险更加广泛

新时期，我国面临的各种不确定性风险因素不断增加，传统的安全风险和非传统安全风险高度聚合并交织在一起。应急管理不当可能引起政治局势波动、影响国际安全。同时，我国国土面积大，气象和地质灾害分布广，导致各种突发事件频发。突发事件涉及范围广、破坏力大，对公众的生命财产安全构成极大威胁，同时也不利于社会稳定和经济发展。改革开放以来，我国突发公共危机事件不断增多，造成的经济和社会损失也越来越严重。进入21世纪以来，地震、台风、霜冻、洪水等自然灾害严重影响各省，社会发展面临的风险因素和风险水平在不断增加[3]。

2. 某些突发事件呈现高频次、大规模的发展趋势

习近平强调，我国是世界上自然灾害最为严重的国家之一，灾害种类多，分布地域广，发生频率高，造成损失重，这是一个基本国情[4]。2001年以来，我国发生了多起重大安全事故，其中矿山安全事故尤为突出。2000年国家煤矿安全监察局负责矿山救护工作；2003年调整为由国家安全生产监督管理局（与国家煤矿安全监察局同一个机构，两块牌子）矿山救援指挥中心负责全国矿山应急救援工作；2005年调整为国家安全生产监督管理总局矿山救援指挥中心负责全国矿山应急救援工作。直至2020年，国家煤矿安全监察局正式更名为国家矿山安全监察局，仍由应急管理部管理。应急管理部的非煤矿山安全监督管理职责划入国家矿山安全监察局。设在地方的27个煤矿安全监察局相应更名

---

[1] 习近平：高举中国特色社会主义伟大旗帜 为全面建设社会主义现代化国家而团结奋斗——在中国共产党第二十次全国代表大会上的报告[EB/OL]. http://www.gov.cn/xinwen/2022-10/25/content_5721685.htm，2022-10-25.
[2] 胡信布，贺明月．"五化"驱动的新时代应急管理体系研究[J]. 城市与减灾，2022，（3）：18-22.
[3] 张寅. 新时代中国应急管理工作的完善与发展[J]. 中国消防，2020，（2）：51-53.
[4] 习近平：充分发挥我国应急管理体系特色和优势 积极推进我国应急管理体系和能力现代化[EB/OL]. http://www.gov.cn/xinwen/2019-11/30/content_5457226.htm，2019-11-30.

为矿山安全监察局，由国家矿山安全监察局领导管理[①]。与此同时，同类型重大事故的接连发生，在一定程度上已经成为人们社会经济生活中的一个阴影，严重治安案件和群体性冲突数量也有所增加。

3. 部分突发事件的跨地域程度提高

我国进入经济快速增长时期，由于人员流动性加强，通信运输技术的发展，突发事件的影响范围也更广。例如，食品和药物安全事故、环境事故、公共卫生事故，包括社会安全事故，如果控制不当，可能会从一个地区蔓延到另一个地区。例如，SARS、禽流感、苏丹红等事件甚至波及全国[②]。习近平总书记指出："我们今天开放发展的大环境总体上比以往任何时候都更为有利，同时面临的矛盾、风险、博弈也前所未有。"[③]各种区域紧急事件和全球紧急情况不断出现，并跨越不同区域和国界，带来各种难以想象的复合性灾难后果[④]。

4. 突发事件的敏感性、危害性和影响性普遍增强

在坚持改革开放的过程中，随着自然环境和社会条件的变化，我国发生的突发事件种类不断增多，所造成的影响和损失也在日益增加[⑤]。这一时期发生了一系列重特大突发事件，如汶川地震、玉树地震、舟曲特大山洪泥石流、王家岭矿难、雅安地震等。事故灾难中，因违规建筑的存在，后期隐患排查未能落实等造成的事故灾难呈现上升趋势。重大生产安全责任事故暴露出我国应急管理工作存在的问题，这仍需要通过顶层设计和模式重构来不断完善[⑤]。

3.3.2 应急管理做法

在这一时期，我国应急管理主要呈现综合管理的特点[⑥]。2004年以前，我国的应急管理呈现出体制碎片化、职能部门分工化、不同部门拥有不同的资源和权力、部门与地区之间缺乏联动等特点[⑦]。在2003年抗击SARS取得胜利后，党和政府全面加强应急管理工作，健全应急预案，完善应急管理体制，强化应急管理机制，推进应急管理法治，我国建成以"一案三制"为核心内容的应急管理科学化体系。自此，我国应急管理事业迈入了新的历史发展阶段[⑧]。党的二十大报告指出："提高公共安全治理水平。坚持安全

---

① 中国机构编制网. 国家矿山安全监察局职能配置、内设机构和人员编制规定[EB/OL]. http://www.scopsr.gov.cn/jgbzdt/gg/202010/t20201009_377161.html, 2020-10-09.
② 李发戈. 我国转型时期突发事件的特点及成因[J]. 四川省社会主义学院学报, 2006, (2): 49-51.
③ 人民网. 习近平在省部级主要领导干部学习贯彻党的十八届五中全会精神专题研讨班上的讲话[EB/OL]. http://jhsjk.people.cn/article/28537020, 2016-05-10.
④ 钟开斌. 国家应急管理体系：框架构建、演进历程与完善策略[J]. 改革, 2020, (6): 5-18.
⑤ 陈惠敏. 我国应急管理的发展历程[J]. 中国石油和化工标准与质量, 2019, 39 (22): 99-100.
⑥ 张海波. 新时代国家应急管理体制机制的创新发展[J]. 人民论坛·学术前沿, 2019, (5): 6-15.
⑦ 吴波鸿, 张振宇, 倪慧荟. 中国应急管理体系70年建设及展望[J]. 科技导报, 2019, 37 (16): 12-20.
⑧ 张树军. 推进国家应急管理体系和能力现代化[N]. 中国纪检监察报, 2020-02-13, (007).

第一、预防为主,建立大安全大应急框架,完善公共安全体系,推动公共安全治理模式向事前预防转型。推进安全生产风险专项整治,加强重点行业、重点领域安全监管。提高防灾减灾救灾和重大突发公共事件处置保障能力,加强国家区域应急力量建设。"[1]这标志着在严峻的国内和国外形势下,我国应急管理体系和能力建设的新转向。

1. 扩大单一部门责任制并建立分类管理体系

为了加强不同职能部门在应急响应中的协调合作,各级人民政府通常在其办公厅内设立应急管理办公室。在前一阶段应急管理制度的基础上,还扩大了单一部门责任制的适用范围。除水利、气象、地震、民政、安监等部门外,卫生、公安、外事甚至中国人民银行等金融部门都被赋予了应急管理的职责,形成了较为完整的分类管理体系,并且强调不同职能部门的事前响应。这里所说的"事前",主要是指分类管理部门需要在突发事件发生前做好预测、预警、预防和准备[2]。

2. 推进应急管理标准化建设

在各地区和各部门的积极协调与不懈努力下,应急管理工作被放在各级党委和政府的重要议程上,被纳入安全生产全局,进行统筹考虑和实施。我国不仅积极推进《生产安全事故应急条例》立法工作,还修订发布《生产安全事故应急预案管理办法》,部分地方政府开展自主学习计划,进行应急演练、队伍建设、装备配备、物资储备等工作,从而发现问题、完善落实执法检查[3]。此外,应急管理部出台了《"十四五"应急管理标准化发展计划》,各部党委为推进应急管理标准化建设,认真贯彻落实习近平总书记关于应急管理的重要指示批示和标准化战略重要论述精神,朝着应急管理"全灾种、大应急"的总要求不断前进[4]。其中完成了加强急需紧缺标准的修订工作,截至2022年3月,现行归口管理的有效应急管理标准包括了国家标准500项和行业标准580项,共计1 080项[5]。

3. 推动应急管理的规范化、制度化和法治化建设

在2003年抗击SARS之前,我国的应急管理具有临时性、非程序化、体系不统一、管理组织体系分散等不足。自抗击SARS取得成功以后,以"一案三制"为核心的应急管理体系建设在我国全面启动,应急管理的法治建设受到高度重视,强调采取各种制度化、程序化、合规化的应急管理方法和措施,强调在紧急状态下将政府行为纳入法治范围,使政府的应急管理权力受到法律的约束和规制,实现应急管理的规范化、制度化和

---

[1] 习近平:高举中国特色社会主义伟大旗帜 为全面建设社会主义现代化国家而团结奋斗——在中国共产党第二十次全国代表大会上的报告[EB/OL]. http://www.gov.cn/xinwen/2022-10/25/content_5721685.htm, 2022-10-25.
[2] 张海波. 新时代国家应急管理体制机制的创新发展[J]. 人民论坛·学术前沿, 2019,(5):6-15.
[3] 张爱玲,杨志刚,王号昌. 我国应急管理十年历程[J]. 中国安全生产, 2016, 11(10):11.
[4] 应急管理部政策法规司负责人就《计划》答记者问[N]. 中国应急管理报, 2022-05-07,(004).
[5] 政策法规司. 应急管理部政策法规司负责人就《"十四五"应急管理标准化发展计划》答记者问[EB/OL]. http://www.mem.gov.cn/xw/yjglbgzdt/202205/t20220506_413026.shtml, 2022-05-06.

法治化。2007年8月30日,《中华人民共和国突发事件应对法》颁布,并于11月1日正式实施,这标志着我国应急管理向规范化、制度化、法治化方向迈出了重大一步[1]。2008年汶川地震后,国务院发布了《汶川地震灾后恢复重建条例》,充分体现了国家将应急管理纳入法治轨道的能力和决心[2]。按照党中央要求,2018年底前,地方各级政府也要完成应急管理厅和局的组建。此后,应急管理系统内部的纵向联系进一步加强,逐渐建立起一个从中央到地方各级政府应急办的自上而下的应急管理指挥系统[3]。

4. 确立综合应急管理体制机制

政府机构改革在全面深化改革和国家治理体系现代化进程中占据关键位置。2006年4月10日,在国务院办公厅指导下,成立了国务院应急管理办公室,并要求不同省市也设立对应的机构。在《中共中央关于构建社会主义和谐社会若干重大问题的决定》中,我国基本形成了"分类管理、分级负责、条块结合、属地为主"的应急管理体制[4]。2018年3月,第十三届全国人民代表大会第一次会议审议国务院机构改革方案,决定组建应急管理部,成为国务院组成部门之一,不再保留国家安全生产监督管理总局。应急管理部下设五个议事机构,分别是国家防汛抗旱总指挥部、国务院抗震救灾指挥部、国务院安全生产委员会、国家森林草原防灭火指挥部、国家减灾委员会;一个派驻机构——中央纪委国家监委驻应急管理部纪检监察组;四个部署单位——国家消防救援局、国家矿山安全监察局、中国地震局、国家安全生产应急救援中心;火灾防治管理司、国际合作和救援司、新闻宣传司、科技和信息化司等22个部门。应急管理部的主要职责是组织编制国家应急总体预案和规划,指导各地区各部门应对突发事件工作,推动应急预案体系建设和预案演练。建立灾情报告系统并统一发布灾情,统筹应急力量建设和物资储备并在救灾时统一调度,组织灾害救助体系建设,指导安全生产类、自然灾害类应急救援,承担国家应对特别重大灾害指挥部工作。指导火灾、水旱灾害、地质灾害等防治。负责安全生产综合监督管理和工矿商贸行业安全生产监督管理等。公安消防部队、武警森林部队转制后,与安全生产等应急救援队伍一并作为综合性常备应急骨干力量,由应急管理部管理,实行专门管理和政策保障,采取符合其自身特点的职务职级序列和管理办法,提高职业荣誉感,保持有生力量和战斗力。应急管理部要处理好防灾和救灾的关系,明确与相关部门和地方各自职责分工,建立协调配合机制[5]。实现应急管理、指挥和救援的集中统一,由一个部门负责统筹的新局面从此形成[6]。2019年,应急管理部稳步推进机构改革,先后整合11个部门的13项职责,其中包括5个国家指挥协调机构的职责,顺利完成了机构改革、人员转隶和公安消防、武警森林2支部队近20万人的转制,新组建

---

[1] 刘智勇,陈苹,刘文杰. 中华人民共和国成立以来我国灾害应急管理的发展及其成效[J]. 党政研究, 2019,(3): 28-36.
[2] 钟开斌. 中国应急管理体系建设:发展历程与展望[J]. 中国灾害防御协会, 2009,(5): 219-223.
[3] 童星. 中国应急管理的演化历程与当前趋势[J]. 公共管理与政策评论, 2018, 7(6): 11-20.
[4] 肖容. 中国应急管理体系发展的初探[J]. 中国管理信息化, 2019, 22(15): 181-182.
[5] 中华人民共和国应急管理部. 深化党和国家机构改革方案(摘要)[EB/OL]. https://www.mem.gov.cn/jg/zyzz/201804/t20180416_232220.shtml, 2018-04-16.
[6] 陈惠敏. 我国应急管理的发展历程[J]. 中国石油和化工标准与质量, 2019, 39(22): 99-100.

了国家综合性消防救援队伍，31个省级应急管理厅（局）全面组建。新时代中国特色应急管理组织体制初步形成[1]。2021年，国家疾病预防控制局正式挂牌成立，意味着疾控机构职能从单纯预防控制疾病向全面维护和促进全人群健康转变。新机构将承担制定传染病防控及公共卫生监督政策，指导疾病预防控制体系建设，规划指导疫情监测预警体系建设，指导疾控科研体系建设，公共卫生监督管理、传染病防治监督等五大职能，对我国更好应对突发性公共卫生事件、组织调动全国力量进行疾病防控和开展预防工作具有重大意义[2]。此外，相比国家卫生健康委员会疾病预防控制局，国家疾病预防控制局增加了公共卫生监督管理、传染病防治监督等职责[3]。

5. 运用现代信息技术

习近平总书记强调："要强化应急管理装备技术支撑，优化整合各类科技资源，推进应急管理科技自主创新，依靠科技提高应急管理的科学化、专业化、智能化、精细化水平。"[4]加快抢险救灾中新技术的应用一直是国家鼓励的发展方向。近年来，3S[5]技术以其独特优势在防灾、调查、监测、应急、广播等方面得到了广泛应用和认可[6]。当今信息化社会对于应急管理而言，既是挑战，又是机遇。信息技术应用得合理与否将会影响应急管理的效果。大数据等信息技术的标准化应用，需要响应国家整体安全观的发展目标，在实现国家应急管理体系现代化目标中扮演着至关重要的角色[7]。目前，重大灾难的现场指挥主要由移动应急通信车、卫星通信和无人机通信组成，并配合无线自组网、5G（5th generation mobile communication technology，第五代移动通信技术）等通信技术和各种手持终端设备等。我国在灾难处置过程中已具备完善的指挥调度和通信保障能力[8]。许多企业也进入数字化应急领域，基于现有视频共享和融合通信能力，结合数字政府、安全发展城市的整体设计理念，科学搭建应急管理数字化体系，推动跨部门、跨层级、跨区域的互联互通、信息共享和业务协同，不断协助政府落实应急管理数据、防灾减灾、应急救灾及城市安全体系建设。

---

[1] 国新办. 国新办举行应急管理部组建以来改革和运行情况发布会图文实录会[EB/OL]. http://www.scio.gov.cn/xwfb/gwyxwbgsxwfbh/wqfbh_2284/2019n_5801/2019n01y22rsw/twzb_5884/202207/t20220715_211765.html.

[2] 中青在线. 青平：国家疾病预防控制局成立意义重大[EB/OL]. http://news.cyol.com/gb/articles/2021-05-20/content_XbdEYhp2K.html，2021-05-20.

[3] 新京报. 国家疾控局挂牌，机构定位、职能深度揭秘[EB/OL]. http://m.bjnews.com.cn/detail/162087890814306.html，2021-05-13.

[4] 人民网. 习近平谈防灾减灾：从源头上防范 把问题解决在萌芽之时[EB/OL].http://jhsjk.people.cn/article/31704418，2020-05-11.

[5] 3S即GIS（geographic information system，地理信息系统），GPS（global positioning system，全球定位系统），RS（remote sensing，遥感）。

[6] 肖蓓，湛邵斌，尹楠. 浅谈GIS的发展历程与趋势[J]. 地理空间信息，2017，5（5）：56-60.

[7] 张铮，李政华. 中国特色应急管理制度体系构建：现实基础、存在问题与发展策略[J]. 管理世界，2022，38（1）：138-144.

[8] 周丹雅，吕叶金. 数字安防与应急管理协同并进构建价值共同体[J]. 中国安防，2022，（6）：69-75.

3.3.3 应急管理成效

应急管理是一种有组织、有计划和持续动态的管理过程。政府针对潜在的或当前的危机，在危机发展的不同阶段采取一系列控制行为，以达到有效地预防、处理和消除危机的理想效果[1]。进入 21 世纪以来，频频发生的自然灾害或事故灾难造成巨大损失，反映出我国传统的应急管理体制条块分割、信息沟通不畅、资源难以整合、协调力度不够、重复建设等问题[2]。这些灾害和事故的发生给我国应急管理建设敲响了警钟，但也促进了应急管理事业的快速发展[3]。

1. 灾难应急管理体系更加完善

应急管理体系建设的任务十分繁重，具有重要性和紧迫性，需要认识到其艰巨性和长期性[4]。应急管理部的成立，标志着统一指挥、快速反应、上下联动、平战结合的中国特色应急管理体系初步形成。完善对各类灾难的全过程管理、全方位应急处置，提高防灾减灾救灾能力，提高公共安全保障能力，确保人民生命财产安全和社会秩序稳定[5]。经过持续深化改革，我国应急管理体系不断改进，应急救援的有效性显著提高，安全生产的水平一直在稳步改善，并且防灾减灾的能力明显增强[6]。同时，应急管理部积极推进应急管理信息化体系建设，应急指挥信息网络实现了部、省、市、县的互联互通，指挥响应效率大大提高；构建了适应"全灾种、大应急"需要的应急指挥图；建立了应急资源管理平台，完善应急资源快速调配机制[7]，成功实现各级各类突发事件应急管理的统一协调指挥，及时准确共享公共安全应急数据和信息资源，使政府能够高效地指挥决策。

2. 应急处置成效显著增强

自 2015 年以来，全国矿山、危险化学品等专业应急救援队伍参与生产安全事故救援 1.4 万余起，抢救遇险被困人员 4.5 万余人；消防、海上、水上应急救援队伍参与救援 112.2 万余起，抢救遇险被困人员 17.8 万余人，赢得了地方党委、政府和人民群众的信赖。生产安全事故死亡人数从历史最高峰的 2002 年死亡近 14 万人，降至 2018 年的 3.4 万人；生产安全事故起数和死亡人数连续 16 年、较大事故连续 14 年、重大事故连续 8 年实现"双下降"；重特大事故起数从 2001 年最多时一年 140 起下降到 2018 年的 19 起[8]。据应急管理部统计，2018 年全国累计组织转移避险群众 833 万人，会同中央财政下拨补助资

---

[1] 杨杰. 我国地方政府自然灾害应急管理的能力建设研究[D]. 西南交通大学硕士学位论文，2015.
[2] 刘铁民. 科学构建新时代国家应急管理体系[N]. 中国应急管理报，2019-07-30，（007）.
[3] 朱永兴. 国内应急管理研究现状与展望[J]. 管理观察，2017，（22）：60-63，66.
[4] 高小平. 中国特色应急管理体系建设的成就和发展[J]. 中国行政管理，2008，（11）：18-24.
[5] 陈惠敏. 我国应急管理的发展历程[J]. 中国石油和化工标准与质量，2019，39（22）：99-100.
[6] 李莎. "十四五"应急管理体系规划出炉 加强超大特大城市治理中的风险防控[N]. 21 世纪经济报道，2022-02-16，（006）.
[7] 邱超奕. 充分发挥我国应急管理体系特色和优势——写在国家综合性消防救援队伍组建三周年之际[J]. 消防界（电子版），2021，7（22）：4-5.
[8] 国新网. 国新办举行新时代应急管理事业改革发展情况发布会[J]. 湖南安全与防灾，2019，（10）：48-53.

金115.8亿元，共启动47次应急响应，妥善处置了一系列自然灾害和社会事件[1]。经国务院同意，我国定于2020~2022年开展第一次全国自然灾害综合风险普查工作，摸清了灾害风险的隐患和防灾设施的底数，加快补齐防灾减灾工程体系短板，统筹实施地震易发区房屋设施的抗震加固，防汛抗旱水利提升，地质灾害避险移民搬迁等重点工程，自然灾害防御能力明显提升。此外，据统计，2018~2021年，全国年均因灾死亡失踪人数、倒塌房屋数量和直接经济损失占GDP的比重较改革前5年均值分别下降了51.6%、73%和44%，防灾减灾救灾体制机制改革成效显现[2]。

3. 基层应急能力建设成效显著

基层应急管理直接关系到人民群众的生命财产安全、经济发展和社会稳定。提升基层应急管理能力，必须坚持群众观点和群众路线，推进社会共治，广泛动员、组织和凝聚群众，筑牢防灾减灾救灾的人民防线[3]。针对我国基层防灾减灾能力薄弱的现状，国家减灾委员会自2007年开始就通过推动全国综合减灾示范社区创建等工作，加强基层综合减灾能力建设，有效提升了基层应急管理能力[4]。2018年，应急管理部有效整合全国多个政府部门履行相关职能，提高应急指挥部和社会各部门协同应对突发事件能力。同时，在应急管理协调机制建设过程中，地方政府自身垂直介入填补了基层应急工作的空白，使应急管理在基层落地，各级联动有效[5]。汶川地震后，党和政府认真总结经验和教训，推进基层应急管理系统科学化和标准化建设，以提高基层应急管理的覆盖范围，协调组织社区、企业、事业单位和个人等多主体力量。例如，在河北、吉林和重庆，发现并帮助企业消除隐患共1 000余条，有效地促进了当地基层应急管理能力的提升[6]。此外，广东省全力推进基层应急能力建设，全省乡镇街道按照"四个一"（有一个健全的应急管理组织体系、有一支应急救援队伍、有一个应急指挥平台、有一个应急救援物资仓库）标准健全基层应急管理体系，打造全省一体化融合指挥平台，实现应急指挥网络省、市、县、镇、村五级全贯通，解决了基层应急工作"最后一公里"如何做的问题[7]。

4. 多元主体协同参与格局更加稳固

中华人民共和国成立初期，在"大政府-小社会"的模式下，应急管理多由政府掌控，呈现出"包揽一切""单打独斗"的状态。社会力量参与应急管理的能力较弱，过度依赖

---

[1] 肖容. 中国应急管理体系发展的初探[J]. 中国管理信息化，2019，22（15）：181-182.
[2] 中央新闻客户端. 应急管理部：防灾减灾救灾体制机制改革成效显现[EB/OL]. https://news.cnr.cn/native/gd/20220830/t20220830_525992614.shtml，2022-08-30.
[3] 人民网. 增强基层应急管理能力（专题深思）[EB/OL]. http://opinion.people.com.cn/n1/2022/0325/c1003-32383630.html，2022-03-25.
[4] 《中国减灾》杂志. 加强基层应急管理能力建设 积极推进国家应急管理体系和能力现代化[EB/OL]. https://kepu.gmw.cn/2020-05/11/content_33820047.htm，2020-05-11.
[5] 顾爱华，冯汝莹，崔晓芳. 中国应急管理研究的可视化与热点趋势分析[J]. 江南大学学报（人文社会科学版），2022，21（1）：5-18.
[6] 张爱玲，杨志刚，王号昌. 我国应急管理十年历程[J]. 中国安全生产，2016，11（10）：11.
[7] 人民政协报. 夯实"应急管理大厦"基础——全国政协"加强基层应急管理能力建设"专题调研综述[EB/OL]. http://www.cppcc.gov.cn/zxww/2022/07/20/ARTI1658285993318322.shtml，2022-07-20.

政府。随着我国经济社会的发展，突发事件越来越复杂，政府作为应急管理的唯一主体的情况已经改变[①]。汶川地震就是一个社会主体协同参与的典范，当汶川地震发生时，党委和政府带领广大社会组织和公众积极参与到救灾抢险中，社会各界、各单位、各组织和各企业形成了统一的应急战线，配合国家的决策和要求有序组织起来，共同面对和解决突发事件，最大限度地减少地震造成的破坏和损失[②]。此时，多主体协同参与的格局初步形成。在新时期，面对各类突发事件，我国应急管理充分依靠社会力量，从政府独立救灾走向多元共治，让企业、非政府组织、各类团体和组织、人民群众都参与进来，成为应急管理的主体，成功营造了应急管理"人人有责"的社会文化[①]。多主体协同参与的格局进一步完善，且参与的水平逐渐提高。在各类社会组织中，由公众组成的各类志愿者组织尤为突出，已经成为我国灾害和事故应急救援过程中不可替代的重要社会力量。不同于其他社会组织，志愿者组织主要是由来自四面八方的爱心人士组成，其构成复杂、流动性较强，应急管理中的无序问题始终困扰志愿者组织的发展壮大[③]。因此，我国非常重视志愿者组织的专业化和规范化建设。据不完全统计，我国地震救援志愿者为1.1万支，共计69.4万人，志愿消防队为30万支，共计211.3万人，如蓝天救援队（全国5万余人）、绿野救援队、蓝豹救援队、红箭救援队、北极星救援队等是较为专业的志愿救援组织，在多次灾难救援中发挥了重要作用[④]。

5. 应急产业发展势头良好

据中国安全防范产品行业协会的统计，在2006~2010年期间，我国安防行业发展迅速，且规模不断扩大。2010年，安防企业数量达到约2.5万家，相关从业人员约120万人；工业总产值达到2.3万多亿元[⑤]。关于应急产业的产学研合作，国内较早开展的地区是广东。2008年，广东省开始建立应急技术研究中心；2012年，广东省建立了20个应急技术研究中心，在自然灾害、事故灾难、突发公共卫生事件等多个领域发挥良好作用；2014年，广东省与清华大学共建广东省应急平台技术研究中心，加强应急科学理论与应用研究，为应急产业发展提供技术和理论支持[⑥]。此外，北京、上海、安徽和重庆是不同类型的应急产业基地建设的主要阵地，其中北京、重庆等多个应急产业园区规划年产值约500亿元[⑦]。应急产业园的进一步扩大和发展，提高了我国产业和企业的集中度，规模效应得到最大限度的发挥，促进我国应急科学和应急技术的发展和创新[⑧]。由科学技术部批准的国家级试点联盟——"应急救援装备产业技术创新战略联盟"，是其中最具有代表

---

① 申霞. 我国应急管理的四大转变[J]. 人民论坛，2020，(4)：64-65.
② 赵阳，史兆伟. 突发事件应急管理中社会动员模式的形成与发展[J]. 科技资讯，2022，20(11)：251-253.
③ 刘智勇，陈苹，刘文杰. 中华人民共和国成立以来我国灾害应急管理的发展及其成效[J]. 党政研究，2019，(3)：28-36
④ 中国应急管理报. 推动加快发展应急救援志愿者队伍[EB/OL]. http://m.aqsc.cn/zhuanti/201903/04/c100757.html，2019-03-04.
⑤ 肖越. 我国应急产业发展的现状及对策建议[J]. 产业与科技论坛，2013，12(20)：19-20.
⑥ 周林生. 应急产业科技管理体系的构建[J]. 科技管理研究，2016，36(13)：96-101.
⑦ 邹积亮. 当前应急产业发展的突出问题与路径探讨[J]. 经济研究参考，2012，(31)：47-51.
⑧ 康光荣，郭叶波. 公共安全与应急救援产业发展研究[J]. 宏观经济管理，2015，380(8)：75-77.

性的组织之一[1]，联盟不仅积极承担应急救援的社会责任，还依托联盟的专家团队，提供全方位的应急产业技术专业咨询和研究服务，组织联合技术创新，推荐国家和地方科研项目，提供组织应急人才培训、产品演练、产品和技术的长期展示等服务，引领我国应急管理的科学技术进步，推动世界应急产业发展[2]。

> **本章小结**

本章较为系统地介绍了我国应急管理的发展历程，每一阶段都有其独特的时代特性和历史背景。我国的应急管理大体上可以分为三个阶段，分别是1949年以前的应急管理时期、1949~2002年应急管理时期和2003年至今新时代中国特色应急管理时期。通过阐述每一阶段的突发事件及其特点，应对措施的改善和应急成效的显著增加，总结出了不同时期党和政府及广大民众面对灾难的智慧，展现出了我国应急管理体系不断完善的历程。

> **关键术语**

突发事件　自然灾害　灾害应急管理　荒政　灾前预防　灾中勘按
灾后救济　生态工程　传染病防治　干旱灾害　应急管理体系　分类管理
全过程管理　一案三制　基层应急能力　综合应急管理

> **复习思考题**

1. 我国应急管理发展历程可以分为哪几个阶段？
2. 中华人民共和国成立初期，我国应急管理体现出哪些特点？
3. "一案三制"在什么事件发生后提出？具体指什么？
4. 新时代中国特色应急管理时期我国应急管理取得了哪些成效？
5. 结合本章内容，谈谈我国应急管理发展的未来趋势。

---

[1] 刘智勇，陈苹，刘文杰. 中华人民共和国成立以来我国灾害应急管理的发展及其成效[J]. 党政研究，2019，(3)：28-36.
[2] 闪淳昌，薛澜. 应急管理概论——理论与实践[M]. 北京：高等教育出版社，2012.

第 4 章

自然灾害应急管理

进入现代社会以来，随着工业化进程的加快，全球气候变暖和环境破坏的加剧，同时伴随着人类城市的建设，人类居住密度的增加，各种自然灾害事件多发、频发给人类造成的生命和财产损失不断增加。特别是进入 21 世纪以来，全球各国遭遇了多次重大自然灾害，如 2004 年印度洋海啸、2005 年美国卡特里娜飓风、2008 年我国汶川地震及南方多省（自治区、直辖市）的雨雪冰冻灾害、2010 年海地 7.0 级地震、2011 年"3·11"东日本大地震、2015 年印度东南部蔓延的热浪灾情、2020 年东非蝗灾等。

仅 2010 年一年，全世界就发生了 300 余起自然灾害，包括 182 起大小洪灾、83 起风暴、29 起极端天气事件及 23 起破坏性地震，造成近 30 万人死亡，财产损失超过 1 100 亿美元[1]。可以说，在危害人类生命和财产安全的风险中，自然灾害风险影响最为广泛，程度最为严重，时间绵延最为深远，因而也一直受到全社会的普遍关注和重视。伴随着近现代应急管理体系建设的需要，各国都加大了对自然灾害应急管理领域的实践与研究，并取得了一定进展和突破。

2020 年，联合国减少灾害风险办公室与比利时鲁汶大学灾害流行问题研究中心联合发布了《灾害造成的人类损失 2000—2019》。该报告中指出，在 21 世纪前 20 年，全世界自然灾害总数激增，其中，与气候有关的灾害数量增加"惊人"。2000~2019 年，全球共发生 7 348 起自然灾害，造成 123 万人死亡，受灾覆盖人群达到 40 亿人，给世界造成了高达 2.97 万亿美元的经济损失。相比之下，1980~1999 年，全世界报告了 4 212 起自然灾害，119 万人因此死亡，受灾总人口超过 30 亿人，总经济损失为 1.63 万亿美元。通过比较不难发现，仅过了 20 年左右，自然灾害给全球造成的经济损失已经近乎翻倍，该报告同时显示，与气候有关的灾害数量占据了灾害总数的很大比例[2]。

根据应急管理部公布的数据，2022 年同 2021 年相比，我国自然灾害形势复杂严峻，极端天气气候增多，主要以洪涝、风雹、干旱、台风、地震、低温冻害和雪灾为主，沙尘暴、森林草原火灾、海洋灾害也有不同程度的发生，我国灾害阶段区域性特征明显，总体呈现"南涝北旱、上轻下重"的特点，如表 4.1 所示。

---

[1] 郭跃. 全球化背景下的自然灾害风险及应对策略[J]. 重庆师范大学学报（自然科学版），2014, 31（5）：126-131.
[2] 新华网. 联合国报告：过去 20 年气候灾害数量增长"令人震惊" [EB/OL]. http://www.xinhuanet.com/world/2020-10/13/c_1126600567.htm, 2020-10-13.

表 4.1 我国 2021~2022 年度自然灾害总览表

时间	灾害类型	农作物受灾面积/万公顷	受灾人数	累积经济损失/亿元
2021年第一季度	低温冷冻和雪灾、干旱灾害为主	24.9	408.8万人	42.1
2021年第二季度	风雹、洪涝、地震灾害为主	292.17	2 081.9万人	408.6
2021年第三季度	洪涝、风雹、干旱、台风、地震和地质灾害为主	741.23	9 494万人	2 846
2021年全年	洪涝、风雹、干旱、台风、地震、地质灾害、低温冷冻和雪灾为主	1173.9	1.07亿人	3 340.2
2022年第一季度	低温冷冻和雪灾、地震、风雹灾害为主	61.4	953.1万人	150.3
2022年第二季度	洪涝、风雹、地质灾害为主	300.49	2 961.2万人	737.8

2022年，我国自然灾害较多，高温、山火、山洪、地震等多种类型的自然灾害在全国各地散点式发生。8月21日，中央气象台连续10天发布高温红色预警，连续32天发布高温预警，南方多地持续出现40℃以上高温天气，多个国家级气象站气温突破历史极值，受高温天气的影响，我国四川盆地、长江中下游地区出现气象干旱状态[1]。8月18日开始，受持续高温干旱影响，重庆市江津、大足、铜梁、巴南等区先后发生多起山林火灾[2]。8月18日凌晨，受强降雨影响，青海省西宁市大通县发生山洪灾害，造成人员伤亡、多人失联，应急管理部工作组紧急赶赴青海，指导做好救援处置工作。国家减灾委员会、应急管理部启动国家Ⅲ级救灾应急响应，支持地方做好受灾群众生活救助等救灾工作[3]。据中国地震台网测定，2022年9月5日12时52分，四川省甘孜藏族自治州泸定县发生6.8级地震，震源深度16千米。接报后，国务院抗震救灾指挥部办公室、应急管理部立即启动国家地震应急三级响应，国家减灾委员会、应急管理部启动国家Ⅳ级救灾应急响应[4]。伴随经济社会快速发展，人口密度加大，自然灾害造成的损失愈发显著，需要政府不断提高灾害应对能力并加大社会动员程度，形成全社会共同抗击灾难的局面。

4.1 自然灾害应急管理概述

4.1.1 自然灾害应急管理的基本概念

1. 自然灾害

"自然灾害"的定义有很多种，尽管至今还没有统一的定义，但是诸多定义对自然

---

[1] 中国气象局. 中央气象台连续发布高温红色预警和气象干旱橙色预警——为科学抗旱提供气象保障[EB/OL]. http://www.cma.gov.cn/2011xwzx/2011xmtjj/202208/t20220822_5046784.html，2022-08-22.
[2] 央视网. 重庆发生多处山火 目前正全力扑救暂无人员伤亡[EB/OL]. https://news.cctv.com/2022/08/22/ARTIfTMbuHjD1eppGeFJnCVa220822.shtml，2022-08-22.
[3] 中华人民共和国应急管理部. 应急管理部调度部署青海大通县山洪灾害救援处置 王祥喜率工作组紧急赶赴现场[EB/OL]. https://www.mem.gov.cn/xw/yjyw/202208/t20220818_420506.shtml，2022-08-18.
[4] 中华人民共和国应急管理部. 国务院抗震救灾指挥部办公室、应急管理部 启动国家地震应急三级响应 派出工作组赴四川泸定地震现场[EB/OL]. https://www.mem.gov.cn/xw/yjyw/202209/t20220905_421832.shtml，2022-09-05.

灾害本质的认定具有一致性,即自然灾害最为重要和最为普遍的特点是会破坏人类社会的正常秩序,给人类社会造成巨大损失。有学者将自然灾害界定为以自然因素为主导,造成人类生命、财产、社会功能和生态环境等损害的事件或现象[①]。因为自然灾害普遍包括自然致灾因子、人类社会和社会损失三个显性要素,另外还具有三个隐含要素,即时间、空间、事件。同时自然灾害普遍具有随机性、不可抗力性、破坏性、地域性、一定的规律性、相关性、难以避免性、可减轻性及不同种类自然灾害可能连带发生的相关性。因此,考虑到自然灾害的上述要素和特点,本书借鉴于良臣和马万栋的定义,将自然灾害界定为发生在自然界中且造成生命伤亡与财产损失的事件,其内涵主要涉及两个层次:一是强调致灾因子的动力条件;二是强调灾害事件造成的后果[②]。

2. 自然灾害风险

自然灾害风险包括灾害造成的潜在损失与发生概率(可能性)两个含义,因此对于自然灾害风险的定义是在特定评估时间段和空间范围内,未来自然灾害造成的潜在损失及其发生的可能性,即损失的概率分布[③]。1991 年联合国人道主义事务协调厅提出了自然灾害风险模型,自然灾害风险是指特定地区在特定的时间内,由灾害所造成的人员伤亡、财产破坏和经济活动中断的预期损失。在数学模型的表达上,自然灾害风险(risk)是由一定区域内自然灾害的危险性(hazard)和易损性(vulnerability)综合作用形成的,即 $R = H \times V$[④]。

3. 自然灾害损失

自然灾害损失是指由自然灾害引发和造成的一系列自然影响和社会损失。自然灾害引发和造成的损失,不仅仅局限于自然灾害本身的破坏性,还包括由自然灾害引发的二次灾害、次生灾害和某些继发的社会灾害。自然灾害本身及其所引发的这些灾害往往会波及社会各个方面,进而造成不同程度、不同性质、不同持续时间的连锁反应,结果往往是造成人民群众生命和财产的重大损失,给生产生活带来严重影响[⑤]。

4. 自然灾害应急管理

本书将自然灾害应急管理定义为政府和其他公共机构在自然灾害方面的相关活动,主要包括通过建立必要的响应机制,应用科学、技术、规划与管理等手段,在事先预防、事中响应、事后恢复的过程中,确保公众生命、健康和财产的安全。

---

① 黄崇福. 自然灾害基本定义的探讨[J]. 自然灾害学报, 2009, 18(5): 41-50.
② 于良臣, 马万栋. 自然灾害内涵及辨析[J]. 灾害学, 2015, 30(4): 12-16.
③ 马保成. 自然灾害风险定义及其表征方法[J]. 灾害学, 2015, 30(3): 16-20; 史培军, 袁艺. 重特大自然灾害综合评估[J]. 地理科学进展, 2014, 33(9): 1145-1151.
④ 王绍玉, 唐桂娟. 综合自然灾害风险管理理论依据探析[J]. 自然灾害学报, 2009, 18(2): 33-38.
⑤ 孙泽玮. 地方政府自然灾害防治问题研究[D]. 曲阜师范大学硕士学位论文, 2021.

4.1.2 自然灾害的分类、要素与特征

1. 自然灾害的分类

在自然灾害应急管理中，对自然灾害进行分类是必备的环节，分类不仅为自然灾害的事前和事后评估提供了重要依据，而且为科学应对自然灾害奠定了基础。

目前对于自然灾害的分类，学术界和实践界尚未形成完全统一的规范。在学术界，学者基于不同的标准对自然灾害进行了不同分类。李永善认为"天、地、生"三个系统孕育了自然灾害，在这三个系统的基础上，他将一级自然灾害系列分为三个系统，即天文灾害系统、地球灾害系统和生物灾害系统。其中，将在太阳活动所影响下产生的各种重大自然灾害概括为天文灾害；气圈灾害、水圈灾害、岩石圈灾害、混合灾害统称为地球灾害；生物灾害是指因生态失衡后动植物所产生的变化而引起危及生态环境的各种灾害[1]。石兴以自然灾害的成因、管理现状、影响区域、承灾体、后果和表现形式六个方面为标准将自然灾害分为五大类：一是大气圈灾害；二是水圈灾害；三是生物圈灾害；四是陆地灾害；五是天文灾害[2]。史培军基于国外对灾害系统的认识成果，从要素层面对灾害系统进行了划分，认为灾害系统是由孕灾环境、承灾体和致灾因子构成的一个整体，其中致灾因子决定了灾害系统的类型；在此基础上，提出了致灾因子的遗传（动态）分类体系，即系统、类群和物种。自然灾害、人为灾害和环境灾害构成了第一级灾害的三大分类[3]。

实践界对自然灾害的分类，主要基于应急管理工作的需要而进行，并受到重大灾害事件、应急管理理论演进、灾害认知能力及科技进步速度的影响。根据 2006 年国务院发布的《国家突发公共事件总体应急预案》，自然灾害主要分为水旱灾害、气象灾害、地震灾害、地质灾害、海洋灾害、生物灾害和森林草原火灾七种。之后，国家科学技术委员会、国家计划委员会、国家经济贸易委员会、自然灾害综合研究组在 2009 年出版的《中国自然灾害综合研究的进展》一书中将我国的自然灾害囊括为七大类：气象灾害、海洋灾害、洪水灾害、地质灾害、地震灾害、农作物生物灾害和森林灾害[4]。2012 年 10 月 12 日，由民政部国家减灾中心牵头起草，由国家质量监督检验检疫总局和国家标准化管理委员会联合发布的《自然灾害分类与代码》（GB/T 28921—2012），将自然灾害进一步分为五大类：气象水文灾害、地质地震灾害、海洋灾害、生物灾害和生态环境灾害，共 39 种自然灾害。

同时还可以根据自然灾害的风险分级情况对自然灾害进行分类。自然灾害风险分析建立在风险识别基础之上，是对自然灾害风险发生可能性、风险产生的必要条件及其后果严重程度等一系列问题进行分析、研判，得出风险发生可能性的过程，最终形成的结

---

[1] 李永善. 灾害系统与灾害学探讨[J]. 灾害学，1956，1（1）：7-11.
[2] 石兴. 自然灾害风险可保性研究[J]. 保险研究，2008，(2)：49-54.
[3] 史培军. 再论灾害研究的理论与实践[J]. 自然灾害学报，1996，5（4）：6-17.
[4] 刘希林，尚志海. 中国自然灾害风险综合分类体系构建[J]. 自然灾害学报，2013，22（6）：1-7.

论可以对自然灾害进行分类[1]。风险分析包括对潜在风险与未知风险、风险产生原因与风险后果、风险局部与整体的影响分析，即分析成因、后果、影响，判定风险类别和等级[2]。自然灾害风险由自然灾害发生可能性和后果来决定。以 P 代表自然灾害发生可能性的分级，以 C 代表自然灾害后果的分级，以 R 代表自然灾害风险。自然灾害风险 R 由 P 和 C 的乘积决定，即 $R=P\times C$。由 R 的分值确定自然灾害的风险等级（某一自然灾害风险分为 4 个等级，并附以四种颜色进行标示：红色代表极高风险；橙色代表高风险；黄色代表中风险；绿色代表低风险）[3]。由自然灾害风险等级对自然灾害进行分类，有助于对影响级别、调度资源和赈灾救助水平进行更细致的研判和更精准的制度设计。

2. 自然灾害的要素

1）孕灾环境

孕灾环境是灾害孕育、发生、发展、变化的基础，一般是由大气圈、水圈、岩石圈（包括土壤和植被）、生物圈和人类社会圈所构成的综合地球表层环境。自然环境和社会环境是孕灾环境的两大要素。地形、地貌、水文、气候、植被、土壤和动植物是自然环境的主要影响因素。社会环境中主要受工业和采矿业、管线布局、运输系统、公共场所、人员和经济市场的影响。孕灾环境不是这些要素的简单叠加，而是这些要素的复杂互动过程，即地球表层各类物质循环、能量流动、信息流通、社会互动的过程。孕灾环境具有一定的稳定性和区域差异性，学会识别、分析和管理环境中的不稳定因素，可以有效地防止环境中的灾害因素造成的风险[4]。

2）承灾体

承灾体是直接受到自然灾害影响和损害的对象，是自然灾害损失的直接承担者，是自然灾害的组成部分。针对不同灾害，承灾体的指标有所不同。承灾体脆弱性评价，是描述区域对灾害损失敏感程度的社会属性指标，可利用各项经济指标和社会指标综合构建，以整体反映灾害发生后可能造成的损失。承灾体脆弱性一般受暴露程度、敏感性、社会经济因素、结构性脆弱的影响。进行承灾体脆弱性评价可以为自然灾害风险控制和编制减灾规划提供依据。承灾体在遇到自然灾害时，会因为许多不可抗力的因素被损坏而产生隐患，进一步导致次生事故的发生，因此隐患与次生事故具有因果关系，而承灾体脆弱性又与隐患有因果关系。承载体脆弱性、隐患到次生事故之间有连带效应。目前人类对自然灾害的认知极为有限，与此同时，自然灾害的发生具有随机性，极其难以预测、难以预防，且破坏力巨大，因此需要重视对承灾体脆弱性的评价并对降低承灾体脆弱性的路径展开研究[5]。

3）致灾因子

自然灾害的致灾因子是指可能造成人员伤亡、财产损失、资源与环境破坏、社会系

---

[1] 李三喜，徐荣才. 基于风险管理的内部控制：理论结构 操作规程 实务指南[M]. 北京：中国市场出版社.
[2] 张念慈，许志峰. 基于风险管理理论的林火灾害风险分析初探[J]. 林业勘查设计，2018，(4)：77-79.
[3] 李宁，张鹏. 全国减灾救灾标准解读系列四《自然灾害风险分级方法》解读[J]. 中国减灾，2015，(11)：56-59.
[4] 王兴鹏，桂莉. 区域灾害系统视域下京津冀雾霾治理对策研究[J]. 环境科学与管理，2019，44(4)：32-36.
[5] 王伟，齐庆杰，刘文岗. 自然灾害次生事故隐患空间网络研究[J]. 中国安全科学学报，2021，31(10)：152-158.

统混乱等孕灾环境中的自然因子。美国学者迈克尔提出自然致灾因子是自然界中的极端事件，主要分为气象致灾因子、水文致灾因子和地质致灾因子，三者构成了一个完整的致灾因子系统[1]。这一系统，按照灾害影响范围，可分为岩石圈灾害（地质和地貌灾害）、大气圈灾害（气象灾害）和水圈灾害（水文灾害）。其中，山体滑坡、崩塌、泥石流、地面塌陷是构成地质和地貌灾害的致灾因素。暴雨洪水、干旱、大雾、寒潮与冻害、阴雨与连阴雨、冰雹、雷电灾害等构成了气象水文灾害[2]。分析单灾种致灾因子危险性，可以考虑结合自然灾害空间分布规律特征，从地形地貌、地质环境、自然因素人文因素等方面综合分析，尝试建立灾种风险评价模型。自然灾害综合风险评价需要以分析单灾种风险评价结果为基础，结合省级与市级减灾救灾能力（多灾种综合救援力量）布局来分析结果[3]。

3. 自然灾害的特征

总的来看，自然灾害具有如下六个明显特征。

1）破坏程度大

在自然灾害发生后，自然环境和社会环境会直接受到自然灾害的冲击破坏，造成严重的损失，甚至会引发其他公共危机，带来一系列连锁反应，给人身安全和社会安全带来严重威胁。此外，在城市化快速发展的过程中，城市吸引了大量人口和资源，一般人口稠密、经济体量较大，一旦发生自然灾害，不仅会给人们的正常生产生活带来毁灭性的打击，还会对城市的基础设施及重大产业造成巨大破坏[4]。例如，2005年美国卡特里娜飓风灾难的受灾地区接近英国国土面积，是美国历史上损失最惨重的自然灾害之一。2005年8月29日，路易斯安那州、密西西比州及亚拉巴马州等遭遇了5级卡特里娜飓风所带来的风暴潮，造成了上千亿美元的经济损失和上千人丧生。与此同时，包括密西西比州在内的东南部四个州发生了大规模停电和通信中断，数百万居民受到影响[5]。

2）随机性

随机性是自然灾害突发事件中的另外一个显著特点。自然灾害的随机性意味着事件的发生随机、时间随机、严重程度随机等，在原因、变化方向、影响因素等各方面也难有规律可循，难以准确预测和妥善处置。通常情况下，随机性是突然发生、紧急时间和未知的具体原因引起的[6]。自然灾害的形成有一个能量积累或能量转换的过程，这个过程可能是逐渐的量变积累而成，但爆发的临界点难以确定。例如，地震、山体滑坡、地面塌陷等以地壳运动为主的自然灾害，在势能转化成动能的过程中其能量积累或能量转换从几天、几个月、几年到数百年不等，使得自然灾害真正发生的能量转换点难以被人类

---

① 林德尔M K, 普拉特 C, 佩里 R W. 公共危机与应急管理概论[M]. 王宏伟译. 北京：中国人民大学出版社.
② 王龙, 杨娟, 徐刚, 等. 重庆市灾害系统分析及防灾减灾对策研究[J]. 国土与自然资源研究, 2013, (3): 62-65.
③ 唐尧, 王立娟, 潘冬冬, 等. 基于空天地一体化的自然灾害综合风险智能研判管理平台[J]. 国土资源信息化, 2022, 129 (3): 27-32.
④ 丁丽娜, 熊清宇. 浅析自然灾害应急处置策略[J]. 城市与减灾, 2022, (1): 35-39.
⑤ 徐南, 宫鹏. 卡特里娜飓风对美国新奥尔良市西侧海岸线变化的影响[J]. 科学通报, 2016, 61 (15): 1687-1694.
⑥ 王亚礼. 突发事件应急管理研究[J]. 管理观察, 2016, (26): 71-73.

察觉和提前预测。在特定的条件下，自然灾害何时何地发生还有一定程度的随机性，但一旦爆发，自然灾害所带来的是猛烈的打击，并会在瞬间释放出巨大能量。以美国的卡特里娜飓风灾难为例，2005年8月23日美国国家飓风中心（National Hurricane Center，NHC）发布，第12号热带低压已在巴哈马东南方海域上形成。这个系统于8月24日早上增强为热带风暴卡特里娜。卡特里娜飓风于2005年8月25日在美国佛罗里达迈阿密北部登陆。次日，卡特里娜飓风又横渡墨西哥湾，对亚拉巴马州、密西西比州和路易斯安那州的沿海区域，包括新奥尔良市的大部分城区造成威胁，随后于8月29日以四级飓风的形式在墨西哥湾中部登陆，路易斯安那州的新奥尔良市因此遭受重大损失。飓风所引起的海啸瞬间吞没了海岸线，并对新奥尔良市与庞恰特雷恩湖之间的大坝造成了巨大冲击，引发的洪水瞬间淹没了大部分城市[1]。尽管在飓风来临时发布了飓风预警，但当地政府为了节省资金，前期对于大坝和防洪堤的修建没有严格按照标准进行。远远超出人们预计能级的飓风摧毁了当地的防线，让新奥尔良市付出了惨痛的代价。

3）不利性

自然灾害是指由自然力量所造成的伤亡和人类社会财产损失的事件。受自然力量的左右，很多灾害不可提前避免，只能提高防御能力、抗逆力和韧性，尽可能减少损失。尽管造成自然灾害的成因不同，特点迥异，但是两者之间有一个共同点是自然灾害一旦发生，必然会造成损失。灾害种类和级别的差异，带来的财产损失也不尽相同。这种损失具体表现在对人类生产生活、物理环境和社会环境三个方面的破坏[2]。另外，需要注意相同类型和强度的自然灾害发生在不同经济社会条件的地区，其造成的不利影响差异也非常大。

4）紧急性

依据现有的科学技术水平，很难准确预测一些自然灾害，如海啸、地震等。这些自然灾害，往往在人们没有准备的情况下突然发生，很难掌握其发生的时间、地点、方式和程度，或因其他因素的变动而突然爆发，人们即使有所察觉，也是猝不及防，或者难以估计自然灾害扩大的速度和强度。正是因为这些自然灾害具有紧急性的特点，所以一旦发生，灾害所带来的后果就是不可估量的。需要紧急采取有效措施，降低人民群众的生命和财产损失[3]。2005年，卡特里娜飓风在美国登陆前，联邦、有关州和地方各级应急管理机构已启动应急预案。总统已宣布有关各州进入紧急状态，并授权联邦应急管理署向灾区提供财政和物资援助，新奥尔良市相关区域的应急小组已待命，并对处于地势低洼地区的所有居民开展疏散撤离工作，并为没有来得及撤离的市民提供体育馆和会议中心等室内大型坚固建筑物作为临时避难所。但由于此次飓风强度罕见，是美国飓风袭击记录史上风速排名第二的飓风，飓风所引起的洪水泛滥造成受灾区域较广、受灾人数较多，尤其是初期灾情不明、信息传达不畅及组织协调不力等原因，导致救灾工作在灾后数日内进展迟缓[4]。

---

[1] 孙春霞，蓝志勇. 新奥尔良飓风灾难应对失当的成因剖析[J]. 中国行政管理，2008，（2）：51-54.
[2] 倪长健，王杰. 再论自然灾害风险的定义[J]. 灾害学，2012，27（3）：1-5.
[3] 曹勇，王晓莉. 协同理论视角下突发自然灾害社会动员研究[J]. 福建省社会主义学院学报，2012，（6）：97-101.
[4] 国家发展和改革委员会外事司. 美国应急反应体系在卡特里娜飓风中暴露出的问题及启示[J]. 中国经贸导刊，2005，（19）：47-48.

5）关联性

关联性是指遵循自身发展和致灾规律的各种自然灾害，在不同时间和空间下的变化特征。灾害与灾害之间及它们与其他自然因素之间可能相互依存、彼此连带，如发生在同一地域的自然灾害之间、不同地域同一种自然灾害之间、原发灾害和连带灾害之间都有着明显的关联性。例如，美国的卡特里娜飓风就显示出了原发自然灾害和连带社会灾难之间的关联效应。当时，受到"9·11"事件的影响，美国将国家安全防范的重点放在了反恐上，在一定程度上忽视了对自然灾害的应急管理，并且地方政府并没有和中央政府的决策保持一致，美国的应急响应系统暴露出了决策速度慢、救援工作效率低下、灾害应急资源调动不到位等严重的问题与缺陷。在灾害发生时，政府并没有第一时间快速响应，警察和军队也没有及时响应。在灾害发生的次日，政府才派遣国民警卫队前往灾区进行救援。直到灾后第三天，布什总统才结束了假期，返回华盛顿指挥救灾工作。政府没有及时组织受灾区域的居民紧急撤离，导致大部分居民滞留在城市内，却无人管理、也无人组织，后续一系列的暴力袭击事件由此引发。由于政府反应迟缓，灾区社会秩序处于失控状态，滋生了多起暴力犯罪事件。非法武装分子的出现，给社会带来恐慌的同时，也对救灾部队的安全造成了威胁。在这种情况下，救灾部队不得不派遣一部分人员维持灾区社会治安。另外，灾后重建工作极其缓慢，负责救灾的国民警卫队和警察部门之间缺乏沟通，难以协调合作，难以同时完成灾区治安维护和救灾两项任务，灾区的警察系统一时间陷入瘫痪，管理失控，很多警察交出警徽，加入难民队伍[①]。

6）区域性

自然灾害造成的灾损，在一定程度上具有区域性特征，这一特点和灾害本身的特点、灾害空间分布情况联系较为紧密。例如，环太平洋和地中海的喜马拉雅地带是地震和火山的常发区域，在低纬度沿海和近海地区经常发生海啸、风暴、洪涝、滑坡等灾害。有学者对我国"一带一路"沿线地区2003~2018年洪涝、干旱、风暴和地震四类主要自然灾害进行了定量研究，主要在省级尺度分析了灾害危险性、人口和经济损失的空间分布特征及综合灾害损失高值区的主导灾害。研究结果显示，洪涝灾害造成的受灾地区相对集中、受灾人口和经济损失的空间分布总体较广，以农业为主的区域人口损失最为严重，但区域经济损失主要受区域经济基础差异影响；干旱灾害造成的人口损失的空间分布相对分散，损失主要集中于人口稠密地区和农业地区，而经济损失的空间分布格局与危险性高度一致；风暴灾害剧烈，造成严重的人口和经济损失，综合灾害损失高值区集中在人口稠密的沿海城市区域；突发而又破坏性极强的地震灾害，可以在很短的时间内造成大范围的坍塌和人员伤亡，地震灾害造成的人口和经济损失的空间格局高度一致[②]。

---

① 侯保龙. 公民参与重大自然灾害性公共危机治理问题研究[D]. 苏州大学博士学位论文, 2011.
② 王紫薇, 蔡红艳, 段兆, 等. "一带一路"沿线地区自然灾害危险性与灾损空间格局研究[J]. 地理研究, 2022, 41（7）: 2016-2029.

4.1.3 自然灾害应急管理的重要意义

自然灾害对人类的威胁日益增大，自然灾害事件的频繁发生显著影响了社会和经济的稳定发展及人民生产和生活的安全，凸显政府应急管理体系和能力继续提升的必要性和紧迫性。在当前灾害频发形势下，自然灾害应急管理研究被迫切需要并且已经成为世界性的课题。特别是近年来，伴随着世界人口数量不断增加、人口密度不断增大、基础设施建设不断扩大，未来暴露于自然灾害风险影响下的人口、社会和经济总量将继续呈现增多的趋势。近几十年以来，从全世界范围来看，自然灾害频发已经造成了愈益严重的损失。如何降低灾害带来的风险和减轻灾害造成的损失已成为全球可持续发展面临的重大挑战和严肃课题[①]。

人类社会发展史就是一部人与自然灾害的长期抗争史，是人类抗争和抵御自然灾害的肇始、发展和持续的真实历史，甚至古今中外的很多源远流长的传说也都来自人类抗御自然灾害的历程。从某种程度上来说，抗御自然灾害的能力也是国家治理体系和治理能力水平的映射。唯有正确认识自然规律、科学积极应对灾害、不断完善应对自然灾害的防治体系和应急体系、提高抗御自然灾害体系和能力的现代化水平，才能保障经济社会的可持续发展和人民的安居乐业。

我国幅员辽阔、地形地貌丰富，自古以来就是各类灾难频发、高发的国家，由此也形成了很多应对天灾的智慧，但是我国自然灾害防治能力和应急管理能力总体水平还比较低。自然灾害不仅损害了人民群众的生命和财产，甚至还会给一些家庭带来毁灭性的打击，同时也给我国财政支出带来了比较大的压力。受汶川地震的影响，《中国民政统计年鉴》数据显示，2008年和2009年我国用于自然灾害生活救助金额分别为30亿元和66.9亿元，而这个金额到2010年下降为9.6亿元。2022年4月，应急管理部同工业和信息化部、自然资源部、住房和城乡建设部、交通运输部、水利部、农业农村部、国家卫生健康委员会、国家统计局、中国气象局、中国银行保险监督管理委员会、国家粮食和物资储备局、国家林业和草原局、中国红十字会、中国国家铁路集团有限公司等部门和单位，对4月全国自然灾害情况进行了咨询和分析，发现自然灾害主要是由风和冰雹引起，洪水地质灾害和低温冰冻灾害是主要灾害，地震、干旱、暴风雪、森林和草原火灾也不同程度地发生[②]。由此可见，自然灾害在我国发生的频率非常之高，提高自然灾害抵御能力，减少灾害导致的生命和财产损失，是我国应急管理工作的重中之重。加强应急管理体系和能力的现代化建设刻不容缓，这与我国的物质文明、政治文明、精神文明、社会文明、生态文明的建设和发展密不可分。

研究人员和实践部门要不断完善自然灾害风险防范和化解机制，从源头上杜绝风险的产生，增强安全隐患意识，真正做到防患于未然。加强自然灾害风险评估、监测和预警，对危险化学品、矿业和消防等重点行业进行关键安全风险筛查，降低次生灾害，提升多灾种和灾害链综合预测和预警能力，做到对风险的早期识别并及时预警预防。同时

---

① 张英，何亚琼，李春梅，等. 我国灾害教育研究基本问题综述[J]. 教育学报，2012，8（5）：45-51.
② 应急管理部救灾和物资保障司. 应急管理部发布2022年4月全国自然灾害情况[J]. 中国减灾，2022，（11）：5.

加强自然灾害应急预案管理，完善单一灾害和综合灾害应急预案体系，落实自然灾害应急管理体系各环节、各部门责任。实施针对性的治理，协同性、跨部门、多领域治理，加强预警、紧急救援、协同响应、灾区恢复和重建、相关部门监督和执法。坚持依法管理和执行，提高自然灾害应急管理法治化水平，并不断强化应急管理相关法律法规的规范化和系统化水平，逐渐建立并完善自然灾害预防、应急救援组织的法律法规[1]。

4.2 自然灾害应急管理理论

4.2.1 灾害学理论与生态理论

公共管理理论对自然灾害应急管理工作的展开发挥了重要支撑作用。其中，灾害学理论及人与自然和谐发展的生态理论是主要的理论支撑。

1. 灾害学理论

灾害学关注灾害发生的时间过程，并且据此将灾害分为原生灾害和次生灾害，分析灾害发生时的具体形态、演化过程、影响因素、损失成因[2]。灾害学是一门古老又新兴的学科，前者是指实际上对于灾害的研究从古有之，后者关注近年来灾害研究的科学性、跨学科性和广泛性。灾害学的研究既建立在天文、地理、水文、气象、地质、动植物、微生物、病毒等众多自然科学基础之上，又与政治、经济、人口等社会科学高度相关。现代灾害学研究建立在现代科学系统整体基础上，把现代、当代各类科学技术统筹规划进灾害学总体框架，整合自然科学和社会科学两大体系，围绕各类灾害展开多学科交叉渗透的深度研究[3]。在此基础上，可以将灾害学界定为运用人类已经掌握的全部科学知识和工程技术，深入探索和解决影响人类社会经济活动、生产发展过程、生存空间安全的各类灾害问题的知识体系[4]。灾害学关注灾害发生、发展和结束的整体过程，将灾害视作具有完整生命周期的危害过程，并且灾害存在特有的危害性，这种危害性不是持续不变的，而是伴随灾害发酵不断演化的。灾害学重视对灾害周期规律、灾害特定的演化节点、灾害特征和趋势的把握，并围绕灾害的预防、准备、反应和恢复的不同阶段，研究相应的解决办法，降低灾害损失。很多自然灾害的后果，不仅造成生命和财产损失，而且对社会秩序产生明显的负面影响，因此要系统性研究灾害的全过程。例如，美国卡特里娜飓风给当地居民的生命安全和财产安全带来了严重威胁，飓风登陆的第四天，新奥尔良市经历了短暂的无政府状态，劫匪无视警察和国民警卫队的存在，抢劫商店和行人，制造了多起治安刑事案件，并与警方进行了激烈的枪战[5]。总结卡特里娜飓风的成因，主要

---

[1] 马修文. 抗御自然灾害要达到现代化水平[J]. 党课参考，2020，(18)：29-48.
[2] 雷晓黎. 政府应对自然灾害应急管理机制研究[D]. 电子科技大学硕士学位论文，2014.
[3] 张跃武. 灾害学理论与我国可持续发展[D]. 云南师范大学硕士学位论文，2000.
[4] 温蕴杰. 科学减灾：灾害应急管理与非工程减灾[M]. 北京：中国城市出版社，2011.
[5] 彭浩然. 涉军公共危机管理问题研究[D]. 国防科技大学硕士学位论文，2019.

有三个方面。一是侥幸心理使疏散迟缓。分析灾难的过程可以发现，美国官方和市民的侥幸心理让其错过了逃生的最佳时期，致使人员伤亡惨重。新奥尔良市被560千米的防浪堤安全围绕，导致市民存在心理安全盲区，认为所处地区很安全，不会受到飓风的影响，政府和市民在灾难发生后才意识到事件的严重性。同时，新奥尔良市过度的人类活动加剧了海岸线的侵蚀，使新奥尔良市成为一个完全依赖人工防洪系统来确保城市安全的"碗城"。然而，人工建造的防洪工程却并不能保证其在每一次面临灾害时都能发挥作用，卡特里娜飓风带来的风暴潮使防洪堤承压并溃坝，导致排水系统超负荷运转而失效，随后洪水涌入城市，城市瞬间陷入浩瀚汪洋[1]。二是城市发展缺乏防灾规划。新奥尔良市在城市建设中破坏了大片海边滩涂，使城市在面对海潮和洪水时缺乏必要的缓冲；为了促进旅游业和商业，该市在海边设立了繁华的商业区，并建设了海滨休闲观光区和住宅区；联邦应急管理署最初指定新奥尔良市周围的一些地区作为洪水缓冲区，不允许建造任何项目，但这一规则在过去两年中被打破。对新奥尔良市这种位于飓风频发区域内的城市，只靠飓风防浪堤保护是远远不够的[2]。三是政府间关系协调不佳。卡特里娜飓风登陆后不久，当地政府就意识到了此次灾难的严重性，但飓风破坏了基础设施和应急响应能力，并且应急部门相互之间缺乏通信联络和响应协作，导致救灾过程缓慢。联邦官员尽力履行通常由州和地方政府承担的职责，如援救被洪水围困的市民、疏散执法人员与新奥尔良市尚未转移的人员等。出现上述情况是因为没有建立一套运作良好的政府突发事件指挥体系[3]。从美国应急反应体系在卡特里娜飓风救灾过程中暴露出的问题可以看出，从中央到地方各级政府，不仅要建立应急系统，准备应急计划，更要注重从灾害学的角度对整个应急系统的协调性和计划措施的落实性进行提升。

2. 人与自然和谐发展的生态理论

与自然和谐相处不仅是人类社会的使命，也是人类成功抵御自然灾害的目标。例如，从先秦时代到中华人民共和国成立的2500年间，据史料记载，黄河下游有1500多条排洪渠，改道26次。再追溯到上古时期，大禹治水历时13年，采取疏浚封堵结合的方式，艰苦卓绝地治理了洪水。战国时期，秦国蜀郡太守李冰带领人民按照自然规律修筑都江堰，至今仍用于灌溉农田，造福人民数千年[4]。虽然人在一定程度上是自然的产物，但自然也以"人性化的方式与人联系"，成为"人性化的自然"[5]。工业革命之后，人类改造自然、使用自然资源的速度和程度骤然加剧，甚至超出了自然界的负荷，由此出现很多人类活动间接造成的自然灾害。恩格斯在《自然辩证法》中提出了一个经典概念"自然界报复"，提醒人类活动不要盲目扩张，人口、资源、环境要协调发展。人和自然之间协调发展才是尽可能化解各种重大自然灾害的核心。

---

[1] 荆宇辰. 灾后城市恢复发展规划与减灾策略[D]. 天津大学硕士学位论文，2017.
[2] 孙春霞，蓝志勇. 新奥尔良飓风灾难应对失当的成因剖析[J]. 中国行政管理，2008，(2)：51-54.
[3] 孙亮，顾建华. 美国政府对卡特里娜飓风的调查报告 联邦政府对卡特里娜飓风的响应：经验与教训（三）[J]. 世界地震译丛，2008，(3)：65-77.
[4] 马修文. 抗御自然灾害要达到现代化水平[J]. 党课参考，2020，(18)：29-48.
[5] 侯保龙. 公民参与重大自然灾害性公共危机治理问题研究[D]. 苏州大学博士学位论文，2011.

4.2.2 自然灾害应急管理研究发展

我国对应急管理的当代研究起步较晚。伴随自然灾害事件所造成的重大人身财产损失和对生产生活正常秩序的破坏日益严峻,在2000年之后学者开始对自然灾害应急管理展开系统研究。这一时期的研究多数集中在对自然灾害应对措施的探究上,但是对自然灾害发展和演变规律及连带灾难的规律、影响因素等重要内容的研究相对有限。"中国灾害研究丛书"是我国对灾害应急管理研究的重要范本,基本可以视作我国近现代灾害管理研究的开端之作。

2003年的SARS和2008年的汶川地震是我国应急管理发展历史上的两个重要转折,促成了政府管理部门对各种灾害领域应急管理研究的重视,随后与之相关的自然科学、社会科学研究逐渐增多[1]。近年来,伴随着城市快速发展,人口、资源、产能等富集于城市,一旦发生自然灾害,损失难以计量,城市自然灾害管理问题格外受到了政府和学者们的关注。在全球化背景下,不合理人类活动的增加给大自然带来了不可逆转的破坏,导致自然灾害对人类社会影响的范围和深度空前增加。与此同时,人类社会未来将面临的自然灾害的风险和不确定性也在增加,这对人类自然灾害管理水平提出了更高的要求。

我国对自然灾害管理的研究集中于自然灾害危机管理、自然灾害风险管理、自然灾害应急管理及政府减灾四大方面[2]。针对频发的自然灾害,我国提出了紧急情况的战略部署与决策流程,并明确提出日常的生产生活也要重视应急管理,不断促进应急管理体系和能力的发展。总的来说,科学技术、教育、经济越发达,综合国力越强,防御和减轻自然灾害的能力越强,抵御自然灾害的能力越高,自然灾害社会脆弱性就越低,造成的人员伤亡、财产损失和对社会秩序的影响就越小[3]。2007年,《中华人民共和国突发事件应对法》的颁布与实施标志着我国的应急管理研究达到了法治化新阶段。2016年修订的《国家自然灾害救助应急预案》对自然灾害发生时的响应机制做出了规范,从资金保障、物资保障、通信和信息安全、设备和设施安全等四大方面确保救助顺利实施。

经过几十年的不断发展和持续深耕,我国的自然灾害应急管理研究体系逐步建成和完善,研究领域向细分领域和多个学科领域同步拓展,已经包括了对自然灾害应急管理指挥系统、信息搜集与管理系统、物资供应系统、专家咨询系统和预测决策系统等方向的细化研究[4]。

4.2.3 自然灾害应急管理方法

1. 自然灾害风险识别方法

风险识别是自然灾害应急管理的开端环节,是指在自然灾害发生前,运用各种方法,

---

[1] 许琳琳. 我国海洋灾害应急管理体系研究[D]. 上海海洋大学硕士学位论文,2019.
[2] 杜银萍. 我国大城市政府的自然灾害应对能力研究[D]. 东北大学硕士学位论文,2012.
[3] 秦大河. 区域应对与防灾减灾:气候变化背景下极端事件相关灾害影响及应对策略[M]. 北京:科学出版社,2009.
[4] 宋泽蕙. 我国县级政府突发自然灾害应急管理机制研究[D]. 长安大学硕士学位论文,2019.

系统、持续地监测和识别致灾因子的变化，并研究和判断其对潜在的、现存的、内外部的和动静态的灾害风险的影响过程。风险识别需要根据风险随时的变化而变化，需要持续监测风险的发展和变化，即研究和判断致灾因子与承灾体相遇的概率、时间和地点，以及生命、财产和公共设施受损的概率和程度。实际应用中，应注意区分当前风险、触发风险和关键风险[①]。对风险的监测既可以采用技术手段，也可以将生活经验和社会知识作为辅助手段。例如，地质灾害风险识别，研究人员可以根据当地生活经验对风险进行判断，也可以通过各种设备观测和感知，基于获得的数据与常态数据的比对，发现异常情况和反常规律。

1）历史对比法

这种方法是运用纵向历史发展的视角，对自然灾害的风险进行识别。本地区的专业人员，甚至曾经在当地有过一段生活经历的人，一般对当地地质环境的变化比较敏感，可以结合当地的常发灾难情况做出灾害风险判断。例如，这些人员可以凭借生活经验和研究经验，知道该区域正常状态的地形地貌、河水、山林、牲畜等情况，以及往年出现极端降雨、融雪、地震或人为作用下曾经发生过崩塌、滑坡、洪水等灾害风险的区域和时间[②]，并且可以根据与正常情况的比对，提前捕捉到诸如地面膨胀、开裂、下沉，羽状排列的剪切裂缝，泉水变浑、溪流干涸，建筑物外立面移位、开裂，树木枯萎，鸟兽牲畜状态不安等特殊状态。

2）直接观察法

地质灾害的影响因素十分复杂，包括地形地貌、地质构造、地层岩性、坡体结构、水文地质条件、气象条件和植被等方面所表现出的不同规模、形式和程度的破坏。例如，滑坡灾害一般易发生在坡度较大的边坡上，特别是上缓下陡的河流凸岸。有一些地形地貌变化预示着滑坡可能出现，如边坡前部出现鼓胀、翘起，公路所在山坡上或附近有不均匀沉陷的房屋和道路，地面引水渠和灌溉管道被拉裂，建筑物地基出现裂缝，边坡后部出现贯通性的弧形裂缝[③]。

3）动态观测法

目前我国已建立了覆盖气象、海洋、洪水、地震、地质、农、林七大类自然灾害的灾害监测网，注重采用先进科学技术更新灾害预测预警方式，已经基本构建了涵盖地面监测、海洋监测、空中监测在内的完整自然灾害立体监测体系，目前在向地面、海洋、高空、各类空间相结合的综合监测预警方向拓展[④]。在监测技术上，主流是采用 GPS、InSAR（synthetic aperture radar interferometry，合成孔径雷达干涉测量）、动态遥感遥测、射线雷达等技术。例如，近 20 年来新发展起来的卫星 InSAR 技术可以实现全天时对地观测，应用所获得的地表年面积变形率数据，识别出正处于微小变形阶段的地形地貌变化隐患，用于监测和分析大范围灾害[⑤]。又如，民政部国家减灾中心与湖北省共建重大自

---

① 刘传正. 崩塌滑坡灾害风险识别方法初步研究[J]. 工程地质学报，2019，27（1）：88-97.
② 刘传正. 地质灾害风险识别方法[J]. 中国地质灾害与防治学报，2018，29（6）：3.
③ 马保成，田伟平，高婷，等. 公路地质灾害的灾前识别方法研究[J]. 公路，2011，（6）：1-5.
④ 自然灾害综合研究课题组. 中国自然灾害综合研究的进展[M]. 北京：气象出版社，2009.
⑤ 杨萌. 基于 InSAR 与光学遥感的高山峡谷区滑坡隐患识别研究与应用[D]. 河北地质大学硕士学位论文，2020.

然灾害应急监测与评估示范系统,该系统能够在较短时间内快速锁定受灾地区并联动结合卫星监测图像和各类评估数据综合分析研判,为自然灾害管理部门应急处置提供数据支持和决策依据。

2. 自然灾害风险评估方法

自然灾害风险评估是指在自然灾害发生之前或者之后,通过科学的程序及技术对风险进行分析,对尚未发生的自然灾害的致灾因子、孕灾环境、承灾体、灾害后果(可能造成的人员、财产等各个方面的影响和损失)进行量化表达和数据分析[1],是自然灾害风险评估技术在自然灾害预测、预防与应急中的应用。自然灾害风险评估是一门比较新兴的科学,尚未形成完善的研究体系。目前已经采用了概率统计法、指标体系法、模糊数学法、信息扩散法等方法评估自然灾害风险[2]。未来伴随人类科学技术的进步,自然灾害风险的评估体系与方法将更加科学化、精确化。

自然灾害风险评估的方法有很多,比较成熟的有以下三种类型。

1)基于风险概率的灾害风险评估

这种评估方法主要运用正态分布、泊松分布等数理统计方法展开风险评估,主要探索自然灾害演化规律,在评估之前需获得评估对象历史灾情数据,在此基础上进行分析[3]。

2)基于指标体系的灾害风险评估

这种评估方法侧重对指标体系的构建,即关注对指标选取和权重赋予的方法优化,这种评估方法在区域尺度上比较灵活,大到全球、国家自然灾害风险评估,小到区域风险评估,都比较适用[4]。

3)基于情境的灾害风险评估

这种评估方法可以动态评估自然灾害风险,通过利用各类数值软件和数据模型模拟不同情境下的自然灾害强度和演化过程,对承灾体的属性信息数据进行叠加分析和交叉分析,再应用可视化技术直接显示灾情的时空演变趋势对区域的影响[5]。

3. 自然灾害应急处置方法

自然灾害应急处置是指有关单位在自然灾害发生后,根据监测预警结果,对灾害的成因、性质、风险、影响、趋势和规律做出及时判断,根据结果启动相应级别的应急预案和应对措施的实施方法,并且包含做好救灾和应急保障,进而降低灾损等内容。自然灾害的应急处置包括四方面:一是实时监测自然灾害状况,确定灾害危险区域和风险区域,做好灾害预警信息准确发布与精准传播;二是基于应急预案,保障灾前应急物资供应,并有效控制灾害风险;三是及时、高效救援受灾群众,适当调配援救物资,保证物

---

[1] 唐桂娟. 城市自然灾害应急能力综合评价研究[D]. 哈尔滨工业大学博士学位论文, 2011.
[2] 巫丽芸, 何东进, 洪伟, 等. 自然灾害风险评估与灾害易损性研究进展[J]. 灾害学, 2014, 29(4): 129-135.
[3] 刘畅, 张鑫. 国际投资中自然灾害的风险及其管理[J]. 中国外资, 2011, (14): 14-16.
[4] 张之革. 基于万有风险模型的区域自然灾害风险评价研究[D]. 河南理工大学硕士学位论文, 2020.
[5] 代文倩. 城市综合灾害风险评估[D]. 华北理工大学硕士学位论文, 2019.

资供应充足和及时到位，做好应急保障；四是基于灾损程度，积极展开社会动员，鼓励自救互救，政府全面展开救灾工作，以尽快实现灾后恢复和灾后重建[①]。

4.3 自然灾害应急管理案例——印度洋海啸灾难

2004年12月26日，在印度洋板块与亚欧板块的交界处发生了里氏9级地震，震中位于印度尼西亚苏门答腊岛以北水下30千米深处的海底，矩震级达到9.3级。引发了一场高达10余米的海啸，给印度洋沿岸的多个国家带来了巨大打击，一次载入史册的世界性灾难就此发生。此次海啸波及范围较广，肯尼亚、索马里、马尔代夫、泰国、缅甸、毛里求斯等15个国家都遭遇了海啸不同程度的冲击，导致了不同程度的人员伤亡和财产损失。此次地震和海啸造成超过数十万人的死亡，由于当时正处于旅游旺季，事发地点位于旅游景点附近，也导致很多游客不幸遇难和失踪。[②]

4.3.1 案例背景

印度洋里氏9级地震成为史上第二强震，仅次于1960年智利的9.5级地震，持续时间达500秒，引发速度达200米/秒的特级海啸冲击远达东非索马里海岸，将海洋板块由苏门答腊岛往北切出长达1 600千米的裂缝，涉及范围达到6个时区之广。其中印度尼西亚受损最严重，据印度尼西亚卫生部称，2004年12月26日，该国共有23.8万人死亡或失踪，已确认的死亡人数达到11.1万人，失踪人数达到12.7万人。同时，此次海啸对各受灾国经济、社会、生态造成了巨大破坏。此次海啸灾难波及范围较广，灾损程度较大，需要进行广泛和深度的国际合作，以完成抢救伤员生命的任务。海啸发生后，世界各国迅速行动，向地震和海啸受灾国进行捐赠。法国是反应最快和最早参与救助的国家之一，除了资金援助外，还主张建立"欧洲紧急救援部队"。我国在灾难发生后迅速向受灾国家提供人道主义紧急救灾援助，救援资金超过5亿元。此外，沙特阿拉伯、巴基斯坦等国也伸出援助之手，提供医疗物品和财政援助[③]。

4.3.2 海啸灾害的演变过程

1. 低风险和低危机意识，让灾难变为现实

根据泰国《民族报》报道，地震发生之后，有关人员没有意识到事情的严重程度，并相信不会引起地震波和海啸。由于当时正处于旅游旺季，当地政府为了保证旅游产业的收入，为了追求一定的经济效益而放松了警惕。尤其是面向震中的巴东海滩，机场曾

[①] 丁丽娜，熊清宇. 浅析自然灾害应急处置策略[J]. 城市与减灾，2022，（1）：35-39.
[②] 朱辅智. 印度洋海啸引起的防震思考——一个退休的老地质工作者的思考[J]. 地震地质，2010，32（4）：678-680.
[③] 刘术，蒋铭敏. 印度洋海啸医学救援的做法与经验[J]. 人民军医，2011，54（4）：269-270.

因海啸的影响而暂时关闭，有超过 200 间度假屋被巨浪卷入海中，约有 3 000 人死于度假村内[①]。

2. 预警机制不完善，信息沟通不畅，使灾难不断升级

面对海啸灾难，预警部门的信息传达尤为重要，信息传达不畅直接导致决策部门和社会资源分配部门的失误。科学部门、当地政府部门及整个国家的中央政府部门主要掌握着决策权和社会资源分配权，应对海啸灾难，需要跨部门和跨层级的通力合作。预警信息需要经过层层汇报，即预警信息传递到政府部门进而采取实际行动，需要经过多个层级。面对海啸这种突发性的灾难，迅速而及时的信息传递体系是做好预警的基础保障，没有专门的预警信息报送制度，是无法做到这一点的。各个部门之间要明确规定如何接收预警信息、由谁来接收预警信息、如何传递预警信息等具体的职责，只有这样才能保证当灾难来临时，各个部门能迅速响应，沉着应对。但是，如果相关部门没有完善的预警信息报送制度和具体报送规定，就会由于某个部门的行动迟缓，预警信息传递渠道堵塞，甚至在灾难发生时，出现预警信息仍没有传递给公众的严重后果。印度洋地震海啸中的印度就是一个例子。

英国《泰晤士报》2004 年 12 月 29 日称，气象部门在当地时间发出了一份海啸警报的传真，但收件人竟然是科学技术部原部长穆尔利·马诺霍尔·乔希，而不是现任部长卡皮尔·西巴尔。海啸并不是一下子就达到了破坏高潮，而是经历了长达六七小时的发展过程，期间政府部门预警信息传递不畅，没能及时准确地通过各种传播媒介将预警信息传播出去。当地震海啸预警的消息提交到内阁秘书时，海啸已经袭击了印度本土，泰米尔纳德邦、安得拉邦及安达曼和尼科巴群岛，共有超过 5 000 人遇难，数百人失踪。他们当中大多是渔业工作人员。直到灾难发生后的下午，印度主要应急部门"危机控制小组"的成员才聚集到一起开会讨论，而印度科学技术部的人员甚至都是通过电视才得知发生了海啸。在自然灾害面前，政府部门的预警信息传递严重受阻，应急部门反应迟缓。对印度而言，正是没有建立完善的预警机制，出现预警信息传递不畅和应急部门反应迟缓才导致上述结果[②]。

4.3.3 救灾工作的进展过程——前所未有的全球救援大合作

在全球化的时代背景下，全球信息通信技术快速发展，人与人之间、国家与国家之间的联系更加紧密。当印度洋海啸灾难信息传出后，各国政府、各国际组织立即自发地行动起来，掀起了历史上规模空前的国际人道主义援助。短短十几天的时间，50 多个国家、地区和国际组织迅速组织行动，参与救援工作，许多国家派出了多支医疗队奔赴灾区，在恶劣的环境下进行遗体鉴定、救治伤员等工作。海啸发生后，联合国迅速展开行动，第一时间向受灾地区派遣各种救灾队伍，深入灾区救援伤员、运输物资、清理现场

---

① 翟嵒. 印度洋海啸：世纪灾难[J]. 世界知识, 2005, (2): 16-19.
② 宋会平. 海啸灾害的预警信息传播机制研究[D]. 华中师范大学硕士学位论文, 2008.

等,同时协助前来救援的各国更好地展开救援工作。联合国为了联合全球力量展开救援,于 2005 年 1 月 11 日,在日内瓦召开了"海啸救灾国际会议",这是联合国发起的规模最大的全球救灾捐助者会议。与会者一致认为,在未来的救灾行动中,联合国必须在救灾资金和物资的供应及分配方面发挥协调和主导作用,应结合受灾国当地政府和社会的实际情况建立重大自然灾害评估机制。联合国的行动不仅诠释了国际大家庭在面对重大自然灾害时团结行动的重要性,而且彰显了联合国在协调世界人道主义行动方面的重要作用[1]。此外,国际红十字会、世界卫生组织、联合国儿童基金会等国际组织机构也迅速加入救援。

这场全球性救援行动,体现了国际社会的变化,在全球安全共同体意识增强之时,各国越来越重视国际合作[1]。虽然这是区域性灾难,但国际社会响应速度较快,这场全球性救援行动是人类历史上规模最大、涉及国家最多的跨国人道主义救援行动之一。

4.3.4 印度洋海啸灾害的经验与教训

1. 提升自然灾害应急管理机制

建立自然灾害信息网络,优化和完善灾害预警信息传送机制,减少不必要的组织层级,保障信息传递的及时性和准确性,同时从国家、行政区、地级县分别构建响应体制,建立自然灾害监测系统,尽可能减少人员伤亡和财产损失。

2. 完善相关的法律

建立和完善相关的法律法规,明确中央政府、地方政府及相关部门的责任,用立法来应对灾害也是自然灾害应急管理体制中的一部分,发挥法律的预防功能,避免给社会带来更大的灾难。例如,2007 年,印度尼西亚政府出台了《灾害管理法》,目的是减少自然灾害的伤亡人数。该法明确规定了自然灾害管理的原则,即预防性、救灾程序、人员协调、效率提升、权责明确。

3. 基层参与灾害管理

培养基层居民的自救和逃生技能,加强自然灾害预防知识的宣传,在自然灾害来临时,当地居民对当地的状况最为熟悉,他们必须清楚地知道如何应对灾害,完善而系统的训练能在关键时刻发挥作用,而社区最关注的是他们的当地救援工作。因此,鼓励基层参与灾害管理,大力推行以基层社区为基础的防灾减灾活动。

4. 利用科技建立预警系统

科技的发展能够在治灾减灾救灾的过程中发挥关键性作用。在应灾的过程中,先进的预警系统能够避免更多的财产损失和人员伤亡,利用卫星监测地震、改进灾害信息收集和传播系统都是科技力量可以发挥作用的重要方面。与先进国家开展技术合作与交流,

---

[1] 万振. 直击印度洋海啸大救援[J]. 当代世界, 2005, (2): 13-16.

提高预警系统准确性和及时性,并为救援工作提供一定的技术支持,最大限度地减少人员伤亡和财产损失,降低自然灾害对居民和社会的威胁。

5. 建立专门的、统一的自然灾害危机管理机构

在相关法律法规的指导下,自然灾害管理机构的设立应包括国家灾情管理局、省级灾情管理局和地方灾情管理局。严格遵循统一领导、综合协调、分级负责、区域管理的原则,对即将发生或已经发生的自然灾害展开应急管理工作。在常态下开展应急平台建设、灾害演练、疏通救援、预案实施等工作,确保在发生灾害时,应急预案能够有序实施,保证信息的畅通,为上级部门提供决策支持,同时确保各部门在自然灾害危机管理机构的统一调度下开展工作[①]。

➢ 本章小结

本章较为系统地介绍了自然灾害应急管理的基本概念,阐明了自然灾害的内涵、组成要素和特征,梳理了自然灾害应急管理的理论,介绍了自然灾害应急管理的方法,分析了自然灾害的典型案例。通过本章学习,希望读者能够了解自然灾害应急管理体系,并深入学习理解相关的基础概念,读者需要重点掌握自然灾害应急管理的概念、特征和方法。

➢ 关键术语

自然灾害　应急管理　自然灾害风险　孕灾环境　承灾体　致灾因子
灾害学理论　应急管理理论　风险　识别　预警

➢ 复习思考题

1. 自然灾害如何分类?
2. 自然灾害的特征有哪些?
3. 自然灾害有哪些要素?
4. 自然灾害的风险公式是什么?
5. 如何识别自然灾害风险?方法有哪些?
6. 自然灾害应急管理理论有哪些?

---

① 朱陆民,夏小宣. 自然灾害管理与印度尼西亚软实力的提升[J]. 玉林师范学院学报,2022,43(1):39-46.

第 5 章

事故灾难应急管理

5.1 事故灾难基本概述

事故灾难是指直接由人类生产与生活活动所引发的、违背人们意愿的并造成生产和生活活动暂时停止、大量人员伤亡、巨大经济损失和环境污染[1]，甚至引发社会失序、政府公信力下降等系列连锁性风险的意外事件[2]。事故灾难类事件通常包括交通运输等过程中发生的事故、生产过程中的各类安全事故、自然或者人为火灾造成的事故、因人员失控造成的安全事故等。根据《中华人民共和国突发事件应对法》，事故灾难被明确列为突发事件的四大类型之一[3]。事故灾难给我国造成严重的损失，也给我们极大的警示，要进一步加强应急管理，提高应急管理水平，坚持依法管理和依法执行，提高事故灾难应急管理法治化水平，并不断强化应急管理和危险化学品管理的相关法律法规的规范化和系统化水平；制定关于应急管理、灾难预防、应急救援组织、国家消防救援人员及危险化学品安全使用的法律法规，加强对安全生产执法工作的监督[4]，最大限度地降低事故灾难发生的概率。根据《中国安全生产年鉴（2005~2017）》公布的安全生产事故情况，我国安全生产事故发生率从 2005 年到 2017 年下降了 92.62%，下降幅度显著，可以说近年来我国应对生产安全事故的能力有所加强。但从长远来看，为减少不必要的人员伤亡与财产损失，我国应对事故灾难的体制、机制、法制和防灾、应灾、救灾能力仍旧需要不断提升，必须提高事故灾难应急管理法治化、规范化和系统化水平，加强应急管理、灾难预防、应急救援组织、国家消防救援人员及危险化学品安全使用方面的体系和能力建设，加强对安全生产执法工作的监督[4]。

---

[1] 左文婷. 我国事故灾难类突发事件风险管理研究[D]. 东北财经大学硕士学位论文，2016.
[2] 徐铭跃. 事故灾难类城市突发事件网络舆情传播研究[D]. 河北大学硕士学位论文，2020.
[3] 邱莹，施先亮，华国伟. 纵向行政约束下的事故灾难区域协同应对策略——以京津冀协同应对事故灾难为例[J]. 管理评论，2019，31（8）：240-249.
[4] 马修文. 抗御自然灾害要达到现代化水平[J]. 党课参考，2020，（18）：29-48.

5.1.1 事故灾难的分类和特征

1. 事故灾难的分类

根据《中国安全生产年鉴（2018）》，事故灾难主要可以分成七类，即工矿商贸事故、水上交通事故、渔业船舶事故、农业机械事故、火灾事故、道路交通事故与铁路交通事故。其中工矿商贸事故又可细化成六小类，即煤矿事故、金属非金属矿山事故、建筑施工事故、危险化学品事故、烟花爆竹事故、工矿商贸其他事故[①]，如图 5.1 所示。另外，按照性质、损失程度、危及范围等标准又可将事故灾难事件划分为特别重大、重大、较大、一般四级[②]。

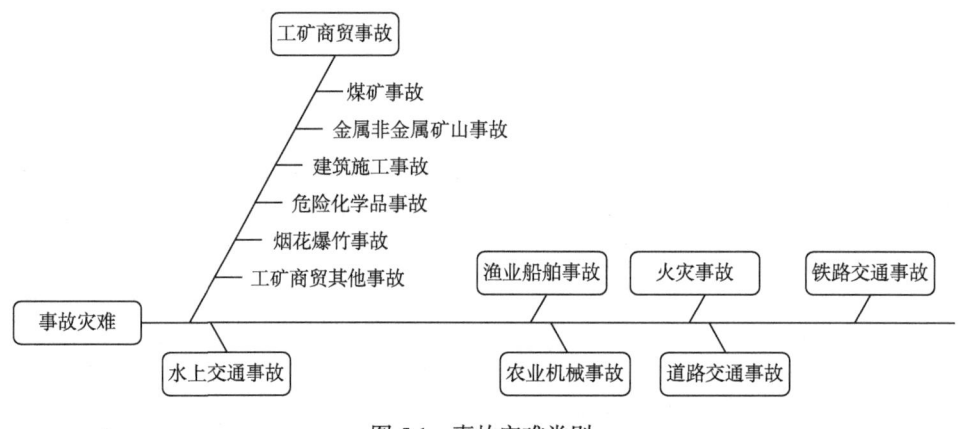

图 5.1 事故灾难类别

2. 事故灾难的特征

1）事故灾难具有破坏性

事故灾难往往因为各种不利因素与不确定性潜在威胁相互作用下产生质变，进而造成突发事件，一旦发生将对公众的生命财产安全造成极大的破坏，严重时还会影响到社会秩序[③]。例如，2010 年 4 月 20 日，英国石油公司在美国墨西哥湾租用的钻井平台"深水地平线"发生爆炸，导致大量石油泄漏，酿成一场经济和环境惨剧。此次漏油事故几乎超过了 1989 年阿拉斯加埃克森公司瓦尔迪兹油轮的泄漏事件，成为美国历史上"最严重的一次"漏油事故。

2）事故灾难具有不确定性

城镇化水平不断提高人民群众生活水平的同时，也使城市发展面临着更多的风险和挑战。特别是超大城市，因各种风险因子高度聚集、关联度极强，更多的潜在不确定和不安全因素隐藏在"冰山"下，不仅导致无法预判事故灾难发生前和发生时的诱因，也

---

① 李悦, 吴吉东, 周扬. 1978—2018 年中国事故灾难死亡人口时空分布特征[J]. 安全与环境工程, 2021, 28（5）: 43-50.
② 江柯辰. 深圳市事故灾难类突发事件风险管理研究[D]. 深圳大学硕士学位论文, 2019.
③ 左文婷. 我国事故灾难类突发事件风险管理研究[D]. 东北财经大学硕士学位论文, 2016.

难以判断是否会产生其他反应，从而导致事故灾难具有高度的不确定性[1]。

3）事故灾难具有紧急性

事故灾难往往爆发时间短且扩散速度快，尤其是事发第一现场，情况极为复杂且形势异常严峻，不少事故第一时间救援错误而导致连带灾难。因此，在面对事故灾难时，救援人员除了需要在第一时间赶往现场，还必须要进行正确施救，而不是盲目救援，以防止事故进一步扩大。应急管理部门也必须反应迅速，不仅要对事故灾难整体局势进行控制，而且要对相关受灾人员采取有效的灾后安置措施。

4）事故灾难具有社会性

社会性是事故灾难最突出的性质之一。通常来说，除了在事故现场受到伤害的相关人员之外，受到事故影响的人民群众，特别是其中的社会弱势群体同样应该受到特别关注。事故灾难的发生，不仅会给受灾人群带来生理上的严重创伤，而且受灾人群心理上的创伤也很难平复，有些创伤还会进一步扩散，甚至影响到社会秩序[2]。例如，"马航MH370失事事件"在全球范围内造成了很大的影响，对当事人、当事人家庭及相关企业都造成了很大的损失，甚至很长时间内影响到了民众对航空安全的信任。

5.1.2 事故灾难应急管理的内涵与原则

1. 事故灾难应急管理的内涵

我国在2018年3月第十三届全国人民代表大会第一次会议批准了国务院机构改革方案，成立了应急管理部，标志着国家层面应急管理整体协调。应急管理部主要承担国家应对特别重大灾难指挥部工作，包括指导火灾、水旱灾害、地质灾害等防治和负责安全生产综合监督管理与工矿商贸行业安全生产监督管理等职责[3]。

虽然我国国家级应急管理部门成立时间较晚，但在中华人民共和国成立初期，我国就已成立了中央救灾委员会，此时主要以单灾种应对为主。2002~2003年突发的SARS事件成为我国应急管理体制发生根本性转变的契机。2003年7月，党中央和国务院第一次明确提出政府部门应建立以"一案三制"为核心的一整套"横向到边，纵向到底"的应急管理体系，这标志着我国应急管理从"应对单一突发事件"向"综合应急管理"的转变。同一阶段，我国学者也开始更加重视对应急管理人才的培养和相关的学术研究。2004年清华大学应急管理研究基地成立，对事故灾难应急管理做了大量的研究，培养了大量应急管理专业人才。党的十八大后，党和政府将应急管理事业置于总体国家安全观的理论视角下不断优化完善，我国的应急管理水平不断提高[4]。

事故灾难类型多样、复杂多变，经常造成严重的直接和间接的生命财产损失，且大

---

[1] 左文婷. 我国事故灾难类突发事件风险管理研究[D]. 东北财经大学硕士学位论文，2016.
[2] 严一飞. 天津滨海新区生产事故灾难应急管理研究[D]. 天津大学硕士学位论文，2014.
[3] 新华网. （两会受权发布）关于国务院机构改革方案的说明[EB/OL]. http://www.xinhuanet.com/politics/2018lh/2018-03/14/c_1122533011.htm, 2018-03-17.
[4] 王永明. 事故灾难类重大突发事件情景构建概念模型[J]. 中国安全生产科学技术，2016，12（2）：5-8.

部分后果具有不可逆性,随着事故灾难链式效应的增强,事故灾难应急救援难度也不断增大,需要进行事故灾难应急响应方面的机构改革推动与国家危机管理需求拉动的双向驱动式改革[1]。具体来说,一方面,要高度重视安全生产的地位和作用。人类社会发展过程中的生产安全事件,如核泄漏、毒气泄漏、煤矿等,有些甚至会威胁整个世界的安全[2]。例如,美国墨西哥湾石油泄漏事件,不仅造成了严重的生命财产损失,也对生态造成了不可逆的伤害。另一方面,要加强应急管理,提高系统性的应急准备,抓住事故发生各阶段的时间窗口[3],并且应坚持统筹协调,构建一体化应急应战体系,形成多危机事件和多灾种耦合管理的应急应战响应模式[4]。

在事故灾难应急管理中,任何一方主体都扮演着极其重要的角色,其中主要是以政府部门和社会公共机构为主体、社会各界为共同参与者,主要内容是覆盖事故灾难事前监测与预警、事中应急与救援及事后恢复与重建的整个过程[5]。在整个过程中,应建立起一整套以统一管理、属地为主、分级响应、标准运行为原则的应急管理机制[6],包含预警机制、信息沟通机制、保障机制等。同时需要具体的应急管理措施和手段,有力控制事故灾难影响范围,最大限度减少人民群众的生命财产损失,更好维护社会平稳有序及可持续发展。

2. 事故灾难应急管理遵循的原则

事故灾难虽然具有一定的偶然性、不确定性,但在发生前通常会有预警现象,为避免盲目和随意处理事故灾难而导致更为严重的二次灾难或次生灾害,加剧破坏程度,处理事故灾难必须坚持一定的原则,以便能迅速、及时控制局势,尽可能地减少损失[7]。

1)生命第一原则

生命只有一次,保护公众健康和生命安全永远都是第一要务,在面对任何可能导致伤亡的突发公共事件时,必须采取必要、及时的人员安全保护措施[8]。事故灾难一旦发生,不仅会带来生命财产安全损失,而且在处置过程中可能会面临多重价值目标的抉择,但不管何种抉择都必须要坚持"先救人,后救物"的原则,始终把生命放在第一的位置[9]。以房屋坍塌为例,救援力量赶到救援现场后,可以第一时间利用雷达生命探测仪、音视频生命探测仪、搜救犬、手机定位等多种手段侦察被困人员生命体征信号,利用各种破拆工具打通生命通道,并严格落实"一人一医疗专班"的要求。生命安全是最重要的价

---

[1] 杨国梁,多英全,王如君,等. 事故灾难类城市安全风险评估基本原则与流程[J]. 中国安全科学学报,2018,28(10):156-161.
[2] 钟群鹏,张峥,有移亮. 我国安全生产(含安全制造)的科学发展若干问题[J]. 机械工程学报,2007,(1):7-18.
[3] 王永明. 事故灾难类重大突发事件情景构建概念模型[J]. 中国安全生产科学技术,2016,12(2):5-8.
[4] 刘纪达,安实,王健,等. 一体化应急应战协作网络结构与演进——以自然灾害和事故灾难事件为例[J]. 北京理工大学学报(社会科学版),2020,22(6):96-106.
[5] 张海波. 应急管理的全过程均衡:一个新议题[J]. 中国行政管理,2020,(3):123-130.
[6] 郑东方,李美庆. 事故灾难应急管理法规体系探讨[J]. 工业安全与环保,2008,(7):55-57.
[7] 王裕涵. 完善公共危机应急管理对策探析[J]. 中国应急管理,2022,(4):48-51.
[8] 丁崇煜. 安全环保监督及应急管理的实践与探讨[J]. 中国新技术新产品,2013,(12):244.
[9] 李雪莹,荆丽梅,张惠文,等. 疾病预防控制快速响应机制的挑战与思考[J]. 上海医药,2022,43(4):3-6,15.

值目标[1]，救援人员紧紧围绕生命优先原则展开救援工作，与时间赛跑。因房屋坍塌救援难度一般较大，需要对现场救援情况进行专家研讨，及时调整救援方案，采取"剥离一层、探测一遍"方案，在保证不放过任何一个可以挽救生命的机会的同时尽可能避免次生灾害的发生[2]。另外，因事故灾难现场往往复杂多变，埋藏着不少危险因素，除关注被救人员生命安全外，现场应急救援人员的人身安全也必须高度关注，避免次生、衍生灾害的发生[3]。

2）时间优先原则

为尽可能地挽救更多生命与减少财产损失，在事故灾难中应该有强烈的时间意识，同时间赛跑就是同生命赛跑。消防基本知识中"五个第一"都与时间相关：第一时间发现火情、第一时间报警、第一时间补救初期火灾、第一时间启动消防设备、第一时间组织人员疏散。另外，地质灾害后的救援时间"黄金72小时"等，都足以显示出时间的重要性。不仅是因为事故灾难具有涉灾面积广、爆发迅速、涉及人员集中等特点[4]，而且事故灾难发生后仍存在一定的潜在危害，并且事故灾难信息容易在广大公众中快速传播并产生舆论影响，不在限定的时间内完成灾难处置，将造成灾难破坏程度与损失程度进一步升级[5]。以上种种现实情况，都要求事故灾难的应急救援队伍必须抓住应急救援的关键时期，在发生事故灾难事件后第一时间到达事故现场，迅速开展救援行动。在救援过程中，要充分调动和发挥周边资源的作用，如发挥周边乡镇、社区、企业单位人员等人力资源的作用。依靠群众力量不仅可以更好地应对灾难，而且能及时获取信息帮助，从而更全面地了解灾难，更好地进行应对，采取更科学合理的救援政策[6]。这样才能迅速进行救援和救助，最大限度保证相关人员的生命和财产安全[7]。

3）集中领导原则

在事故灾难应急管理过程中必须坚持统一指挥、集中领导的原则。应急救援活动单位的组织结构可以多样化，行政级别和隶属关系也可以有所不同，但是具体行动过程中必须坚持集中领导、统一指挥[8]。通过建立和完善关键坐标系统，制定统一分级分类管理制度，充分调动和发挥各级单位积极性，加强地区间和部门间的有效沟通和协调[6]。特别是针对重大事故灾难，更应该保持统筹协调，政府在应对此类事故灾难时往往需要动用多部门、多方面人员的合作与物资协助，如交通、通信、警察、消防等[9]。只有通过集中领导，才能集中各方力量，提升应急救援的整体效能。在现实中，集中领导原则往往通过建立统一指挥部的方式得以实现，并根据事故灾难规模的不同，成立不同级别的应急、

---

[1] 姜兰. 论我国突发事件应急管理体系的构建[D]. 华东政法学院硕士学位论文，2007.
[2] 正观新闻. 沙居民自建房倒塌事故搜救方案调整：将对构建物逐层剥离[EB/OL]. https://baijiahao.baidu.com/s?id=1731811368721893731&wfr=spider&for=pc，2022-05-03.
[3] 凌玉，陈发钦. 我国突发公共卫生事件应急管理存在的问题和对策[J]. 中国公共卫生管理，2012，28（2）：189-191.
[4] 王昊坤. 关于煤矿应急管理体系建设研究[J]. 中国石油和化工标准与质量，2022，42（3）：141-143.
[5] 陈安，迟菲. 突发事件的起源、机理、特征与应急管理原则[J]. 科技促进发展，2010，（7）：36-38.
[6] 丁崇煜. 安全环保监督及应急管理的实践与探讨[J]. 中国新技术新产品，2013，（12）：244.
[7] 张春艳. 我国事故灾难应急处置对策研析[J]. 行政与法，2012，（11）：80-83.
[8] 张戈锐. 扬长补短、避短、克短全力推进应急管理事业迈上新台阶[J]. 湖南安全与防灾，2022，（2）：26-27.
[9] 刘传铭，王玲. 政府应对突发公共卫生事件的管理原则[J]. 中国农村卫生事业管理，2005，（10）：53-54.

救援统一指挥部。

4）属地管理原则

在抗击SARS取得胜利后,我国在2007年颁布《中华人民共和国突发事件应对法》,其中明确规定将"分灾种、分部门"的突发事件应急管理原则变更为"分级负责、属地管理"的综合应急管理体制。属地管理是指按照一定的标准和要求对属地内的管理对象进行组织、协调、领导和控制的管理手段[1],明确"谁主管、谁负责、谁处理"的职责分工体系,与垂直管理相互补充,压实属地政府职责。一方面,属地政府更了解属地资源,掌握第一手信息,能更有效地因地制宜、整合资源,迅速反应,能很好地抓住关键时间。一般来说,有80%的死亡是发生在突发事件发生后的前2小时内,这是救援的黄金时间[2]。属地政府可以利用地理空间优势、熟悉程度建立起应急管理的第一道防线,有效遏制突发事件的进一步扩大[3];另一方面,属地管理也能最大限度避免各级政府相互扯皮与推诿,压实责任。在灾后的恢复与重建方面,属地管理也可以更好地集中协调本地资源、本辖区资源,共同做好灾后的恢复和重建工作,加快事故发生地恢复正常运行状态的进程。

5）科学处理原则

事故灾难,特别是有毒气体泄漏、火灾、爆炸等事故,往往处置不当就易造成二次灾难,所以对事故灾难应急处置必须坚持科学处理原则,不可随意盲目处置。因此,在处理事故灾难时,需要尽可能成立专家组,至少需安排专家顾问,制订出专业应急救援方案,由专业人士或在专业人士指导下按照救援方案有的放矢地进行救援与处置,以最大限度降低损失甚至是化解危机[4]。与此同时,随着时代的进步与科技的发展,应对突发事件的技术手段越来越丰富,如无线射频识别定位系统、智能移动通信、机器人等这些新发明被广泛应用到危机事件处理中,成为救助受害者和降低灾害损失的重要手段[5],应用最新科技最大限度保护人民群众生命财产安全是事故灾难应急管理的发展趋势。

6）依法管理原则

相对发达国家而言,我国的事故灾难应急管理发展较晚。发达国家经过长年的发展已经形成了一套完善的突发事件应急管理法律法规体系,各项应急活动基于法律开展。救援主体、责任划分、事急从权等内容都在法律中有明确规定。我国可参考发达国家事故灾难应急管理的法律法规体系,不断健全完善我国应急管理"一案三制"中的法治建设[6]。

我国在依法治国方略指导和全面推进依法行政的新形势下,将事故灾难突发事件应急管理系统纳入法治轨道中[7]。回顾我国事故灾难应急管理立法过程,其中比较有影响力

---

[1] 任海冰, 李新安. 浅谈石油企业属地管理与培训有机结合的思路[J]. 中国石油和化工标准与质量, 2021, 41（13）: 78-79.

[2] 丁崇煜. 安全环保监督及应急管理的实践与探讨[J]. 中国新技术新产品, 2013,（12）: 244.

[3] 张春艳. 我国事故灾难应急处置对策研析[J]. 行政与法, 2012,（11）: 80-83.

[4] 刘传铭, 王玲. 政府应对突发公共卫生事件的管理原则[J]. 中国农村卫生事业管理, 2005,（10）: 53-54.

[5] 傅世春. 日本应急管理体制的特点[J]. 党政论坛, 2009,（4）: 58-60.

[6] 刘尚亮, 沈惠璋, 李峰, 等. 我国突发事件应急管理体系构建研究[J]. 科技管理研究, 2010, 30（19）: 202-206.

[7] 莫于川. 公共危机管理与应急法制建设[J]. 临沂师范学院学报, 2005,（1）: 119-124.

的是两部法律,这两部法律均在重大疫情应对的背景下修订,对我国整体的应急管理体系都有深远影响。突发事件对我国应急管理提出了严峻的挑战,通过不断积极探索、积累经验与参考借鉴,我国于 2007 年 11 月 1 日正式施行《中华人民共和国突发事件应对法》。随着时间的推移,新型灾难不断出现,该法律的部分法规不再适应现实情况的变化。2020 年 3 月,十三届全国人大常委会委员长栗战书出席"强化公共卫生法治保障立法修法工作"座谈会,意味着修法工作正式开始。2021 年 12 月 20 日,《中华人民共和国突发事件应对管理法(草案)》提请十三届全国人大常委会第三十二次会议审议,其中主要是将坚持党的领导和疫情应对成功经验编入法律,进一步理顺管理体制和畅通信息报送发布渠道,完善应急保障制度以加强应急管理能力建设,发挥社会力量的作用来保障社会各主体权益[①]。通过不断完善应急管理法律法规,明确应对事故灾难过程的机构设置、层级、权力与责任,实行事故灾难应急过程统一管理,确保指挥顺畅、政令畅通,并对法律法规规定的应公开的信息进行公布,及时让公众知晓事故灾难发展进程,消除不必要的猜忌与偏差的舆论,做到依法、公开、透明[②]。

7)监测预警原则

纵观我国从古至今的救灾历史,可以发现历朝历代都非常重视灾难预防。据《后汉书》记载,丁鸿上疏汉和帝:"禁微则易,救末者难",意为对事情的发展要有防微杜渐的思维;北宋范仲淹在《奏上时务书》中写道"防之于未萌,治之于未乱",即要未雨绸缪,防止千里之堤毁于蚁穴。古人也将这种预防思想进一步应用在灾难预防的实践中。例如,公元 132 年张衡发明了检测地震方位的候风地动仪。《汉书·平帝纪》记载,元始二年,"民疾疫者,舍空邸第、为置医药"。这是我国最早记录预防瘟疫采取隔离救治的方法。殷商的法律规定"刑弃灰于街者",以改善公共卫生,防止疫病的发生。预防就是尽可能降低突发事件风险甚至避免突发事件发生,至少可以为人们在突发事件爆发时争取关键时间或尽量避免损伤争取机会,这也是应急管理的最终目标之一[③]。

古人流传的智慧表明预警、预防必须提前做,放在灾害应对的首位。中华人民共和国成立后,我国以法律的形式规定了灾难预防在应急管理中的重要地位。2002 年 6 月 29 日,《中华人民共和国安全生产法》颁布。2006 年 1 月 8 日,国务院发布《国家突发公共事件总体应急预案》。以此为基础,2006 年 1 月 22 日,国务院进一步实施《国家安全生产事故灾难应急预案》,标志着我国在事故灾难应急管理预防预警机制方面的进一步完善。事故灾难的应急管理预警主要是政府有关部门将收集的一切警告信息和事先确定的预警阈值分门别类地整理并加以综合分析,对有关信号和征兆进行严密监测,对事故发展趋势和可能发生的类型及其危害程度做出科学合理的监测和测算,并及时、准确地向相关单位发出警报,以便及时采取有效应急措施。由此可知,事故灾难的应急管理预警的行为过程主要包括信息搜集、信息传递、信息识别、信息处理及信息发布等[④]。

---

① 《中国人大》杂志. 依法防控 依法治理:突发事件应对法拟全面修订[EB/OL]. http://www.npc.gov.cn/npc/c2/c30834/202203/t20220314_317086, html, 2022-03-14.
② 姜兰. 论我国突发事件应急管理体系的构建[D]. 华东政法学院硕士学位论文, 2007.
③ 朱煌武. 突发性地震灾害危机的预警和应急管理机制[J]. 灾害学, 2004, (1):78-82.
④ 张维平. 政府应急管理预警机制建设创新研究[J]. 中国行政管理, 2009, (8):34-38.

凡事预则立，不预则废，预警是事故灾难应急机制连锁反应的重要环节，为整个事故灾难危机管理机制的有效运行提供依据。一方面，把危机消灭在萌芽阶段，防止危机的爆发；另一方面，为后期事故灾难应急管理具体工作的展开赢得了宝贵的准备时间，有助于及时控制形势将危害降低到最小，降低次生灾害爆发的风险。因此，完善预防预警机制，提升科学预测的水平，在事故灾难应急管理中有至关重要的作用[1]。

5.2 事故灾难应急管理理论

与事故灾难有关的研究理论众多：从事故灾难发生过程的角度出发，包括为了以更低成本有效应对事故灾难而提出来的全危险方法理论；从事故灾难致灾因子角度出发的因果连锁理论；为更加系统地认识事故灾难发生前后因果而提出的危险源系统安全理论。

5.2.1 全危险方法理论

全危险方法是西方国家在公共管理实践中逐渐形成的管理方法，主要是尝试运用一套公共安全管理理论应对所有种类的紧急事态和突发灾难。这种方法从某种程度上降低了灾难应对的成本和经济支出，试图以最小的成本投入来收获最大的应急管理效益。为实现这个目标，一般由专业人员和专业部门进行设计，编制应对方法，以此在保证应对措施精确性的同时，也能够尽可能地节约人力和物力成本，让政府的资金投入最重要的应急管理环节中去。在此理论假设下，无论是地震、火山等自然灾害，还是人为灾难、技术事故，应急管理的基本要求大致相同。例如，灾难发生前都需要有效预防和预警、相关预案的编制；灾难发生时都需要及时进行人员疏散、搜救、救援及安置；灾难发生后都需要有效重建和恢复[2]。20世纪70年代，该理论在西方国家被广泛应用，在该理论的影响下，政府开始将原本根据不同致灾因子或不同应对阶段分设的应急管理部门陆续合并为一个整体机构，以实现最低成本的高效运转，避免在应对突发事件时不同部门之间相互推诿，充分保障公共安全管理的基本需求。美国"9·11"恐怖袭击事件极大地推动了应急管理部门合并的进程，即推动了美国国土安全部的快速成立，国土安全部统管全国公共安全[2]。

5.2.2 因果连锁理论

美国的安全工程师海因里希通过分析工伤事故的发生概率，为保险公司的经营提出了"海因里希法则"，即"300∶29∶1法则"。这个法则的基本定律是指1次重大事故，

---

[1] 于芳. 政府危机管理预防预警机制的构建与完善[J]. 云南行政学院学报，2006，(4): 117-119.
[2] 杨璇. 论中国式公共安全管理的构建[D]. 西南政法大学硕士学位论文，2012.

背后必然有类似的 29 次轻微事故及 300 次异常征兆,并且一旦发生重大事故,必然会导致重大伤亡损失的规律。该理论详细阐述了导致重大事故灾难发生的各种因素及这些因素与事故、灾难之间的互动关系。海因里希法则的核心观点是:在进行应急管理的过程中,不能把突发事件视作孤立单一的存在,其背后必然有突发事件从量变到质变的一系列原因及这些原因导致的结果,即灾难与各种原因之间存在连锁关系。

海因里希把事故过程根据因果链条分为五个发展因素:一是遗传及社会环境因素,以及由此导致人的性格鲁莽、不够遵守法规和章程;二是个体缺点,个体身体或精神上有先天缺点和后天缺乏安全意识等;三是人的不安全行为或物的不安全状态,指已经引起过或者有很大风险引起事故的人类行为及不具备安全防范装置或在不安全位置的物品;四是失去控制的事故,即给人身安全和财产设备造成损害的事件发生;五是伤害及损失,即事故发生而最终导致的人身危害和财产损失[1]。人为因素管理理论基于海因里希法则形成了应急预防有效措施的原则:在突发事件发生之前,及时排查消除不安全的因素,可以避免很多重大伤亡事故。可以采取的应急管理做法有:在能力增强方面,如加强社会风险和安全生产的宣传和教育、增强民众的危机意识和风险意识、提升民众的灾害和事故的知识水平、提高社会公众自救互救意识和能力;在信息处理方面,如提高灾害和事故信息传递的及时性、真实性和可读性,不得迟报、谎报、瞒报、漏报;在预防预案方面,如加强应急预案设计和强化应急演练;在科技应急方面,如提升科技水平,增强监测预警能力和信息收集及预测能力[2]。

5.2.3 危险源系统安全理论

危险源系统安全理论在吸收其他领域科学技术和管理思路后,在传统安全理论的视角基础上有所创新,提出了新的应急管理思路:一是事故发生原因不再只强调关注操作人员失误的单一因素,而是同样关注硬件故障因素,考虑改善硬件即物的系统可靠性来提高整体安全性;二是认为世界上不存在绝对安全的事物,任何事物中都存在一定的危险因素,安全只是人的主观判断,物的故障、人的失误、不良环境等因素都有可能造成某种灾难,这些因素都可称作危险源[3]。由于人们有限的知识水平,往往对事物的认识流于表面,容易忽略事物的本质及存在的危险源,基于这种表面认识而做出的判断极易造成事故灾难的规模进一步扩大。因此,为预防事故灾难的发生,应注意以下几方面。一方面,要研发更多的先进技术与工艺来辅助应急管理;另一方面,也需要人们进一步提高警惕,采取更加有效的措施来应对新工艺、新技术可能带来的风险。另外,对系统中存在的危险源进行识别与控制,可以使系统在性能、时间和预算既定的情况下达到最优的安全程度[4]。系统安全理论的出现使人们不再只是关注单一因素,而是开始深入研究如何在越来越复杂的生产系统中,进一步提高系统的安全可

---

[1] 金那炫. 中韩自然灾害应急管理合作研究[D]. 大连海事大学硕士学位论文, 2020.
[2] 区福健. 突发公共事件的问题管理——基于风险控制理论的视野[J]. 商, 2016, (7): 86-87.
[3] 伍颖, 杨用君. 事故归因理论探讨[J]. 安全与环境工程, 2007, (1): 87-89.
[4] 马超, 徐子晟. 基于系统安全理论的中国农机安全事故分析[J]. 中国农学通报, 2022, 38 (1): 137-141.

靠性，控制各类危险源，创造一个良好的人机环境和人类-技术环境，降低系统发生安全事故的概率[①]。

5.3 事故灾难应急管理案例——日本福岛核电站核泄漏事故

通常来说，利用核能发电比利用煤炭发电要更加环保，因为核能发电向外界排放的污染物较少，对人体和自然环境危害较轻[②]，而且核能发电对燃料的利用率高、发电效能好，所以核能发电是目前世界上清洁发电方式之一[③]。然而，2011年的日本福岛核电站核泄漏事故的爆发使人类对核能发电高度警觉，引发全世界对核能发展方向的反思。

5.3.1 日本福岛核电站核泄漏事故的背景

日本福岛核电站核泄漏事故的事发地福岛坐落于日本的东北地区，主要由滨通、中通和会津三个部分组成，福岛境内拥有丰富的自然资源且人口数量较多[④]。核电站正常的运营对水的需求很大，福岛因为靠近海域，所以被日本政府作为核电站的主要规划建设用地[⑤]。

5.3.2 日本福岛核电站核泄漏事故发生过程

日本位于地震带上，地震频发。2011年3月11日，日本爆发有史以来最强的地震，地震强度达9.0级。由于地震强度大，引发了巨大的海啸。福岛核电站位于沿海地区，在海啸和地震的双重打击下，事先准备的抵抗海啸的紧急设备不足以有效保护核电站。

3月12日，核电站的反应堆因缺少海水，不能得到及时冷却，在持续高温作用下不断产生巨量氢气，积累到一定程度后发生大爆炸。在大爆炸中，核电站遭受严重损伤。根据相关国际专家评估，此次日本福岛核电站核泄漏事故等级为最高级别[⑥]。

3月18日，核电站由于长时间的封闭作业，放射性物质有一定程度的累积。当密闭的核电站被打开后，高浓度的放射性物质随风向外散发。可惜的是，如果当时日本政府事先向2号机组注入海水，将可以对抑制核污染发挥一定作用，但当时没有采取这样的做法进行应对[⑦]。

---

① 牛聚粉. 基于事故致因理论的企业生产事故应急管理体制构建研究[M]. 北京：新华出版社，2018.
② 胡笑颖. 电力市场环境下不同发电技术竞争力的对比研究[D]. 华北电力大学硕士学位论文，2006.
③ 杨晖玲. 日本核泄漏事件的案例分析[D]. 郑州大学硕士学位论文，2012.
④ 李杨. 东日本再次地震 福岛核电站安全令人忧[N]. 科技日报，2022-03-18，（004）.
⑤ 伍浩松，戴定，李颖涵，等. 日本福岛核事故十周年回顾[J]. 国外核新闻，2021，（3）：20-22.
⑥ 王燕君，李文红，邓君，等. 日本福岛核事故四年来的影响及教训[J]. 中国辐射卫生，2016，25（2）：143-145，149.
⑦ 张谨. 日本福岛核事故的社会心理影响及启示[J]. 理论观察，2017，（3）：86-89.

5.3.3 日本福岛核电站核泄漏事故应急措施

在日本福岛核电站核泄漏事故发生后，日本政府为防止事故影响范围扩大，采取了相应的紧急措施。日本原子能规制委员会对发生事故的核反应堆紧急采取密封处理，对核电站核泄漏产生的污染水源采取密封储存的措施。日本政府所采取的紧急措施，对控制核污染影响范围起到一定的积极作用[1]。对核泄漏导致的伤亡人员，日本政府派遣多支救援队伍赶赴现场开展救援工作，后续也采取了相应的医疗、救济和安置措施。同时，日本的社会救援组织也积极开展救援活动，各组织之间相互协作，共同抢救伤员[2]。

但单靠日本政府对核泄漏事故进行应对明显力不从心，2011年3月14日，日本政府请求国际援助，希望国际社会能够伸出援手一起应对该起核泄漏事故。国际原子能机构派遣相关核专家赶赴现场，开展抢救工作[3]。

5.3.4 日本福岛核电站核泄漏事故影响

1. 对生态环境的影响

核泄漏事故造成了严重的生态环境破坏，根据联合国评估结果，此次核泄漏事故所产生的核物质污染物数量巨大。据专家测算，此次事故所造成的核污染物总量高达2 500万立方米[4]，福岛周边的生态环境遭到严重破坏[5]。

当地的森林资源也受到核泄漏的污染，核电站释放出大量的放射性物质，经由自然风带到森林地带中，并降落在林叶和地被植物上。由于事故发生是在初春季节，林叶还未完全舒展开，伤害性相对较小，但阔叶林遭受放射性物质的污染尤为严重[6]。

核泄漏事故同样对水资源造成严重污染，核电站的污水排放问题被全球高度关注，因为事关民众饮水安全。核泄漏事故发生后，由于没有特别的排放渠道，日本政府遂将未经处理的核污染水直接排放到海洋中[7]。这种做法不仅会污染福岛附近海域，还将随着洋流扩散到太平洋的其他区域。因此这一做法遭到了国际社会的强烈谴责[8]。核电站产生的核废料的处理同样也是难题。这些核废料具有高浓度放射性污染，如果处理不当，将对生态环境造成二次污染。

2. 对日本社会民众的影响

此次核泄漏事故，受伤最严重的应数日本普通民众。核泄漏事故造成的死亡人数高

---

[1] 盖兆军. 日本福岛核泄漏的影响和事件前后能源结构的变化[J]. 中国人口·资源与环境, 2015, 25 (S1): 296-299.
[2] 张谨. 日本福岛核事故的社会心理影响及启示[J]. 理论观察, 2017, (3): 86-89.
[3] 夏治强. 日本福岛核事故危害分析与救援回顾[C]//中国环境科学学会2012学术年会论文集, 2012: 1047-1050.
[4] 孙菲. 核辐射阴霾仍旧笼罩福岛[J].生态经济, 2017, 33 (5): 2-5.
[5] 伍浩松, 戴定, 李颖涵, 等. 日本福岛核事故十周年回顾[J]. 国外核新闻, 2021, (3): 20-22.
[6] 刘心来, 刘翔. 森林核污染问题研究——以日本福岛县森林为例[J]. 世界林业研究, 2021, 34 (5): 44-49.
[7] 张胜男. "令人不安"的核技术——基于日本福岛核事故的生态反思[J]. 环渤海经济瞭望, 2017, (8): 192-193.
[8] 黄世耀. 浅谈日本福岛事故后整改情况[J]. 能源与环境, 2017, (2): 54, 58.

达一万多人，与此同时，绝大部分居住在福岛周边的民众，不得不离开自己的家乡，外出避难[1]。另外，核电站停止运营，导致当地出现大范围的停电事故，而且日本政府灾后补给力度不足，最基本的生活必需品也不能及时送达受灾民众手中，民众遭受身体上和心理上的双重折磨，痛苦不堪[2]。

核泄漏事故产生的影响是持续的。据官方统计数据，因为经历了此次核泄漏事故，福岛民众的自杀率相比日本其他地方有一定幅度的增长。而且，日本的老龄化问题在全世界范围内是比较严重的，此次核泄漏事故导致一些家庭被迫分离，老人长期缺乏家人的陪伴，由此引发了很多严重的心理疾病[3]。同时，在核泄漏事故的第一现场开展救援工作的人员，不仅身体上有遭受核污染的风险，心理上同样也遭受着折磨。官方机构调查显示，有从事核污染事故抢救工作经历的人比没有此次经历的人，患上抑郁症的概率将会倍增[4]。

3. 对世界的影响

此次核泄漏事故所产生的核污染危害波及了全世界。由于含有高浓度放射性物质的核污染水排入海水，被污染的海水通过洋流被带到了世界各国。经检测，多个国家海域内都相继检测出放射性物质含量超标。甚至部分国家日常食用的瓜果蔬菜内也检测出一定含量的放射性物质。此次核泄漏事故对全球食品安全造成了严重威胁[5]。

国际社会也在不断总结此次核泄漏事故的经验和教训。例如，美国、法国等一些依赖核能发电的国家，都在此次福岛核电站核泄漏事故中吸取了相应教训，加强对核电站安全运营的监督管理，争取从源头上遏制核泄漏事故再次发生[6]。

5.3.5 启示

此次日本福岛核电站核泄漏事故促使全球各国反思人与自然的关系。利用核能发电的确降低了人类生产生活的成本，为人类社会带来了便利。但是，任何事物都存在两面性，核能发电在给人类带来方便的同时，也需要时刻警惕核能的不规范使用或因不可抗力造成核电站破坏。核泄漏事故对生态环境和人类身体健康都会造成严重和深远的负面影响。此次核电站核泄漏事故给予人类的教训是惨痛的，管理者要进一步提高核电站的安全管理水平，制定更加详细的应急预案，补齐短板，防止此类事故再次发生[7]。

---

[1] 李忠东. 福岛核事故阴影挥之不去[J]. 检察风云，2018，（12）：52-53.
[2] 张谨. 日本福岛核事故的社会心理影响及启示[J]. 理论观察，2017，（3）：86-89.
[3] 赵玉倩，孙全富. 日本福岛第一核电站事故救援工作人员四例工伤认定[J]. 中华放射医学与防护杂志，2018，38（2）：159.
[4] 王亦楠. 福岛核污水不能忽视的六大问题[J]. 中国经济周刊，2021，（8）：96-100.
[5] 胡振奎. 疫情背景下日本福岛核事故应急管理的重新审视与启示[J]. 经营与管理，2021，（11）：134-140.
[6] 柴国旱，杨志义，肖军，等. 福岛核事故后核安全改进行动及安全要求研究[J]. 原子能科学技术，2022，56（3）：399-409.
[7] 赵天宇. 日本核废水排海，绝非走投无路[N]. 北京科技报，2021-04-19，（014）.

5.3.6 日本福岛核电站核污染水排放事件

在 2011 年日本福岛核电站核泄漏事故后，核污染水排放事件再一次让日本福岛成为世界焦点。自 2011 年核电站核泄漏事故后，日本政府就已经向海洋不间断排放核污染水[①]。2011 年 4 月 5 日，日本将福岛第一核电站内含低浓度放射性物质的 1.15 万吨污水排入海洋；2021 年 4 月，日本政府和东京电力公司一意孤行做出将福岛第一核电站中积存的百万吨核污染水排入太平洋的决定；2022 年 4 月，东京电力公司对核污染水排入海底隧道的排水口开始施工；2022 年 7 月 22 日，日本监管机构原子能规制委员会正式批准东京电力公司福岛第一核电站在 2023 年将受损核电站处理过的放射性污水排入太平洋，该行为将对全球环境造成极其恶劣的后果。若不进行严格的净化处理就进行排放，将严重威胁相关国家沿海地区民众的安全与健康，将对相关地区的海洋渔业造成沉重打击，对全球造成不可估量的负面影响[②]。

1. 日本排放核污染水遭到国际社会的强烈反对

日本政府执意排放核污染水，不顾全世界的安危，遭到了国际社会的强烈谴责。我国外交部发言人指出，日本政府无视国际社会的反对，执意把核污染水排放到海洋中，此举表明日本政府对世界的可持续发展没有担负起相应的责任[③]。日本政府向海洋排放核污染水，并没有与周边国家协商，也没有向联合国做相关汇报，只是考虑自身利益，这种行为是极其自私的，不仅危害本国生态环境和民众身体健康，还对世界生态和全球公众健康造成严重危害[④]。

韩国是日本的邻国，也是深受核污染影响的国家。韩国政府向日本表达强烈反对[⑤]，同时组织有关部门采取应急措施以降低核污染带来的危害[⑥]。

海洋学家指出，日本作为《联合国海洋法公约》的成员国却公然违背该条约。不顾全世界海洋生态环境的危险，私自将核污染水排向海洋，将导致海洋生物受到放射性物质的污染，对海洋生态环境造成严重破坏[⑦]。

2. 日本核污染水排放对生态环境的危害

受到高浓度放射性物质污染的海水向海洋中排放，将对生态环境造成严重破坏。权威机构测算显示，日本政府如果持续向海洋排放核污染水，那么整个太平洋的海洋环境都将遭到核污染水的污染。据有关媒体报道，福岛核电站所排放的核污染水虽然经过处

---

① 陈海燕，杨春宇，徐瑞，等. 核污水的环境及健康影响——从福岛核污水排放说起[J]. 中国辐射卫生，2022，31（1）：105-112.
② 陈祥. 日本核污水排海威胁全人类安全[N]. 大众日报，2022-08-18，（06）.
③ 华义. 坚持核污染水排海日本政府执迷不悟[N]. 新华每日电讯，2022-04-15，（009）.
④ 本刊编辑部. 日本核污水入海，背后隐藏的伤害更恐怖[J]. 家庭医药：就医选药，2021，（5）：8-9.
⑤ 马忠法，郑长旗. 日本决定核污水入海事件的国际法应对[J]. 广西财经学院学报，2022，35（1）：124-139.
⑥ 戴建华，杨楠. 日本核污水排放的国际舆论解析[J]. 当代世界，2021，（6）：74-79.
⑦ 郭冉. 从福岛核废水排海事件看国际法的现实障碍与未来走向[J]. 贵州大学学报，2021，39（5）：111-115，124.

理，但是如果被无限制地排放到海洋，还是会造成放射性物质在海洋生物体内存留[①]。这意味着无论采取什么样的污水处理手段，只要带有放射性物质的核污染水被排放到海洋，就会对生态环境造成一定程度的危害[②]。

3. 日本核污染水排放对人体健康的危害

带有放射性物质的核污染水除了具有辐射性还具有强烈毒性，而且这种毒性按照现有的处理手段还不能得到消除[③]。核污染水排入海洋，放射性物质在海洋生物体内沉淀。这些海洋生物被打捞上来，流通到各地的海鲜市场，进而被端到公众的餐桌上。长期食用带有放射性物质的食物，会造成人体内放射性物质的沉淀。累积到一定程度后，可能会引发各种癌症，对人类身体健康造成严重危害[④]。相关研究表明，核污染水导致的污染是多方面的，不仅对人类的水资源安全造成威胁，还对人类的饮食安全、生命健康造成一定程度的危害，因此要高度警惕核污染水污染[⑤]。

> **本章小结**

本章对事故灾难应急管理的相关知识进行了系统介绍，5.1 节阐述了事故灾难的含义，说明了事故灾难的性质，从事故灾难范围、分类和特征三个角度出发，介绍了国内外事故灾难应急管理的发展概况，指出在处理事故灾难时应遵循的原则；5.2 节详细阐述了事故灾难应急管理的理论；5.3 节分析了事故灾难应急管理的典型案例，辅助读者进一步加深理解。通过本章的介绍，希望读者能够理解事故灾难应急管理的具体内涵，掌握事故灾难应急管理的理论，并在此基础上阅读相关案例，对事故灾难应急管理有更加清晰的总体认识。

> **关键术语**

事故　事故灾难　应急管理　危机　公共安全
危险源　海因里希法则　管理

> **复习思考题**

1. 事故灾难有哪些特征？
2. 事故灾难的分类标准是什么？
3. 海因里希法则视角下事故发生的五个因素是什么？
4. 在处理事故灾难时要遵循哪些原则？

---

① 雷钟哲. 核污染水排海，引发众怒的决定亟待撤回[J]. 标准生活，2021，（3）：54-59.
② 刘晓星. 日本福岛核废水排海将带来哪些危害[J]. 中国科技奖励，2021，（4）：72-73.
③ 王亦楠. 福岛核污水不能忽视的六大问题[J]. 中国经济周刊，2021，（8）：96-100.
④ 付熙明，袁龙，孙全富. 日本福岛事故10周年剂量与健康效应评估[J]. 中国辐射卫生，2021，30（6）：732-738.
⑤ 陈海燕，杨春宇，徐瑞，等. 核污水的环境及健康影响——从福岛核污水排放说起[J]. 中国辐射卫生，2022，31（1）：105-112.

第6章 公共卫生事件应急管理

长期以来，公共卫生事件一直是人类社会面临的巨大威胁。尤其是传染性疾病，随着全球化进程加快，交流增加，暴发的范围更广。20 世纪 60 年代，全世界每年死于感染性疾病的人数约为 700 万人，而这一数字到了 21 世纪初上升到 2 000 万人。截至 2023 年 6 月 1 日，新冠疫情已经引起了全球超过 7.67 亿人的感染和近 700 万人的死亡，给全世界人民生产生活造成了巨大影响。习近平总书记指出，防范化解重大疫情和突发公共卫生风险，事关国家安全和发展，事关社会政治大局稳定。要坚持整体谋划、系统重塑、全面提升，改革疾病预防控制体系，提升疫情监测预警和应急响应能力，健全重大疫情救治体系，完善公共卫生应急法律法规，深入开展爱国卫生运动，着力从体制机制层面理顺关系、强化责任[1]。

6.1 公共卫生事件应急管理概述

6.1.1 突发公共卫生事件概述

1. 突发公共卫生事件概念

根据《突发公共卫生事件应急条例》，公共卫生事件是指突然发生，造成或者可能造成社会公众健康严重损害的重大传染病疫情、群体性不明原因疾病、重大食物和职业中毒以及其他严重影响公众健康的事件[2]。根据该条例，突发公共卫生事件主要包括五类：传染病疫情、群体性不明原因疾病、重大食物和职业中毒以及其他严重影响公众健康的事件，其中比较多发的是传染病、食物中毒，而影响最大的是突发传染病。

---

[1] 人民网. 习近平在参加湖北代表团审议时强调：整体谋划系统重塑全面提升 织牢织密公共卫生防护网[EB/OL]. http://jhsjk.people.cn/article/31721659，2020-05-25.

[2] 中华人民共和国中央人民政府. 突发公共卫生事件应急条例[EB/OL]. https://www.gov.cn/zhengce/content/2008-03-28/content_6399.htm，2008-03-28.

针对传染病，《中华人民共和国传染病防治法》[1]明确提出传染病分为甲类、乙类和丙类。

甲类传染病是指鼠疫、霍乱。

乙类传染病是指传染性非典型肺炎、艾滋病、病毒性肝炎、脊髓灰质炎、人感染高致病性禽流感、麻疹、流行性出血热、狂犬病、流行性乙型脑炎、登革热、炭疽、细菌性和阿米巴性痢疾、肺结核、伤寒和副伤寒、流行性脑脊髓膜炎、百日咳、白喉、新生儿破伤风、猩红热、布鲁氏菌病、淋病、梅毒、钩端螺旋体病、血吸虫病、疟疾。

丙类传染病是指流行性感冒、流行性腮腺炎、风疹、急性出血性结膜炎、麻风病、流行性和地方性斑疹伤寒、黑热病、包虫病、丝虫病，除霍乱、细菌性和阿米巴性痢疾、伤寒和副伤寒以外的感染性腹泻病。

国务院卫生行政部门根据传染病暴发、流行情况和危害程度，可以决定增加、减少或者调整乙类、丙类传染病病种并予以公布。

重大传染病的概念不仅指甲类传染病疫情，还包括乙类与丙类传染病暴发或多例病亡、罕见的或已消灭的传染病、临床及病原学特点与原有疾病特征明显异常的疾病等。

2. 突发公共卫生事件分类

从突发公共卫生事件发生的原因来分，通常可以分为以下几类。

（1）生物病原体所致疾病。主要是指传染病（包括人畜共患传染病）、寄生虫病、地方病区域性流行、暴发流行或出现死亡；预防接种或预防服药后出现群体性异常反应；群体性医院感染等。传染病是指"由病原体引起的，能在人群间、动物间或人与动物间互相传播的疾病"[2]。传染病肆虐人类历史数千年，曾造成世界性巨大灾难，尽管随着科技进步发明了抗生素及疫苗等药物和生物制剂，使传染病有所控制，但是目前传染病的发病率仍居全世界每年总发病率的第一位，其原因包括：①一些被控制的传染病，如结核、疟疾等又死灰复燃，卷土重来；②一系列新传染病相继发现，如艾滋病、埃博拉、新型冠状病毒感染等，对人类构成严重威胁；③第一次世界大战、第二次世界大战期间和战后某些帝国主义国家人为研制烈性传染病并用于军事战争，即生物战（或细菌战），给人类带来风险和威胁[3]。

随着交通运输和通信技术的进步，现代社会呈现出"时空压缩"的重要特征，这改变了病原体、宿主与环境相互作用的方式，因此，传染病疫情暴发、传播及防控的方式都要随之发生变化。传染病疫情暴发的原因和条件高度复杂化和不确定化，以至于现代医学面对新旧传染病疫情的频频暴发仍然缺乏足够的解释和预测能力。世界卫生组织认为未来传染病的病原体、宿主及环境都难以确定，唯一能够确定的只是将来一定会暴发新的传染病疫情，而且新暴发的传染病疫情很可能以更快的速度在全球更广阔的空间蔓延，对世界各国和各地区民众的健康、生命安全与经济社会发展造成更大的破坏。

---

[1] 中国人大网. 中华人民共和国传染病防治法[EB/OL]. http://www.npc.gov.cn/zgrdw/npc/zfjc/zfjcelys/2018-06/15/content_2056044.htm, 2018-06-15.

[2] 武广华，臧益秀，刘运祥，等. 中国卫生管理辞典[M]. 北京：中国科学技术出版社，2001.

[3] 万明国，王成昌. 突发公共卫生事件应急管理[M]. 北京：中国经济出版社，2009.

（2）食物中毒。食物中毒是指人摄入含有生物性、化学性有毒有害物质后或把有毒有害物质当作食物摄入后所出现的非传染性的急性或亚急性疾病，属于食源性疾病的范畴。据世界卫生组织2019年发布的数据：含有有害细菌、病毒、寄生虫或化学物质的食品导致200多种疾病——从腹泻到癌症。据估计，全球有6亿人（几乎每10个人中就有1人）在食用受污染的食物后生病，每年有42万人由于食物中毒而死亡。5岁以下儿童是最主要的食源性疾病受害群体，约占食物中毒人数的40%，每年有125 000人死亡[1]。

（3）有毒有害因素污染造成的群体中毒。这类公共卫生事件多由于污染所致，如水体污染、大气污染、放射污染等，波及范围极广。世界卫生组织2021年的数据估计，2019年由于接触有害化学品而损失了200万条生命。2016年数据估计接触有害化学品而损失了160万条生命，而2012年的数据估计是130万条生命。由此可见，有毒有害因素造成的死亡正在增加。2019年可归因于化学品暴露的死亡中，近一半是由于铅暴露和由此产生的心血管疾病。除此之外，职业性接触颗粒物引起的慢性阻塞性肺病和职业性接触致癌物引起的癌症也是化学品暴露引起死亡的重要原因[2]。

（4）群体不明原因疾病。这类事件由不明原因所致，通常危害较严重。该类事件的原因不明，缺乏相应的防护和治疗知识。同时，日常也没有针对该类事件特定的监测预警系统，使得该类事件无法及时预警，常常会造成严重后果。由于原因不明，在控制上也有很大难度。

6.1.2 突发公共卫生事件应急管理

以习近平新时代中国特色社会主义思想为指导，全面贯彻党的二十大精神，立足新发展阶段，完整、准确、全面贯彻新发展理念，加快构建新发展格局，坚持以人民为中心的发展思想，牢固树立总体国家安全观，整体谋划疾控事业发展、系统重塑疾控体系、全面提升疾控能力，更好发挥疾控事业在国家整体战略中的重要作用。

1. 我国公共卫生系统的发展

公共卫生系统是应对突发公共卫生事件的主要力量，实现公共卫生系统在"平时"与"战时"之间的高效切换，可以确保地区始终平稳、有序地运行。公共卫生与普通意义上的医疗服务是有一定区别的，公共卫生是针对社区或者社会的医疗措施，它有别于在医院进行的针对个人的医疗措施。公共卫生系统所提供的公共卫生服务包括疫苗接种、健康宣教、卫生监督、疾病预防和疾病控制等。公共卫生系统包括以下机构。

卫生保健提供者。例如，医院、社区健康服务中心、精神卫生组织、实验（检验）中心、护理院，主要提供预防、诊断、康复和护理服务。

---

[1] World Health Organization. Food safety is everyone's business[EB/OL]. https://www.who.int/news/item/06-06-2019-food-safety-is-everyones-business，2019-06-06.

[2] World Health Organization. The public health impact of chemicals: knowns and unknowns[EB/OL]. https://www.who.int/publications/i/item/WHO-FWC-PHE-EPE-16-01，2021-05-23.

公共安全组织。例如，警察局、消防队、医疗急救中心，预防处理紧急伤害和公共卫生事件。

环境保护、劳动保护和食品安全机构。作为执法部门，监督和保障安全的生存环境、保障人群健康。

文化、教育、体育机构。为社区提供促进健康的精神环境和物质环境。

民政、慈善组织。为弱势人群包括失能人士、低收入人士和独居及高龄人士提供政策与物质支持。

我国公共卫生系统的建设开始于民国时期。1924年，兰安生在北京协和医学院创建了中国最早的公共卫生学系。次年，北平第一卫生事务所成立，1929年陈志潜等在河北定县建立了村、区（乡）、县三级医疗保健体系[①]。中华人民共和国成立初期，卫生设施基础非常薄弱，如何在捉襟见肘的基础性物质条件下尽可能实现较好的公共卫生治理效果是当时的燃眉之急。在此期间，公共卫生治理的主要目标在于革除落后的生活方式，以个人的"清洁卫生"来推动全社会的"清洁卫生"。通过广泛动员群众参与爱国卫生运动，国民卫生健康素质得到了大幅度的提高。在卫生治理制度方面，我国在城市地区仿照苏联设置了初步的医保制度，在农村地区逐步建立了农村合作医疗制度和"赤脚医生"制度[②]。1998年上海市疾病预防控制中心、上海市卫生监督所挂牌，标志着我国疾病预防控制体系向纵深改革。2001年卫生部办公厅下发了《关于疾病预防控制体制改革的指导意见》，明确了各级疾病预防控制机构的职能与任务，开始推进建立国家、省、市（地）、县四级疾病预防控制中心为主体的疾病预防控制体系。2002年卫生部组建中国疾病预防控制中心和卫生监督中心，四级疾病预防控制体系正式形成。

SARS暴发之后，公共卫生体系改革进入新阶段，2012年出台了《"十二五"期间深化医药卫生体制改革规划暨实施方案》，首次提出了"提高基本公共卫生服务均等化水平"，要求免费为城乡居民提供健康档案、健康教育、预防接种、传染病防治、儿童保健、孕产妇保健、老年人保健、高血压等慢性病管理、重性精神疾病管理、卫生监督协管等国家基本公共卫生服务项目[③]。同年，《卫生部　财政部　人口计生委关于促进基本公共卫生服务逐步均等化的意见》阐明了基本公共卫生服务项目的目标是"对城乡居民健康问题实施干预措施，减少主要健康危险因素，有效预防和控制主要传染病及慢性病，提高公共卫生服务和突发公共卫生事件应急处置能力，使城乡居民逐步享有均等化的基本公共卫生服务"[④]。为建设优质高效公共卫生服务体系，政府对新时期疾病控制机构的功能重新定位，并依据其功能完善相应的保障机制和评价机制[⑤]。

---

① 王勇. 兰安生与中国近代公共卫生[J]. 南京医科大学学报（社会科学版），2013，13（1）：13-17.
② 黎桦，万聪. 危机回应：改革开放42年中国公共卫生的法律治理逻辑[J]. 湖北经济学院学报，2020，18（2）：18-28，126.
③ 中华人民共和国中央人民政府. "十二五"期间深化医药卫生体制改革规划暨实施方案[EB/OL]. https://www.gov.cn/gongbao/content/2012/content_2106854.htm，2012-03-14.
④ 中华人民共和国中央人民政府.卫生部　财政部　人口计生委关于促进基本公共卫生服务逐步均等化的意见[EB/OL]. https://www.gov.cn/gongbao/content/2010/content_1555969.htm，2009-07-09.
⑤ 尤其莉，陈新月，杨凌鹤，等. 国家基本公共卫生服务项目实施十年：挑战与建议[J]. 中国全科医学，2022，（26）：3221-3231.

2. 突发公共卫生事件应急处理的基本原则

在突发公共卫生事件发生时，事发地的县级、市（地）级、省级人民政府及其有关部门按照分级响应的原则，做出相应级别应急反应。同时，要遵循突发公共卫生事件发生发展的客观规律，结合实际情况和预防控制工作的需要，及时调整预警和反应级别，以有效控制事件，减少危害和影响[①]。具体来说，主要有以下几个原则。

1）预防为主

突发公共卫生事件不可避免地经常发生，具有常态性，应急管理的关键在于预防，要树立危机意识。早发现、早处置往往可以将突发公共卫生事件扼杀于萌芽状态。尤其是传染病，一旦疫情传播开来，控制疫情所要花费的成本将成倍增加，关口前提，在传染病尚未广泛传播之际将其控制住，可以将损失降低到最小限度，不仅减少了控制疫情所需花费的经济成本，最主要的是保护了广大人民的身体健康和生命安全。

2）公平性原则

公平性原则是指每个公民在需要的时候，都能够获得相应的卫生保健服务。公共卫生属于公共物品，具有外部效应性，公平性原则就显得更加重要。公平性原则，主要体现为卫生服务的可及性和可支付性。例如，疫情大流行中，弱势群体不仅包括身体欠佳且有并发症的老年人，无家可归或无固定居所的人，还包括社会各阶层的人，他们可能在经济、精神或身体上难以应对这种危机。对于居住在人口稠密社区、卫生状况差、很难获得清洁水源的人们来说，保持社交距离和频繁洗手都不容易。

3）效率性原则

效率性原则是指在资源有限的条件下，通过资源的合理配置和有效利用尽可能提高资源的使用效率，更好地满足公民对卫生保健服务的需要。突发公共卫生事件发生后，往往会造成秩序混乱、协调困难，这要求政府应急管理必须讲究效率性原则，组织精干高效的救援队伍实现有效救助。增加"互联网+应急管理"的形式，利用先进的网络技术，实现数据收集的智能化，提高应急决策速度和精度，提高从上到下应急管理的质量和效率。

4）时间性原则

突发公共卫生事件通常都具有突发性和危害性的特征，危机过程发展变化迅速。因此事件一旦发生，时间因素最为关键，应急部门必须立即到事发现场采取一系列紧急处置手段，及时控制事态发展，速度越快越好。突发事件初始阶段的应急措施，如果能够做到及时、准确，就可以维持群众心理、社会秩序，为整个突发事件处理工作的顺利完成奠定良好的基础。

5）以人为本原则

突发公共卫生事件给人们带来生命、财产等各方面的危害，在突发事件的应对中，我们必须注重以人为本原则。必须以确保受害和受灾人员的安全为基本前提，最大限度地保护、挽救最大多数人的生命安全。同时，还应该最大限度地保护参与处置突发事件

---

① 万明国，王成昌. 突发公共卫生事件应急管理[M]. 北京：中国经济出版社，2009.

的应急人员的生命安全。

6）协同性原则

突发公共卫生事件给社会带来的影响较大，通常会涉及多个领域、多个区域，在应对时需要多个部门和多方面人员进行合作，除卫生领域的机构外，还包括交通、通信、警察、消防、信息、食品、公共设施、物资支持和军队等部门。因此，在突发公共卫生事件应对过程中，从属于不同部门的人员协同配合尤为重要。

7）科学性原则

突发公共卫生事件，尤其是传染病，具有很高的专业性，应急管理决策要基于传染病的传播途径、传播规律、救治方法等。因此，应急管理过程中要成立卫生领域的专家组，听取专家意见，通过科学研究、临床实践等方法，提高决策的科学性、技术性，切忌盲目性，需由专业人员指导专业工作。

8）分级管理原则

按照政府行政管理等级，可将突发公共卫生事件划分为中央政府应急管理和各级地方政府应急管理。一般而言，突发公共卫生事件总是在地方发生，从局部开始蔓延，所以按照时间的先后顺序，先由地方政府应急管理，后由中央政府应急管理；先由层次比较低的地方政府应急管理，后由层次比较高的地方政府应急管理[①]。

6.2 公共卫生事件应急管理流程

根据突发事件的生命周期理论，公共卫生事件应急管理可以分为事前准备即常态管理阶段、事中应急处置阶段和事后恢复阶段，如表 6.1 所示。综合考查应急决策和应急行动过程，包含了从体系建设、监测预警到应对异常情况及恢复正常状况全过程的一系列行动方案与程序，其中比较重要的过程包括：①监测与预警；②事件报告；③评价紧急情况和根据预先规范进行定级；④向应急人员和受影响人群通报情况，并与应急管理组织联络，交流情报和准确的信息；⑤启动应急响应行动，即现场应急医疗救援行动，如清洁净化、伤员分类、紧急救治及运送、疏散、控制等；⑥恢复与善后。

表 6.1 公共卫生事件应急管理的工作内容

阶段	工作内容
突发公共卫生事件事前 （常态管理阶段）	（1）应急组织体系建设 （2）应急管理机制设计 （3）应急管理法治建设 （4）风险识别与评估 （5）监测与预警 （6）应急预案的制定与修改 （7）教育与培训 （8）应急管理保障准备等

---

① 万明国，王成昌. 突发公共卫生事件应急管理[M]. 北京：中国经济出版社，2009.

续表

阶段	工作内容
突发公共卫生事件事中 （应急处置阶段）	（9）应急控制 （10）流行病学调查 （11）部门协调 （12）舆情导向 （13）基层应急管理等
突发公共卫生事件事后 （恢复阶段）	（14）社会心理疏导 （15）评估与总结等

6.2.1 公共卫生事件应急管理的事前准备阶段

1. 监测与预警

预警是指危险出现之前的预先告警。通过对事态发展的定量和定性的判断，为及时恰当的反应进行提示或警示，其目的是有效预防和避免突发事件的发生和扩散。突发公共卫生事件暴发初期的预警是一个重大国际难题。新冠疫情暴发期间，许多国家由于对疫情的忽视及预警机制的不完善，未能及时准确进行预警，付出了惨重的代价。

1）公共卫生事件预警主体

《突发公共卫生事件应急条例》第二十五条规定，国务院卫生行政主管部门负责向社会发布突发事件的信息。必要时，可以授权省、自治区、直辖市人民政府卫生行政主管部门向社会发布本行政区域内突发事件的信息。根据《中华人民共和国突发事件应对法》第四十三条的规定，预警发布的主体是县级以上地方各级人民政府。由此可见，目前我国公共卫生事件预警发布的主体以政府部门为主，且级别较高。关于突发事件的三个主要法律法规对预警主体的规定有所差异，这可能造成实践中因预警发布主体不明而产生发布责任的推诿。同时，有权发布预警的主体行政级别规定高，需要通过层层上报疫情信息才能到达，导致疫情信息获取不及时，延迟预警发布时间。行业协会等非政府组织能够在预警中发挥重要的作用，却缺乏相关法律对其发布预警权力、程序等进行规范，导致非政府组织的预警与政府的脱节[①]。

2）预警启动机制

预警启动机制分为两种。

单病例预警：针对某些重点关注传染病，一旦报告1例，即实时预警。单病例预警的病种共11种，包括鼠疫、霍乱、SARS、脊髓灰质炎、人感染高致病性禽流感、肺炭疽、白喉、丝虫病、不明原因肺炎、手足口病重症和死亡病例、麻疹。

时间聚集性探测，采用移动百分位数法建立时间预警模型，当探测到病例存在时间聚集性时，系统将定期自动发出预警信号。移动百分位数法预警的病种较多，包括甲型肝炎、流行性出血热、流行性乙型脑炎、登革热、痢疾、伤寒和副伤寒、流行性脑脊髓膜炎、猩红热、钩端螺旋体病、疟疾等。

---

① 李紫琦，徐亚文. 突发公共卫生事件预警机制的比较与启示[J]. 洛阳师范学院学报，2021，（10）：61-65.

3）监测预警系统

监测预警系统主要包括两个模块，一个模块是信息收集，另一个模块是信息处理及上报。以下我们以上海市突发公共卫生苗子事件监测系统为例进行介绍。

如图 6.1 所示，信息来源包括：传染病信息报告管理系统及自动预警信息系统、医疗卫生机构报告、学校及托幼机构缺勤缺课监测系统、联防联控机制信息通报、市民咨询与投诉电话和其他途径。传染病信息报告管理系统及自动预警信息系统是各级医疗机构将发现的我国法定传染病患者或疑似者通过该网络进行报告的系统。

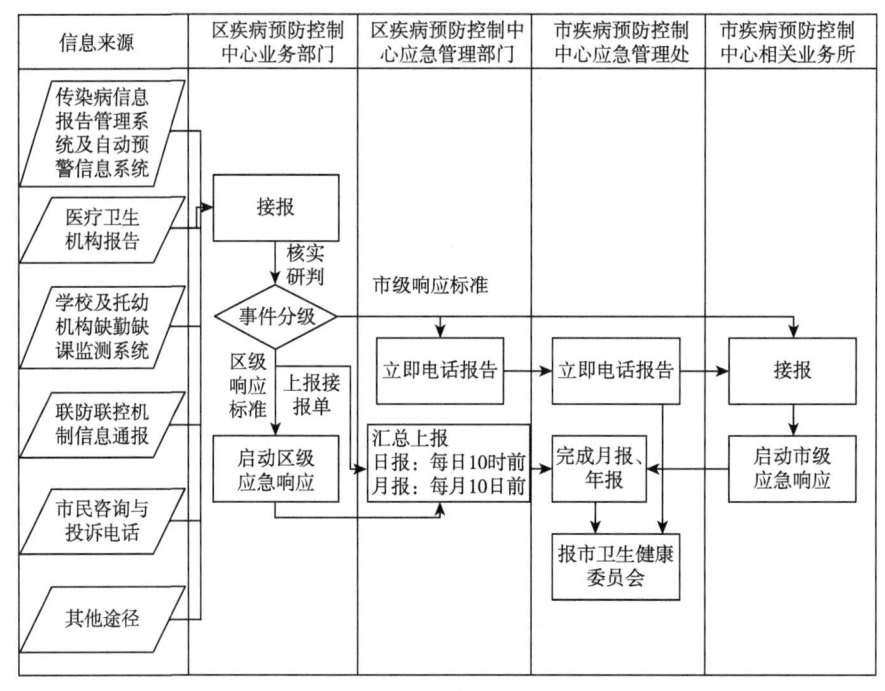

图 6.1 上海市突发公共卫生苗子事件监测系统业务流程

资料来源：《上海市突发公共卫生苗子事件监测系统的构建与思考》[1]

监测业务的主体是市、区两级应急管理部门。区疾病预防控制中心（简称疾控中心）业务部门接到符合突发公共卫生苗子事件定义的事件后，将相关信息报送给区疾控中心应急管理部门，再由区疾控中心应急管理部门提交给市疾控中心应急管理处汇总，市疾控中心应急管理处在接到区疾控中心的报告后，第一时间与市疾控中心相关业务所进行横向信息沟通。区疾控中心应急管理部门充分发挥应急信息汇聚和管理功能，对数据进行初步分析整理，市疾控中心应急管理处确保相关业务条线能及时跟踪、指导和派员开展应急处置工作。

2. 突发公共卫生事件的报告

国务院卫生行政部门制定突发公共卫生事件应急报告规范，建立重大、紧急疫情报告系统。

---

[1] 何懿，陆殷昊，何永超，等. 上海市突发公共卫生苗子事件监测系统的构建与思考[J]. 中国卫生资源，2020，（2）：94-98.

1）突发公共卫生事件报告的内容及范围

（1）重大传染病疫情报告范围。每年各省出现的鼠疫、霍乱和肺炭疽首发病例；连续出现2例以上的鼠疫和肺炭疽疫情；霍乱的暴发疫情。乙类、丙类传染病暴发或多例死亡，或在以往非流行地区发生法定传染病疫情。罕见传染病；新出现的传染病；上级卫生行政部门规定的重大疫情。

（2）其他突发公共卫生事件报告范围。食源性、水源性疾病暴发；职业中毒和农药、鼠药或其他有毒化学品引起危害严重的急性中毒事件；群体性不明原因疾病；重大的医院内感染；群体性的或出现死亡病例的免疫接种事故；造成危害健康的水污染、放射性物质泄漏等事件；自然灾害引发的疫情和中毒事件；各种类型的影响人群健康的突发公共卫生事件；上级卫生行政部门规定的其他重大公共卫生事件。

2）报告主要项目

事件发生地点、时间、主要病征、发病人数、死亡人数、年龄、性别和职业、可能原因、采取措施、现状和趋势等，按系统的要求执行。

3）报告的时限和程序

突发公共卫生事件监测报告机构、医疗卫生机构和有关单位发现突发公共卫生事件的，应当在2小时内向所在地县级人民政府卫生行政主管部门报告。接到报告的卫生部门应当在2小时内向本级人民政府报告，并同时向上一级人民政府卫生行政主管部门和国务院卫生行政主管部门报告。

省（自治区、直辖市）人民政府在接到报告的1小时内，向国务院卫生行政部门报告。

卫生行政部门对可能造成重大社会影响的突发公共卫生事件，应当立即向国务院报告。

国家建立突发公共卫生事件的举报制度。任何单位和个人有权通过国家公布的统一的突发公共卫生事件报告、举报电话向各级人民政府及其有关部门报告突发公共卫生事件隐患，有权向上级部门报告地方人民政府及其有关部门不履行突发公共卫生事件应急处理职责，或者不按照规定履行职责的情况。

4）突发公共卫生事件通报

《突发公共卫生事件应急条例》第二十三条规定：

国务院卫生行政主管部门应当根据发生突发事件的情况，及时向国务院有关部门和各省、自治区、直辖市人民政府卫生行政主管部门以及军队有关部门通报。

突发事件发生地的省、自治区、直辖市人民政府卫生行政主管部门，应当及时向毗邻省、自治区、直辖市人民政府卫生行政主管部门通报。

接到通报的省、自治区、直辖市人民政府卫生行政主管部门，必要时应当及时通知本行政区域内的医疗卫生机构。

县级以上地方人民政府有关部门，已经发生或者发现可能引起突发事件的情形时，应当及时向同级人民政府卫生行政主管部门通报。

3. 突发公共卫生事件应急预案

应急响应的决策一般会参考应急预案，应急预案为应对突发事件设定了行动的程序和框架。一旦公共卫生事件发生，根据应急预案，相应级别的响应行动就应该迅速启动。因此，预案在应急响应中有非常重要的作用。2003年SARS疫情之后，我国建立了不同层级的总体预案、专项预案和部门预案，逐渐形成了"横向到边、纵向到底"的应急预案体系。以下我们以批量伤员医院救治应急预案为典型案例进行分析。

对医疗机构而言，突发公共卫生事件要求医疗机构具备在短时间内接受大批患者的能力。因此，根据医疗机构本身的医疗任务和技术特色制定相应的应急预案，就成为医疗机构实施快速反应的前提。此类应急预案目的明确，注重可操作性，预案要尽量简洁，切实可行，应由具体执行者主导，具体要求包括以下方面：①正确预测事件的致伤机制、危险性和救援需求。应急救援的起点是灾情和伤情判断，如果接到突发事件报告时无事件细节，则首辆救护车到达现场后需进一步了解情况，并向医疗机构报告详细的灾情，包括是否需要消防力量及更多的现场救援资源，通知相关学科人员到位，使医院做好影像检查、手术和救治床位等准备工作。②批量伤员救治应急预案作为政府或各级应急系统的组成部分，应充分考虑系统内的协作沟通。进行伤员分拣，明确需要紧急处置和转运到有条件救治伤员的医院。③重视医院内资源的调度、指挥和协同。基于掌握的情况，应快速完成医院救治资源的调度。批量伤员救治通常涉及急诊科、创伤外科或各外科专科、重症医学科、麻醉科、手术室、影像科、输血科和检验科等，还包括设备、药材等后勤部门及指挥机关。④应急救援团队进行应急预案相关理论和实践培训，定期演练以检验计划的可行性，增加队员间的相互信任，并定期进行修订[①]。

6.2.2 公共卫生事件应急管理的事中应急处置阶段

1. 灾难医学救援

灾难医学救援以医学手段为主，挽救生命、减少伤残，以最大限度地减轻自然灾难或人为灾难对人类生命造成的危害为目标。灾难医学救援组织结构是由医疗卫生救援领导小组、现场医疗卫生救援指挥部、医疗卫生救援机构及专家组共同形成的组织机构。医疗卫生救援领导小组是指国家、各地、军队各级卫生行政部门组建的突发公共卫生事件医疗卫生救援领导小组，其主要职能是组织并协调、领导和部署各级机构。现场医疗卫生救援指挥部：统筹规划现场救援工作、协调各级各类医疗卫生救援机构合力实施救援。医疗卫生救援机构承担医疗卫生应急救援任务，包括现场实地医疗卫生救援及伤员转移、卫生监督和疾病预防控制等工作。专家组负责咨询建议、技术指导和支持。

灾难医学救援的响应链包括事件识别、安全保卫、风险评估、搜索救援、检伤分类、护送医疗[②]。在进行了事件识别、安全保卫及风险评估的基础上，方可进入现场搜索救援，在安全区域内实施检伤分类处置；在资源和伤情许可情况下，应尽早将患者护送到后方医院进一步救治。

---

① 张连阳，马明炎. 重视批量伤员医院救治应急预案[J]. 中华损伤与修复杂志（电子版），2016，(3)：165-168.
② 曾红. 新形势下灾难医学应急救援能力的建设[J]. 中国临床医生杂志，2021，(5)：505-508，502.

1）检伤分类

灾难医学救援的对象是突发事件中的批量伤病员，不同于医院日常面向个别伤病员的急救工作；医疗物资、救治器械等是由救援队伍携带至事发地域，通常面临资源不足的情况。如何公平、公正、合理地分配有限资源是灾难医学救援中的艰难决策，检伤分类是一种相对公平的资源分配方法，目前常用的伤员分类方法有快速检伤分类法（simple triage and rapid treatment，START）、简易创伤分类法（pediatric triage tape，PTT）、创伤记分法、创伤指数法、创伤严重程度评分法等[①]。

快速检伤分类法适用于大规模伤亡事件现场短时间内大批伤员的初步检伤，由最先到达的急救人员对伤病员进行快速的辨别及分类，分成立即处理、延迟处理、轻微伤和死亡四类伤情，具体流程如图 6.2 所示。

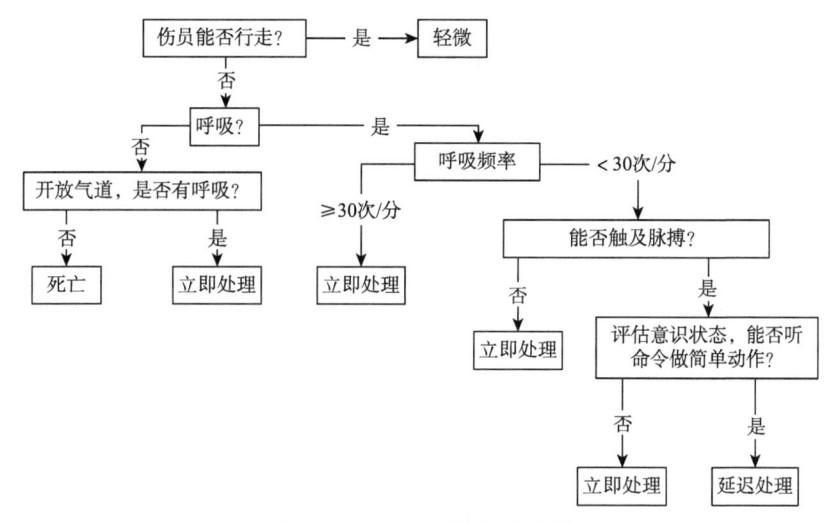

图 6.2　START 检伤分类流程

资料来源：杨喆，尚磊，谭志军，等. 大规模伤员检伤分类方法研究进展[J]. 中国急救复苏与灾害医学杂志，2021，(10)：1190-1193

美国国家灾难生命支持基金会（National Disaster Life Support Foundation，NDLSF）提出一种检伤分类（sort，assess，lifesaving，interventions，treatment and transportation，SALT），对伤情的分类增加了姑息治疗者这一类（表 6.2），意义在于使灾难现场有限资源利用效能最大化。

表 6.2　SALT 检伤分类

分类	颜色	说明
急需抢救者	红色	通过紧急抢救伤员可以存活
可延迟救治者	黄色	伤员需要治疗，但短时间内不会危及生命
轻伤者	绿色	受伤轻微或生病，不用治疗或仅需简单处置
姑息治疗者	灰色	虽存活但现有医疗资源无法救治或存活概率低
死亡者	黑色	没有自主呼吸，已死亡

---

① 杨喆，尚磊，谭志军，等. 大规模伤员检伤分类方法研究进展[J]. 中国急救复苏与灾害医学杂志，2021，(10)：1190-1193.

SALT 检伤分类方法通过简单的指令进行整体评估，分出行动和不能行动的伤者，再通过意识、呼吸、脉搏和出血进行个体检伤，判断出需要采取必要的救命措施的伤员，其流程如图 6.3 所示。

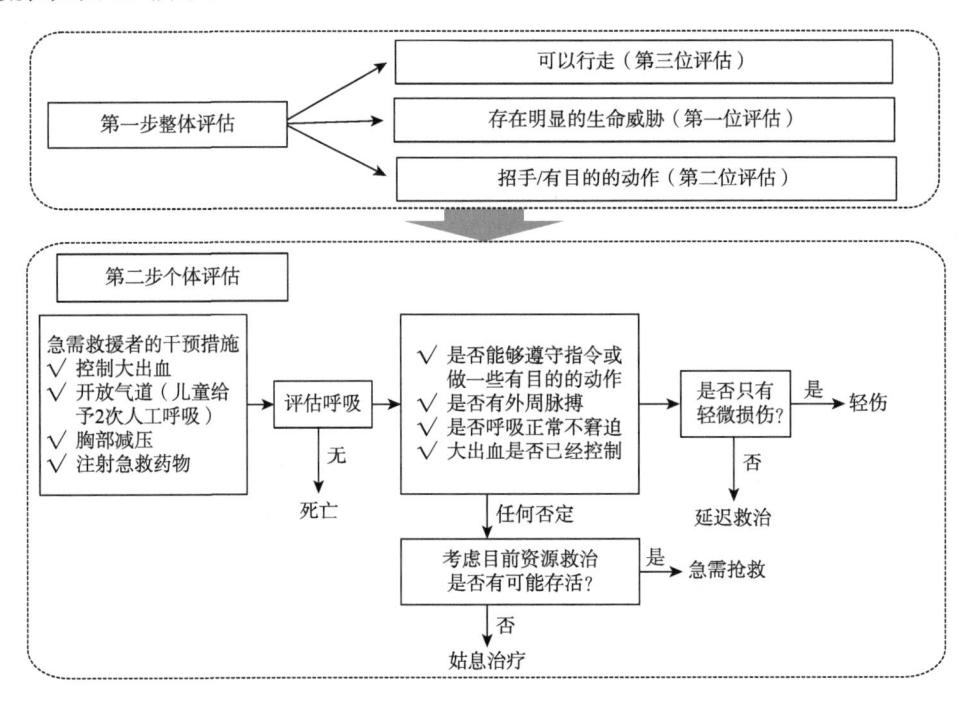

图 6.3 SALT 检伤分类流程

2）护送医疗

护送医疗也有其流程，具体为：①确认。根据转运资源和伤情，哪些伤员需要转运？采用何种方式？②评估。包括对确定转运的伤员实施伤情评估，以及转运过程的风险评估，包括对交通、通信、医疗物资与设备、气候等风险进行充分评估。③支持。根据上述评估结果，做好相应的转运物资、人力、空间、交通、通信等支持系统的准备。④转运。做好以上确认、评估与支持后，实施转运。

2. 流行病学调查

对突发公共卫生事件或流行病进行流行病学调查，摸清其发生时间、地点分布、发病特点、传染规律和影响因素，才能采取有针对性的预防和控制措施，流行病学调查是公共卫生事件应急管理的重要一环。

1）流行病学调查内容

查看所有能找到的病患者，并逐个进行个案调查，根据流行病学史和病史、症状、体征和检验结果，找出共同特征；对尚未隔离的病人进行隔离治疗，对疑似病例严密观察，查找可能引起疾病暴发的因素；在暴发或事发区周围进行紧急社会调查，查看水源、食物、蚊、蝇、鼠密度等情况，结合前面的调查结果，初步判断可能的因素或环节。现场调查专家和人员应该对可能存在的公共卫生事件危害迅速做出决定。参与人员应该包括疾病预防控制中心的专家、医院领导、流行病学家，以及病原生物学、媒介昆虫学、环境毒理学等方面的专家。

2）紧急防控措施

（1）对事发原因较为明确者，报请指挥系统后立即采取针对性强制措施，如切断被污染的水源，禁售、禁食被污染的食物，强制大面积灭蚊、蝇、鼠等，对病人可能污染的物品和环境进行消毒。

（2）对密切接触者进行医学观察，发现续发病例及时隔离诊治；怀疑为传染病时，应对尚未隔离的病人进行隔离治疗；对疑似病例和密切接触者严密观察。

（3）对易感人群进行预防服药、接种，开展针对性的健康教育和干预。特大或影响范围广的疫情或污染中毒事故应视情况及时向政府提出疫区封锁、人员疏散方案，经批准后组织实施。及时向专家组和指挥系统汇报处理结果，并根据指示做好下一步的处理。

3. 城市医疗急救指挥中心

在中心城区或县城建立医疗急救指挥中心，提供快速、科学、合理的医疗急救绿色通道，可将"120"报警统一接入。中心应配置公共卫生应急处理车，可用于突发公共卫生事件的现场处理。其主要职责如下。

（1）指挥协调重大意外伤害、突发事件的伤病员救护工作，负责整个地区院前急救的指挥和急救车辆调度。

（2）院前急救医疗的指挥和调度工作，按照病人意愿、就近就急、专业对应的原则转送病人。以缩小急救辐射半径，提高急救反应能力为目标，以方便、快捷、安全、有效、系统地救护伤病员为目的，合理利用现有卫生资源，更好地服务伤病员。

（3）确保急救通信畅通，"120"要与"110""122""119"及医疗急救中心的报警服务台之间实行信息互通和反馈，切实提高信息传递、现场急救和急救转运等综合反应能力，充分利用现代信息技术，科学处理和存储院前急救信息。

（4）建立重大院前急救报告制度，将重大突发公共事件、重大人员伤亡等及时向上级报告。

（5）建立责任追究制度，对工作不负责任，延误急救时机或救护不力、造成严重不良后果的追究相关人员的责任。

（6）完成卫生行政部门的指令性医疗急救和医疗保障任务。

4. 城市应急医疗急救中心

城市应急医疗急救中心具体负责落实城市医疗急救指挥中心的各项指令，是行动的主体。

1）城市应急医疗急救中心的主要职能

（1）承担院前急救和突发事件应急医疗救治和业务指导工作。

（2）急救车辆在医疗急救指挥中心的统一指挥、调度下，实行院前救护负责制，确保接诊伤病员救护工作及时有效。

（3）强化急救技能培训，努力提高院前急救水平，确保院前急救医疗质量。

（4）加强与急救指挥中心的联系，完善救援"绿色通道"，共同构建社会应急救援保障体系。

（5）向群众宣传急救医学科普知识和自救互助技能。

（6）负责车辆和设备维护保养，保证车辆和设备处于良好状态，确保车辆运行安全。

（7）完成卫生行政部门的指令性医疗急救任务。

2）城市应急医疗急救中心配置标准

（1）科室设置：急救科、通信调度室、值班室。

（2）急救车辆：配备能正常运转的急救车5辆。

（3）每辆急救车单元设备配置：急救箱、听诊器、体温计、心电监护、血压计、氧气袋和氧气瓶、简易呼吸器、吸引器、开口器、穿刺针、输液器、注射器、绷带、敷料、三角巾、胶布、剪刀、镊子、夹板、担架、手电筒、颈托、气管插管设备、便携式呼吸机（每院一台）。

（4）每辆急救车单元药品配置：肾上腺素、异丙肾上腺素、洛贝林、尼可刹米、多巴胺、间羟胺、毛花苷C、呋塞米、安定、异丙嗪、阿托品、地塞米松、酚磺乙胺、巴曲酶、甘露醇、解磷定、利多卡因、卡托普利、硝苯地平、异山梨酯、救心丸及大输液等。

（5）人员配置：每辆急救车配备司机和相应资质的医生。

5. 应急响应技术支持

2020年3月16日，习近平总书记在《求是》杂志发表重要文章《为打赢疫情防控阻击战提供强大科技支撑》，指出"纵观人类发展史，人类同疾病较量最有力的武器就是科学技术，人类战胜大灾大疫离不开科学发展和技术创新"[①]。此次抗击新冠疫情的实践进一步证明了"战胜疫情离不开科技支撑，要综合多学科力量加快科研攻关，在坚持科学性、确保安全性的基础上加快研发进度，力争早日取得突破，尽快拿出切实管用的研究成果"[①]。

1）科技力量的储备

总体来看，我国科研应急能力已经取得了长足的进步。在2003年SARS期间，我们没有在第一时间发现病原体，没有在第一时间测出病原体的序列，没有在国际知名杂志 *Nature*、*Science* 上第一时间发表文章；科技在应急中没有及时开发出诊断效能好的试剂盒，没有找到几个有效的药物。新冠疫情期间，我们不到一周时间就确定了新冠病毒的全基因组序列并分离得到病毒毒株，及时向全球共享；适应疫情防控紧迫需求，分阶段推出多种检测试剂产品；采取老药新用、研发新的治疗手段、中西医结合等方式，迅速筛选了一批有效药物和治疗方案，推荐到临床一线救治；在较短时间内构建了多个动物模型，为药物、疫苗研发提供了重要支撑；采取多条技术路线并行推进疫苗研发；通过对病毒生存环境、传播途径方面的研究，为制定完善防控策略提供了科学依据。

---

① 人民网. 习近平：为打赢疫情防控阻击战提供强大科技支撑[EB/OL]. http://jhsjk.people.cn/article/31632573, 2020-03-15.

未来要进一步加强科技力量的储备，为公共卫生事件应急响应的仪器设备、药品的开发与储备提供技术支援。加强药物、医疗装备研发和临床救治相结合，切实提高治愈率、降低病亡率。只有这样才能真正做到快速反应、从容应对。根据传染病流行及其他突发事件的特点，重点加强对流行病监测、流行病学调查等能力建设，以保证应急所需。

2）医院应急救治临床技术储备

医院加强应急救治的基础建设，主要是加强急诊专业建设，急诊救治是否准确、规范、有效，决定了最终治疗的成败和病情的恢复。急诊科是应对突发公共卫生事件的重要部门，也是医疗机构服务的窗口。平战结合，加强应急救治医学基础建设，提高快速应对突发公共卫生事件的临床技术水平。因此，医疗机构需要重点加强急诊科建设，并按照功能配齐急诊技术人员、配强急诊技术装备，达到常规急救处理技术的高水平化；医务人员应熟悉相应突发公共卫生事件的特殊处理办法、转诊与咨询渠道，为进一步的后续治疗创造时机和条件。

另外，目前临床处方中开出的西药处方，90%以上的药物最初知识产权是国外的。在大型医院里90%以上的大型医疗装备（核磁、彩超、CT、pet-CT、加速器、手术机器人、微创器械等）是从国外进口的，我国采用的疾病治疗的临床路径、标准、规范、指南，绝大多数来自国外。中国工程院院士詹启敏提到"医学实践表明，任何一种重大传染性疾病的最终控制及慢性非传染性疾病的临床诊疗突破，几乎都有赖于医药科学技术的发展。医学科技创新在提高人类疾病防治水平和公共卫生突发事件的反应能力方面起着关键性作用"[①]。

3）生物安全实验室建设

世界卫生组织根据致病能力和传染的危险程度等，将传染性微生物划分为4类；根据设备和技术条件，将生物安全实验室分为4级（一般称为P1实验室、P2实验室、P3实验室、P4实验室），P1实验室级别最低，P4实验室级别最高。

P1实验室一般适用于对健康成年人无致病作用的微生物。P2实验室适用于对人和环境有中等潜在危害的微生物。P3实验室适用于主要通过呼吸途径使人感染上严重的甚至是致死疾病的致病微生物或其毒素。P4实验室适用于对人体具有高度的危险性，通过气溶胶途径传播或传播途径不明、尚无有效疫苗或治疗方法的致病微生物或其毒素。

一般情况下使用最广泛的是P2实验室，然而应对突发重大疫情，则需要P3、P4级别的生物实验室。例如，SARS病毒的检测要求三级生物安全水平（P3），埃博拉病毒（Ebola）要求四级生物安全水平（P4）。

目前我国有40余家P3生物安全实验室，分布在全国各地，分别在中国疾病预防控制中心病毒病预防控制所（8家P3实验室）、中国疾病预防控制中心传染病预防控制所（5家P3实验室）、中国疾病预防控制中心性病艾滋病预防控制中心（2家P3实验室）、中国科学院微生物研究所、复旦大学等科学研究机构。

2018年1月4日，中国科学院武汉国家生物安全四级实验室通过国家卫生和计划生

---

① 肖丹，闫佳.詹启敏：生物科技成果乃"国之重器"[J].中国科技奖励，2021，（1）：36-40.

育委员会高致病性病原微生物实验活动现场评估,成为我国首个正式投入运行的 P4 实验室,标志着我国具有开展高级别高致病性病原微生物实验活动的能力和条件。截至 2022 年底,世界上建成及在建的生物安全四级实验室有 50 余家,遍布世界五大洲,其中非洲只有两个,分别位于南非和加蓬。就国家而言,美国最多,有 15 家[1]。

科学技术的快速发展,使生物安全实验室不断面临挑战。生物恐怖威胁和新传染病的不断出现,迫使生物安全实验室增强对这些问题的快速反应能力,不断提高诊断和鉴别病原体的能力。近年来,我国的生物安全实验室建设不断进步,还需要重视设备装置配备标准,强化实验室建设管理,严格按照配备标准科学配置各级公共卫生机构检测技术装备,以国际标准科学论证、审批、组建各级实验室,严格管理,加强实验室病原微生物控制。充分利用现有仪器设备等实验室资源,避免盲目建设和片面追求高精尖仪器设备。同时,生物安全实验室系统的建立需要人员配备,以保证实验室正常运转,完成所承担的公共卫生服务、科学研究和发展任务,尤其需要优秀的医学微生物学、传染病学、流行病学方面的实验室专家来指导开展科研。我国的生物安全实验室不是缺少人员,而是高层次人才太少,难以在尖端科学研究中发挥重大作用。

6.3 公共卫生事件应急管理案例——英国牛海绵状脑病危机

20 世纪 90 年代中后期在英国暴发的牛海绵状脑病(Bovine Spongiform Encephalopathy,BSE)危机被视为在管理和向公众传达健康风险方面失败的典型案例。政治学、社会学、管理学、科学和技术等学科研究了这一事件,寻找危机的原因,帮助我们理解危机管理为何失败。这些学术工作及英国政府的官方调查、听证会和报告都意图从这次事件中吸取教训,希望这样的危机不会重演。

6.3.1 英国牛海绵状脑病事件过程

1. 背景

1986 年 11 月,英国中央兽医实验室(Central Veterinary Laboratory,CVL)记录了英国第一例牛海绵状脑病病例,当时该实验室隶属于农业、渔业和食品部(Ministry of Agriculture Fisheries and Food,MAFF)。在 1986 年之前,绵羊也曾患过类似的疾病——羊瘙痒病。牛海绵状脑病和羊瘙痒病是被称为传染性海绵状脑病(Transmissible Spongiform Encephalopathies,TSE)的许多致命脑部疾病中的两种。普遍的理论是包括牛海绵状脑病在内的大多数传染性海绵状脑病共享一种称为朊病毒的特定传染性蛋白质,其来源和功能仍不完全清楚。英国的牛海绵状脑病可能是通过含有感染羊瘙痒病副产品的饲料使其进入牛群传播,也可能是一头患病的牛或其他动物因基因突变而导致牛体内的朊病毒

---

[1] 陈逗逗. 世界上有代表性的 P4 实验室[J]. 百科知识,2018,(20):32-33.

产生了一个新变异,另外,有机磷农药的使用也可能增加牛对该疾病的易感性[①]。

传染性海绵状脑病不限于牛和羊。经典克雅氏病(Classic Creutzfelde-Jakob Disease, CJD)是人类最常见的传染性海绵状脑病。人食用含有朊病毒的牛脑、脊髓或被朊病毒污染的牛肉产品,可引发变异克雅氏症(vCJD),此病至今无有效治疗手段。还有三种罕见的遗传性疾病,即家族性克雅氏病、格斯特曼·施特劳斯勒-舍因克综合征和致死性家族性失眠[②]。只有一种形式的克雅氏病被认为与牛海绵状脑病有关,即新型变异性克雅氏病(vCJD 或 nvCJD)。虽然这两种朊病毒疾病之间的关系尚不完全清楚,但人们相信英国牛海绵状脑病是在 20 世纪 90 年代通过食用受污染的牛肉和牛产品而"跳物种"传播给人类,最终导致了 1996 年的公共卫生危机。截至 2007 年 6 月,英国和其他国家共有 165 人死于新型变异性克雅氏病。尽管这场危机是悲剧性的,但如果没有消灭 179 000 头感染牛海绵状脑病的牛,英国的死亡人数可能会多得多;随后,作为预防措施,又有 440 万头牛被屠宰[③]。

2. 牛海绵状脑病事件阶段一:牛海绵状脑病的发现

目前记录的第一例牛海绵状脑病确诊于 1986 年,但是研究学者认为,最早发生的牛海绵状脑病例可能要早好几年——也可能早十年或更多。早期病例可能在临床症状出现之前就被宰杀了,或者即使出现了症状,也可能因为对该病认识不足而没有被确诊甚至被误诊了。1986 年 11 月,英国确诊了第一例牛海绵状脑病。从那时起的许多事件涉及各政府机构的行动。

1)农业、渔业和食品部:1986~1988 年

该机构主要负责英国牛海绵状脑病早期的风险管理和沟通。第一个确诊牛海绵状脑病的机构中央兽医实验室当时隶属于农业、渔业和食品部。农业、渔业和食品部被认为不利于牛海绵状脑病问题的管理,因为该机构的职责包括促进国内外英国农民(包括农作物和牲畜)的经济利益,并保护公众健康免受食源性危害。这两个职责是互相冲突的,而农业、渔业和食品部始终将英国肉类和奶农的经济利益放在比公共卫生更重要的位置。鉴于这种情况,从 1986 年底了解到牛海绵状脑病,直到 1988 年 4 月成立 Southwood 工作组,农业、渔业和食品部所做的事情很少,因为它希望保护英国肉类和乳制品行业不受利润率下降的影响,如果国内外牛肉消费者了解到牛海绵状脑病,他们会感到恐惧。当然在这个阶段,没有证据表明牛海绵状脑病可以传播给人类。

2)Southwood 工作组:1988~1989 年

Southwood 工作组是第一个为解决牛海绵状脑病带来的风险而成立的科学委员会。

---

① Phillips N, Bridgeman J, Ferguson-Smith M. The BSE Inquiry: Return to an Order of the Honourable House of Commons Dated October 2000 for the Report, Evidence and Supporting Papers of the Inquiry into the Emergence and Identification of Bovine Spongiform Encephalopathy (BSE) and Variant Creutzfeldt-Jakob Disease (vCJD) and the Action Taken in Response to it up to 20 March 1996. [M]. London: Stationary Office, 2000.

② Maxwell R J. The British Government's handling of risk: some reflections on the BSE/CJD crisis[C]//Bennett P, Calman K. Risk Communication and Public Health. New York: Oxford University Press, 1999: 95-107.

③ Brown D. The 'recipe for disaster' that killed 80 and left a £5bn bill[EB/OL]. https://www.telegraph.co.uk/news/uknews/1371964/The-recipe-for-disaster-that-killed-80-and-left-a-5bn-bill.html, 2000-10-27.

其成员是一些杰出的科学家，1988 年 4 月由农业、渔业和食品部与卫生部的工作人员任命。值得注意的是，这些科学家中没有一位拥有关于朊病毒疾病或传染性海绵状脑病的任何经验或专业知识。该小组由牛津大学动物学教授理查德·索斯伍德（Richard Southwood）领导。Southwood 工作组表面上负责就牛海绵状脑病问题提供科学建议，然而与农业、渔业和食品部类似，Southwood 工作组发现自己处于双重角色。一方面，Southwood 工作组被要求提供关于牛海绵状脑病的科学建议；另一方面，它也被要求向农业、渔业和食品部提供关于如何应对风险的政策建议。Southwood 工作组的政策和建议受到了农业、渔业和食品部节约资金和保护英国养牛业及其相关行业的严重限制。Southwood 工作组报告最终于 1989 年 2 月得出结论，"牛海绵状脑病不太可能对人类健康产生任何影响……然而，这是一个临时和部分的判断"。这个结论是基于以下两个前提假设：①牛海绵状脑病源于绵羊的羊瘙痒病；②牛海绵状脑病的特性与羊瘙痒病病原体完全相同。显然，这一阶段得出的临时性的科学结论导致了缓慢的政策行动，只有在认识到潜在的严重风险时才有可能改变其立场。

3）其他各种研究咨询委员会：1989~1991 年

Southwood 工作组报告的建议之一是成立一个常设专家委员会，其中包括生物医学专家，以继续研究牛海绵状脑病。1989 年 2 月，即工作组报告发表的同一天，立即成立了海绵状脑病研究咨询委员会。该委员会由 David Tyrrell 博士担任主席，因此被称为 Tyrrell 委员会。1990 年 4 月，海绵状脑病研究咨询委员会被海绵状脑病咨询委员会（Spongiform Encephalopathy Advisory Committee，SEAC）取代。当时，海绵状脑病咨询委员会与海绵状脑病研究咨询委员会的主席和成员都相同。它运营至今，当然现在的成员有所不同。科学和专家委员会的组建和重组只反映了牛海绵状脑病早期的一些机构创建。在英国，成立了许多其他工作组、委员会和咨询小组。其中包括 1988 年 11 月成立的中央兽医实验室的牛海绵状脑病研究与发展小组，以及 1990 年 10 月成立的医学研究委员会海绵状脑病协调委员会。1991 年，医学研究委员会海绵状脑病协调委员会成立了临床小组委员会（艾伦小组委员会）。农业、渔业和食品部的动物饲料专家组（拉姆明委员会）成立于 1991 年 2 月。这些不同的委员会证明了牛海绵状脑病生物学的复杂性，以及政府处理此类健康危机缺乏经验。似乎每个与牛海绵状脑病有关的部委或办公室都认为有必要成立自己的特别咨询委员会，牛海绵状脑病所涉及的每个特定问题也要求这样一个委员会调查该问题是否涉及动物饲料、临床实践或更广泛的海绵状脑病。

4）政策行动

（1）屠宰和补偿政策：1988 年 6 月，根据 Southwood 工作组的建议，农业、渔业和食品部决定屠宰患有牛海绵状脑病临床症状的牛，并禁止其进入人类食物链，对确诊牛海绵状脑病的牛支付 50%的赔偿，对屠宰后没有牛海绵状脑病的牛（阴性病例）支付 100%的赔偿。然而，没有诊断试验来识别无症状但实际上患有牛海绵状脑病的牛。

（2）禁止使用屠宰场废弃物喂养牛、羊：1988 年初，在 Southwood 工作组成立之前，农业、渔业和食品部已经禁止使用可能受到污染的屠宰场牛、羊废弃物喂养牛、羊。然而，为了保护畜牧业，作为英国屠宰场废弃物的主要消费者，猪和鸡仍然可以获得可能被牛海绵状脑病污染的饲料。这项对屠宰场废弃物的部分禁令不仅未能保护屠宰业，还让农民感到困惑，他们无法理解为什么一种饲料适合猪和鸡，而不适合牛、羊。这种不一致最终危及并破坏了 1988 年的屠宰场废弃物禁令，因为抽查发现农民没有遵守禁令，继续为所有牲畜（包括奶牛和绵羊）使用可能受污染的饲料。

Southwood 工作组成立后不久，向农业、渔业和食品部提交了一份初步政策建议，要求全面禁止所有食草动物食物链中的屠宰场废弃物和牛羊肉骨粉。然而，根据其保护渲染行业的优先权，农业、渔业和食品部不鼓励 Southwood 工作组将该建议纳入其最终报告中；Southwood 工作组照此执行了。

（3）禁止所有牛内脏（大脑和中枢神经系统）产品：随着屠宰和补偿政策的实施，以及部分禁止牛、羊食物链中的屠宰场废弃物，1989 年春季，英国主要宠物食品制造商和食品贸易协会开始考虑自愿禁止所有牛内脏（大脑和中枢神经系统）产品。该行业自愿自律的举措至关重要，宠物食品行业进入政策和监管领域迫使农业、渔业和食品部采取行动，9 个月后，农业、渔业和食品部下令禁止所有牛内脏（大脑和中枢神经系统）产品。

3. 牛海绵状脑病事件阶段二：确认牛海绵状脑病可以传播给人

1996 年 3 月 20 日，卫生大臣斯蒂芬·多雷尔向英国下议院宣布，海绵状脑病咨询委员会的研究发现牛海绵状脑病很可能与人类的新型变异性克雅氏病的一种新变种有关，经典克雅氏病监测单位已在英国诊断出 10 例这种新型变异性克雅氏病病例[1]。虽然没有确凿证据表明新型变异性克雅氏病与牛海绵状脑病之间存在联系，但菲利普调查后得出结论，"最可能的解释是，这些病例与 1989 年之前的牛海绵状脑病暴露有关"。这一宣布使英国政府机构、食品零售商和公共利益组织陷入了政策危机模式，因为直到那一天之前，人们普遍认为牛海绵状脑病不会传染给人类。至此，英国和欧盟采取了一些政策行动。零售食品行业、各种公共利益组织和媒体也在风险管理中扮演了一个新的更开放的角色。

1）政府

下议院得知牛海绵状脑病最有可能导致新型变异性克雅氏病，几个利益集团就加入了关于风险管理，特别是风险沟通策略的辩论。尽管如此，农业、渔业和食品部仍然是主要负责牛海绵状脑病政策的机构。鉴于其在应对牛海绵状脑病方面的突出地位，而牛海绵状脑病已成为威胁人类健康的风险，农业、渔业和食品部成为被批评的主要目标。当农业、渔业和食品部推翻之前的结论，确认牛海绵状脑病对人类具有传染性时，它的信誉变得支离破碎。

2）食品工业

英国消费者不仅对牛肉和其他牛产品的安全性产生疑问，而且也对零售食品行业的各个部门开始恐慌。由于政府风险管理方法的不可信和不可靠，为了安抚受惊消费者，食品行业的一些主要参与者开展了风险管理和风险沟通。例如，当地的酒吧张贴了有关麦当劳和英国主要连锁超市等餐饮巨头潜在风险的标志。

---

[1] Jasanoff S. Civilization and madness: The great BSE scar of 1996[J]. Public Understanding of Science, 1997, (3): 221-232.

3）公共利益组织

各种公共利益组织也陷入了由农业、渔业和食品部及其咨询委员会创建的信任真空。消费者协会等组织不仅向公众提供了关于哪些食品可以安全食用的信息，而且最终在就食品监管机构所需的组织变革进行头脑风暴方面发挥了关键作用。如前所述，牛海绵状脑病中农业、渔业和食品部受到的主要批评是它在促进英国农民和农场主的商业利益及在食品方面负责公共卫生的相互冲突的角色。消费者协会和阿伯丁的洛维特研究所的关键学者后来成为提议成立独立食品标准局（Food Standards Agency，FSA）的关键人物。食品标准局的成立被视为围绕 BSE/nvCJD 问题的厄运和阴霾中为数不多的亮点之一。

4）媒体

媒体在牛海绵状脑病事件中发挥着越来越重要的作用，不仅进行风险沟通，同时迫使监管者进行风险管理。牛海绵状脑病问题的曝光率在 20 世纪 90 年代出现两次高峰，第一次高峰出现在 1990 年，"当一只猫被发现感染牛海绵状脑病时，传染性海绵状脑病显然可以跨越物种屏障"。第二次高峰发生在 1996 年宣布牛海绵状脑病可传播给人类之后，这些报道对消费者的行为产生了影响。

5）欧盟委员会、欧盟及其常设兽医委员会

在牛海绵状脑病危机的这一阶段，风险管理领域最具影响力的参与者是欧盟委员会和欧盟。1996 年 3 月 27 日，就在宣布牛海绵状脑病可传播给人类一周后，欧盟批准了对英国牛肉和牛产品的禁令。欧盟的禁令对英国牛肉业产生了巨大影响，也影响了英国政府的风险管理政策和方法。值得注意的是，欧盟的这项禁令是由其常设兽医委员会发起的，随后得到了欧盟委员会的批准[①]。

6）政策措施

（1）英国国内禁止食用年龄较大的牛。1996 年 3 月 20 日，海绵状脑病咨询委员会宣布不建议全面禁止人类食用所有牛肉；相反，只有年龄较大的牛（30 个月以上）才应该去骨，它们的所有切屑、废肉和内脏都应该远离人类和动物食物链。

（2）欧盟在 1996 年 3 月 27 日迅速采取行动，禁止从英国出口所有牛肉和牛产品。英国不愿意禁止国内消费所有牛肉，以免让整个英国牛肉行业遭受重创。

（3）牛追踪系统。英国为了控制疾病的传播，提高了监管程度。在 1998 年 7 月初构建了牛追踪系统，所有在英国出生的牛的移动都必须记录在案。这不仅是为了防止牛海绵状脑病的传播，也是一项预防措施，以追踪英国未来牛海绵状脑病疫情的源头，并将其控制在最小限度。1998 年 9 月 28 日，正式启动了牛追踪系统，该系统还要求所有牛在出生后 36 小时内贴上耳朵标签。

（4）完全禁止牛内脏进入动物食物链。"1996 年特定牛材料令"规定，必须销毁所有 6 个月以上牛的整个头部。"1996 年牛海绵状脑病法令"的修正案禁止所有动物食物链中的牛内脏。

（5）建立食品标准局。1997 年 5 月，约翰·梅杰的保守党结束执政，由托尼·布莱尔领导的工党取代。政府的更迭导致一个新的、独立于部委的食品标准局的成立。该

---

① Packer R. The Politics of BSE[M]. London：Palgrave Macmillan，2006.

机构的成立一直是工党竞选议程上的一个项目。尽管事实证明，工党在建立食品标准局方面行动迟缓，但这最终将标志着一个时代的终结，即食品公共卫生责任由负责促进农业业务的同一个部级机构承担。

（6）欧盟放松英国牛肉出口。随着英国在1997年和1998年继续执行其控制措施，欧盟内部出现了解除全面禁令的运动。1999年8月1日，推出了基于日期的出口计划。这项计划要求只有1996年8月1日以后出生的牛的牛肉产品才能出口，农民必须通过农业、渔业和食品部注册该计划，要提供对牛的更严格的文件。

4. 牛海绵状脑病事件阶段三：机构变革

20世纪90年代发生的事件见证了制度变革，也见证了新千年初期国家风险管理和沟通方法的重大改变。BSE/nvCJD问题在这一时期（特别是从2003年起）已经"平静下来"，牛海绵状脑病风险管理和沟通策略也在消退，但制度变革使英国采取了新的风险管理和沟通方法。

1) 农业、渔业和食品部的解散

2001年夏季，环境、食品和农村事务部（Department for Environment Food, and Rural Affairs, DEFRA）取代了农业、渔业和食品部。成立食品标准局历经3年，该机构于2000年接管了食品（及相关物质）的监管。许多人将农业、渔业和食品部对牛海绵状脑病风险的沟通不力归咎于其促进英国农业综合企业利益，同时又负责食品方面的公共卫生的两个相互冲突的角色。

此外，还发现了一种降低机构风险感知或意识衰减的现象。希望农业、渔业和食品部的解散将开创食品和动物风险管理与沟通的新时代。人们希望从过去15年应对牛海绵状脑病的过程中吸取的经验教训能让这些新机构一直引以为戒。

2) 成立食品标准局和环境、食品和农村事务部

由于食品标准局能够专注于食品的安全和监管，而且仅食品一项，环境、食品和农村事务部接管了农业、渔业和食品部职权范围内的其他监管职责。这并不是说环境、食品和农村事务部对食品问题不感兴趣，而是说环境、食品和农村事务部与食品标准局的职责截然不同。与食品标准局相比，环境、食品和农村事务部的组织授权更加面向市场。

3) 海绵状脑病咨询委员会

一些牛海绵状脑病风险管理的机构存续下来，如海绵状脑病咨询委员会一直运行至今。鉴于环境、食品和农村事务部，卫生部和食品标准局这三个政府机构都关注牛海绵状脑病，因此，海绵状脑病咨询委员会的成员由部长们共同任命。海绵状脑病咨询委员会的作用仍然是为所有传染性海绵状脑病提供独立的专家科学建议。海绵状脑病咨询委员会目前在其网站上展示的职权范围中强调了对不确定性和独立性的认识：①为食品安全及与传染性海绵状脑病相关的公共和动物健康问题提供独立的科学建议，同时考虑到其他负有相关责任的机构的职权范围。②科学评估传染性海绵状脑病对公众和动物健康及食品安全构成的风险，同时在提供建议时适当考虑科学的不确定性和假设。

4) 政策措施

（1）风险管理和沟通的新形式。食品标准局自成立以来，一直致力于改变食品风险

管理和沟通的流程。对其网站上的案例进行详细研究，发现食品标准局坚持三项原则：将消费者利益放在首位、开放性和可访问性及独立性。

（2）公众参与。食品标准局在各项政策上积极吸引公众参与，举办会议等，通过公众参与监督并实施它的原则，如2003年的转基因食品共识会议等活动。

6.3.2　英国牛海绵状脑病事件的分析

1. 牛海绵状脑病暴发时期的成功与失败

1）政策缓慢和执行不力

从发现牛海绵状脑病之时起，中央兽医实验室，农业、渔业和食品部就肉类和加工行业召开了各种会议并发布了各种信息。然而，农业、渔业和食品部花了一年多的时间才颁布了饲料禁令，并采取了屠宰和补偿政策。农业、渔业和食品部花了更长的时间发布了一项全面禁止牛的大脑和内脏组织的禁令。当时，农业、渔业和食品部工作人员收到了很多有益的建议，但是他们选择不遵循，或者按照自己的节奏遵循。因此，不仅在制定此类政策方面出现延误，而且将政策建议转化为实践的速度也极其缓慢。在研究牛海绵状脑病问题并在牛海绵状脑病正式调查中作证的英国微生物学家 Steven Dealler 博士认为，从第一次 Southwood 工作组建议禁止所有内脏到实践的时间间隔可能引起约25 000头牛感染牛海绵状脑病，进入人类食物链[①]。尽管缺乏关于牛海绵状脑病向人类传播的确凿证据，但毫无疑问，这一延误是英国牛海绵状脑病健康风险管理不善的关键因素。20世纪80年代末制定和实施牛海绵状脑病风险管理政策的延误并不是一个孤立的问题，主要原因是农业、渔业和食品部工作人员不想采取可能损害英国牛肉和奶制品行业或代价高昂且最终没有必要的行动。农业、渔业和食品部的记录表明，其首要任务是确保英国牛肉市场的稳定，而不是缓解公众对健康的担忧。

2）被管理的科学研究

1989年5月，农业、渔业和食品部的一名成员建议将牛肉制品的传染性水平评估与之前对羊瘙痒病食品进行的风险评估进行比较时，这一建议被阻止。1985年发现第一例牛海绵状脑病的兽医科林·惠特克（Colin Whitaker）在1989年报告，"[卫生部]似乎不想宣传这种疾病……瘙痒这个词被认为是情绪化的，我被要求不要使用它"。

通过建立 Southwood 工作组，农业、渔业和食品部寻求建立独立的科学咨询委员会，然而 Southwood 工作组多次表达了被农业、渔业和食品部工作人员忽视或淡化的担忧。科学委员会的建议和担忧被搁置的例子包括理查德·索斯伍德本人早期对牛海绵状脑病向人类传播的担忧和从所有动物食物链中清除受牛海绵状脑病污染的牛粪便的重要性等。

3）Southwood 工作组遗留下的路径依赖

Southwood 工作组的工作受到了农业、渔业和食品部束缚而出现了比较保守的结果，

---

① Dealler S. Bovine spongiform encephalopathy. Disease is due to pressure on farming industry[J]. British Medical Journal, 1996,（7050）: 171.

而后续其他研究机构的报告，如 Tyrrell 报告和海绵状脑病咨询委员会的各种文件都重申了 Southwood 工作组的调查结果，都参考了 Southwood 工作组关于牛海绵状脑病的报告，有学者甚至将 Southwood 工作组报告、Tyrrell 报告和海绵状脑病咨询委员会的前两份出版物称为"Southwood 系列"。"在这样做的过程中，Southwood 系列创造了一个路径依赖的遗产，在这个遗产中，牛海绵状脑病首先被视为一种动物健康风险。"[1]路径依赖的概念意味着一种紧急政策锁定或巩固的形式，即使有相反的证据，也很难挑战或推翻之前的观点。部长们认为，保持 Southwood 工作组认可的方法至关重要，这不仅仅是因为 Southwood 工作组的研究结果反映了独立的科学委员会的研究结果，而且是因为"引入新的法规可能会明确表明，这些风险是不可以忽略的"。

2. 牛海绵状脑病传播时期的成功与失败

牛护照订单是其他风险管理模型的跟踪政策。政策危机往往会加速变革，而开发和实施有效的跟踪和建模系统可能是牛海绵状脑病事件中出现的少数积极成果之一。尽管这些跟踪和建模技术没有解决物流仓储等问题，不能完全有效地对不确定性水平进行建模，但这些方案仍可以在其他风险情况下重复使用。这种跟踪政策不仅在一定程度上遏制了 2007 年 8 月英国口蹄疫的暴发，而且环境、食品和农村事务部开发了一个类似的跟踪系统，以解决影响家禽业的禽流感问题。针对禽流感风险的跟踪系统不可能依靠牛海绵状脑病系统的标签，鉴于鸡的数量巨大，环境、食品和农村事务部建议跟踪相关行业参与者（即农场、屠宰场、运输商），以便了解家禽行业的网络，并模拟疾病的潜在传播。

3. 牛海绵状脑病恢复时期的成功与失败

1）风险沟通

从发现牛海绵状脑病到 Southwood 工作组的创建和研究，农业、渔业和食品部对与新的牛海绵状脑病相关的潜在风险保持沉默，这种方法相当于"隐藏策略"。虽然 1987 年夏季各种农业和贸易报纸都在报道牛的"神秘疾病"，但直到 1987 年 10 月 25 日，才在一份全国性报纸《星期日电讯报》上发表了第一份关于牛海绵状脑病的报道。值得注意的是，《星期日电讯报》的文章并非基于农业、渔业和食品部发布的新闻，而是基于调查性报道。这些报告强调了采取行动解决风险的重要性。

2）机构重组

风险沟通政策（可以说是隐蔽和保密的政策）是牛海绵状脑病危机的主要失败。后期的研究报告中，采取了更加公开和透明的方法，从而成立了食品标准局。这一新方法受到欢迎，不仅因为它可以与从农业、渔业和食品部失败中吸取的教训联系起来，而且因为这是一个迹象，表明现在由工党领导的政府机构可能正在发生深刻变革，以满足"公民与其政府之间新接触形式"的需要。

同样，在农业、渔业和食品部解散后，农业和农业综合企业的利益不再与公众在食

---

[1] Treece D J, Pisano G, Shuen A. Dynamic capabilities and strategic management[J]. Strategic Management Journal, 1997, (7): 509-533.

品安全方面的利益密切相关。设立环境、食品和农村事务部来管理英国农民的商业利益，以及设立食品标准局来照顾与食品有关的公共利益，是向前迈出的积极一步。

3）利益相关者参与：风险管理和沟通的前进方向

在食品标准局对香肠肠衣的风险进行管理时，它试图将消费者利益、开放性和独立性原则付诸实践，可以看出食品标准局正在采取行动。虽然在科学不确定性的情况下往往提倡预防性行动，但往往难以准确判断行动的预防性性质。风险管理是复杂的，几乎肯定会让一些参与者感到不安，如香肠肠衣行业。核心问题似乎是对哪些风险评估采取行动，以及为制定风险管理战略获得科学确定性的（相对）价值是什么。食品标准局的风险管理和沟通流程比之前的农业、渔业和食品部时代有了很大的改进。

➢ 本章小结

本章讨论了突发公共卫生事件应急管理的主要原则和应急响应的流程，详细阐述了公共卫生事件应急监测与预警和应急响应中的应急预案、流行病学调查、应急医疗急救中心和应急响应技术支持。通过对英国牛海绵状脑病危机这个案例的分析，分析了突发公共卫生事件应急管理中的关键问题。

➢ 关键术语

公共卫生　疾病预防控制中心　灾难医学救援
检伤分类　急救中心　生物安全实验室　牛海绵状脑病

➢ 复习思考题

1. 简述突发公共卫生事件应急处理的基本原则。
2. 为什么说公共卫生事件预警机制非常重要？
3. 科学技术对突发公共卫生事件应急管理有什么影响？
4. 英国应对牛海绵状脑病危机对我国的突发公共卫生事件应急管理有什么启示？

第7章 社会安全事件应急管理

7.1 社会安全事件应急管理概述

7.1.1 社会安全事件应急管理的含义

社会安全指数是衡量一个国家或地区构成社会安全四个基本方面的综合性指标，包括社会治安、交通安全、生活安全和生产安全指数[1]。社会安全是针对社会事件的安全措施、对策、知识等。社会安全事件是指发生在社会安全区域，各种诱因相互作用、相互影响，最终在某一突发点爆发，并且出现大规模社会突发事件或者灾难，可能对社会安全构成威胁或者已经带来严重危害的，需要由政府及相关部门采取紧急措施予以处置的事件[2]。社会安全事件主要包括重大刑事案件、重特大火灾事件、恐怖袭击事件、涉外突发事件、金融安全事件、规模较大的群体性事件、民族宗教突发群体事件、学校安全事件及其他社会影响严重的突发性社会安全事件。由于这些事件是由难以控制的客观因素引发，有些爆发于人们的认知盲区，有些爆发于人们熟视无睹的细微之处，因此社会安全事件对什么时间、地点、方式、程度及能否发生都难以准确把握。根据我国《中华人民共和国突发事件应对法》的规定，社会安全事件是四类突发事件的其中一类，与自然灾害、事故灾难、公共卫生事件相对应，社会安全事件与其他三类突发事件的主要区别在于：一是社会安全事件的发生都有人为的因素，其他三类突发事件不具有明显的人为因素；二是社会安全事件发生在社会安全领域。

社会安全事件具有五个特征[3]。

（1）社会安全事件发生领域的特定性。社会安全事件主要发生在公共安全区域，冲击人与人之间形成的社会关系，具有极度的扩张性，直接威胁民众的人身和财产安全。

---

[1] 胡象明. 突发公共卫生事件应急决策的社会风险评估及其重要作用[J]. 广州大学学报（社会科学版），2020，19（4）：39-46.
[2] Turner B A. The sociology of safety[M]//Blockley D I. Engineering Safety. New York：McGraw Hill，1992：186-201.
[3] 武西峰. 社会安全事件应急管理概论[M]. 北京：清华大学出版社.

（2）社会安全事件发生原因的人为性。自然灾害、事故灾难及公共卫生事件是由自然原因、人为原因及二者交互作用的原因造成的，而社会安全事件则完全是由人的因素造成的，并且更侧重于故意所为，如大型活动突发事件、恐怖爆炸和袭击、各类群体性事件、涉外突发事件等都表现出了明显的人为干预特征，是由人的因素造成的。

（3）社会安全事件具有复杂的政治性。社会安全事件具有明显的政治色彩，如恐怖袭击事件将目标瞄准普通老百姓，在普通人群中制造恐怖事件，具有明显的政治宣示意义，给政府施加压力。

（4）社会安全事件性质的复杂性。社会安全事件是发生在社会安全领域的很多事件的集合体，包括群体性事件、恐怖事件、涉外突发事件和校园事件等。其中，群体性事件属于人民内部矛盾；涉外突发事件主要涉及外国人或外国组织，具有明显不同的特点。因此，社会安全事件的性质较为复杂，需要具体问题具体分析。

（5）社会安全事件处置的特殊性。社会安全事件是多方面的原因造成的，由此决定了处理该事件的特殊性。例如，有的群体性事件发生在不同民族之间，涉及民族政策问题，处理不慎可能会激化矛盾甚至破坏民族团结。因此，该类事件的处置难度较大。

社会安全事件的起点是长期的综合条件耦合和作用，在此起点上将进行演变，并且有固有的周期，根据事件的发展变化和采取的反应措施分为预防、准备、响应和恢复四个阶段[①]。尽管在实际情况中，这些阶段往往是重叠的，但它们中的每一部分都有自己单独的目标，并且成为下个阶段内容的一部分。

7.1.2 社会安全事件应急管理的内容与制度创新

1. 社会安全事件应急管理的内容

社会安全事件应急管理在突发事件发生前，要做到预防和预备；在突发事件发生中，要做好突发事件有效响应；在突发事件发生后，要保证实施一系列反馈评估和事后恢复。具体如下。

（1）社会安全事件的预防阶段。预防阶段是为预防、控制和消除事故对人类生命、财产和环境的危害所采取的行动。重在加大政策调整力度，促进社会化保障体系和法律制度的建立与完善，减轻群众负担和保障权益，做好就业、劳动及福利保障、救济扶困等，减轻社会不满情绪。另外，建立社会预警机制，提高快速反应能力，倡导公共参与渠道，拓宽公众参与途径，完善科学民主决策机制；不断增强各级干部危机意识，提高科学决策和及时控制、有效处理社会矛盾的能力。

（2）社会安全事件的准备阶段。准备阶段是指事件发生之前采取的行动，目的是应对事件发生而提高应急能力及有效推进响应工作。首先，应建立社会安全事件应急救援组织体系，整合应急救援力量，主要包括消防部门、公安部门、专业应急救援队伍、社会力量、志愿者队伍及有关国际救援力量；其次，应完善国家政策和应急报

---

① 方春龙. 社会安全事件演进与应急管理研究综述[J]. 太原大学学报，2014，15（2）：21-23.

警系统，建立应急预案（计划），规定应急管理制度；最后，应定期应急培训、训练与演习。

（3）社会安全事件的响应阶段。响应阶段是事件发生期间及事件发生后采取的响应行动，目的是保护生命、财产安全，使事件损失减小到最低程度。突发社会安全事件一旦爆发，应积极处置，秉承以人为本、及早化解、依法处理、慎用警力、属地领导负责五大原则。在处置过程中，具体采取七种基本方法：一是迅速控制事态，争取由大变小、由热变冷、由强变弱，防止其蔓延扩大；二是提出整体方案和对策，了解事件起因，参与人群情况，有针对性地做出应对策略；三是统一行动，要精心组织部署，明确责任分工，各方联合行动，全面解决问题；四是政府及有关领导直接与民众对话进行解释，消除误解和对立情绪；五是主导舆论导向，利用官方媒体做好正面宣传报道，减少和消除不实信息与谣言的负面影响；六是组织纪律约束，利用归属组织做教育工作，进行纪律约束，最大限度减少参与事件的人数规模；七是法律措施，利用执法机关依法处置，保护公民合法权益，打击违法犯罪行为。

（4）社会安全事件的恢复阶段。恢复阶段是使社会生活恢复到正常状态或得到进一步改善。事后要对突发社会安全事件进行评估，总结经验教训，改进管理和工作方法，采取有效措施做好突发社会安全事件的恢复重建，在机制、管理、设施等方面进行改进和修复，并继续利用各种渠道对突发社会安全事件参与人员进行教育疏导和善后工作，从根本上防止事件再次发生。

2. 社会安全事件应急管理的制度创新

应急管理是维护和实现国家安全与公共安全的压舱石，而制度是行政体系运转的关键，构建系统完备的应急管理制度体系也是实现国家治理体系与治理能力现代化的重要内容。应急管理制度体系的构建应当与时俱进，紧跟国家整体制度发展的方向，完善自身建设[1]。

中华人民共和国成立以来，应急管理制度的发展主要经历了两个阶段：单灾种应急管理制度形成阶段（1949~2002年）、作为整体的具有新时代中国特色的应急管理体系构建阶段（2003年至今）。

第一阶段：单灾种应急管理制度形成阶段，中华人民共和国成立至2003年SARS，我国主要面临地震与洪涝等自然灾害和血吸虫病及鼠疫等公共卫生疫情灾害。1950年中央救灾委员会正式成立，1957年中央颁布了《中央救灾委员会组织简则》，将救灾日常工作划分至内务部（现民政部）负责。2000年成立了国务院抗震救灾指挥部；应急管理制度主要是一种事后修补模式，具有四个特征[2]。

（1）"不完整"的单部门负责制。每个部门仅负责其对应的内容，联动性不强，如水利部门主要负责洪涝灾害的防范和应对，气象部门主要负责气象灾害的预报和监

---

[1] 张铮，李政华. 中国特色应急管理制度体系构建：现实基础、存在问题与发展策略[J]. 管理世界，2022，38（1）：138-144.
[2] 张海波. 中国第四代应急管理体系：逻辑与框架[J]. 中国行政管理，2022，442（4）：112-122.

测，等等。单灾种应急管理在制度上缺乏整体设计，仅对于特殊的洪水、地震等突发事件适用。

（2）临时性指挥部机制。在国家层面，主要有三大临时性指挥部，即国家防汛抗旱总指挥部、国务院抗震救灾指挥部和国家森林防火指挥部。临时指挥部在一定程度上可以弥补单部门负责制的缺陷，提升防汛抗旱、抗震救灾和森林灭火中对多部门进行协调的能力。

（3）外生性减灾机制。在联合国"国际减灾十年"活动的倡导下，我国也成立了中国国际减灾十年委员会，在"国际减灾十年"活动结束之后更名为中国国际减灾委员会，并于2005年更名为国家减灾委员会。

（4）重大自然灾害的中央"兜底"机制。地方政府在自然灾害管理中责任模糊，相应的机构设置也不健全。一旦发生重大自然灾害，救灾主要依靠中央"兜底"，地方政府缺乏开展防灾减灾的动力。

第二阶段：作为整体的具有新时代中国特色的应急管理体系构建阶段，2003年国内暴发了严重的SARS疫情，在应对SARS疫情过程中，党和国家意识到了应急管理体系建设不足的问题，开始建立应对重大突发公共事件的"一案三制"应急管理体系。从具体政策层面来看，2003年5月出台《突发公共卫生事件应急条例》，2003年11月成立应急预案工作小组，2006年1月国务院印发了《国家突发公共事件总体应急预案》。至此，"纵向到底，横向到边"应急预案框架体系基本形成。2006年国务院办公厅设置国务院应急管理办公室，通过应急管理办公室进行综合协调，联合相关的议事协调机构，同时辅之以联席会议制度，综合协调型的应急管理体制在我国初步确立。2007年8月出台的《中华人民共和国突发事件应对法》明确规定，"国家建立统一领导、综合协调、分类管理、分级负责、属地管理为主的应急管理体制"。其中，针对四大类突发事件，包括自然灾害、事故灾难、突发公共卫生事件、社会安全事件分别对应设置了牵头部门，国务院办公厅进行总协调。至此，作为整体的应急管理体系框架逐步建立，制度内容不断完善，综合应急管理水平得到提升。应急管理制度体系构建最重要的关键节点是第八次国务院机构改革，2018年我国在大部制改革进程持续推进背景下制定了《深化党和国家机构改革方案》，提出"推动形成统一指挥、专常兼备、反应灵敏、上下联动、平战结合的中国特色应急管理体制"。学者朱正威和吴佳对于应急管理体系改革的趋势进行了详尽总结，即从综合协调体制向统一指挥、权责一致、权威高效体制转变；从多部门协同应对向更加专业化、职业化管理转变；从临时性指挥机构向常设制、常态化治理组织转变；从侧重应急处置（事中、事后）向危机管理全过程（事先、事中、事后）转变[1]。习近平总书记在党的二十大报告中强调"强化国家安全工作协调机制，完善国家安全法治体系、战略体系、政策体系、风险监测预警体系、国家应急管理体系"，"构建全域联动、立体高效的国家安全防护体系"[2]。这些重要论断进一步指明了我国应急管理体系在新时期和新

---

[1] 朱正威, 吴佳. 新时代中国应急管理：变革，挑战与研究议程[J]. 公共管理与政策评论，2019，8（4）：47.
[2] 习近平：高举中国特色社会主义伟大旗帜 为全面建设社会主义现代化国家而团结奋斗——在中国共产党第二十次全国代表大会上的报告[EB/OL]. http://www.gov.cn/xinwen/2022-10/25/content_5721685.htm，2022-10-25.

时代的构建思路。

《中华人民共和国国家安全法》第二十九条规定，国家健全有效预防和化解社会矛盾的体制机制，健全公共安全体系，积极预防、减少和化解社会矛盾，妥善处置公共卫生、社会安全等影响国家安全和社会稳定的突发事件，促进社会和谐，维护公共安全和社会安定。完善多元化社会安全事件制度，完善各部门职能机构整合，完善应急预案机制，完善提高应急管理法律法规，有利于构建系统完备的社会安全事件应急管理制度体系。从体制上看，新时代应急管理创新发展的关键是建立和完善以应急管理部为牵头组织的多主体协同应急管理体制；从机制上看，新时代应急管理创新发展的关键是流程重塑，从准备、预防、响应和恢复四个环节全面优化应急管理的运行机制。

1）社会治理创新

社会治理创新正式提出于党的十八届三中全会。社会治理创新作为中国共产党执政能力的重要维度，主要由中国共产党中央委员会政法委员会负责。通过持续不断的努力，尤其是2009年发布《关于实行党政领导干部问责的暂行规定》和2012年发布《关于建立健全重大决策社会稳定风险评估机制的指导意见（试行）》以来，群体性事件的高发态势得到有效遏制，社会泄愤类群体性事件大为减少。

2）数字技术提升社会安全事件应急管理能力

现有的应急管理体系是为适应传统技术观念逐步形成的，制度体系建设的进程往往滞后于技术创新。数字技术特性与传统治理机制的互动调适，在应用过程中逐步走向明晰。此时，调适性的应急管理变革将在渐变中产生质变，制度重塑的契机来临。新的体制需要具有足够的适应性与成长性，在容纳新兴治理工具的同时，适应风险难以预测、因果关系复杂、治理目标多元的环境。

3）多主体协同优化发展

在综合应急管理的框架之下，无论是全灾害管理还是全过程应急管理，都离不开多主体参与，而应急管理多主体参与的核心是多主体协同。由于社会安全事件往往超出预期，尤其是资源需求的峰值往往超出应急管理体系的资源储备能力，因此需要通过增加资源冗余的方式改善应急管理的韧性，需要非制度化行动主体的参与。不仅要缩短内部整合周期，积极探索治理风险，同时也要重视内外各部门、各环节协调，以便在实际社会安全事件发生时，可以有效地展开救助和解决工作。在"综合应急管理"的框架之下，我国的应急管理正在从强调全灾害管理到重视全过程应急管理、从实现"全面覆盖"到追求"深入有效"、从强调综合性到重视专业性转变。

综合比较来看，应急管理制度的第一阶段主要强调的是政府少数行政部门在单灾种管理体系中的职责；第二阶段强调不同的应急参与主体之间的协同应急管理，强调政府间协同、军地协同等。例如，突发事件的常态化管理，志愿者等社会力量参与应急管理，逐渐衍生了新的应急管理制度体系，各个参与方之间的协同、协调，也包括政府之间的跨域协同、政府与社会力量之间的协同等，亟待新的制度的构建。

7.2 社会安全事件应急管理理论

7.2.1 社会影响评估理论

20世纪60年代以来,最初作为环境影响评估内容之一的社会影响评估日益受到重视,并逐渐成为独立的研究和实践议题。社会影响评估理论和应用的渊源可以追溯到70年代美国出台的《国家环境政策法》[1]。一些著名的学者为其奠定了理论基础[2]:迪茨借用哈贝马斯的政策实践方法提出了一个分析框架;历克森等强调理论指导的必要性,并精心构建了社区和组织理论领域的关键概念;斯洛特威格等为推进社会和环境分析的整合而提出了一个概念分析框架。社会影响评估通过近50年的发展,其发展历程走过了财务评估→经济评估→环境评估→社会评估四个发展阶段[3]。

西方的研究与经验表明:社会影响评估关注社会发展中"应该重视何种影响、如何分析这些影响",旨在增加人们的社会福祉和减少不利的社会后果,是权力实现、明智决策、公民实施影响和社会可持续发展的一种重要工具,具有促进冲突解决、提升决策质量和保护公众权益的重要功能,有其独特的评估原则、准则、步骤和方法。面向社会影响评估理论与实践的未来发展,需要处理好技术与政治、数据与伦理、评估结果与决策运用之间的关系[4]。

如何进行社会影响评估主要取决于评估对象。由于各类社会安全事件的性质、严重程度、可控性和影响范围等方面不同,所以各类社会安全事件所造成的社会影响也有所差异。目前,国内外对自然灾害类事件的影响评估研究较多。自然灾害社会影响评估主要评估灾害对人口及维持其生存和发展的社会资源与条件造成的损失和影响,它贯穿于灾害应急与灾后恢复重建全过程,为灾后社会系统恢复与重建提供支持[5]。借鉴自然灾害社会影响评估的内容框架,用于分析和讨论社会安全事件的社会影响评估的内容。社会安全事件多数发生在公共安全区域,并且是人为原因造成的,常常具有政治因素,如恐怖袭击事件,这类事件的原因复杂多样,处置难度较大,对正常的社会和谐稳定造成负面影响,社会公众情绪极不稳定。社会稳定及民众情绪是评价应急管理体系的重要指标,政府及相关部门应该作为突发应急体系的执行者,需要及时启动相应的应急预案处理对应事件,有效地应对各种突发事件。

当社会安全事件发生后,若能及时准确地评估其产生的负面影响及影响范围,最大限度地消除社会恐慌,有利于社会和谐稳定,同时通过事后评估吸取经验教训,有利于

---

[1] 万美. 《国家环境政策法》和环境影响评价制度的目的和方法及其效果[J]. 时代经贸, 2010, 12: 80-90.
[2] 朱德米. 社会稳定风险评估的社会理论图景[J]. 南京社会科学, 2014, 318 (4): 58-66.
[3] 王荣党, 张宗敏. 2020年后贫困与社会影响评估体系的建构:影响维度、主体和指标体系[J]. 贵州社会科学, 2020, 372 (12): 147-154.
[4] 李强彬, 肖祥. 社会影响评估:西方的研究与经验[J]. 教学与研究, 2018, 6: 104-112.
[5] 陈海平, 郝艳华, 吴群红, 等. 突发公共卫生事件影响综合评价指标体系构建[J]. 中国公共卫生, 2013, 29 (5): 628-631.

应急管理部门反应能力的提高和应急管理体系的完善。

7.2.2 公共政策风险评估理论

被评为"现代行政之父"的威尔逊认为公共政策是法权者制定而由行政人员执行的法律和法规[1]；Lasswell 和 Lerner 认为公共政策是包含价值、目标、策略的大型行政计划[2]；Aston 将公共政策界定为"政府机构与周围环境之间的相互作用"[3]；Dye 则认为公共政策是政府决定支持或者否定的事情[4]；Easton 和 Harold 认为公共政策是对全社会的各方价值量化，随后进行经济效益与社会效益的分配与再分配[5]。公共政策的定义存在着较大差异。也有学者提出，公共政策是公权力主体制定和执行的用以确定和调整广泛的社会关系的行为规范。在现代社会中，公共政策作为社会互动的产物，公共决策的全过程体现了公共机构社会和公众之间多层面、多形式、多途径的互动关系，主要表现在事实信息的交换和意见诉求的表达[6]。

公共政策风险存在于公共政策制定和执行的过程中，来自政策系统内外部环境中，包括可能导致政策的实施达不到预期目标或者失败的各种因素。政策风险评估是指经济社会发展和涉及群众切身利益的重要规划和相关政策，在政策发布前对政策可能存在的社会风险和受损群体进行合法、合理的评估，并对风险的危险程度和可控范围进行评估，从而为科学决策提供依据。公共政策风险评估是政府在制定政策和社会管理过程中的一项重要机制，其意义在于政策出台后对可能出现的社会风险进行前期评估，并将其评估结果作为政府决策和政策推行的重要依据。将公共政策风险评估作为政策实施的前置程序，推进公共政策出台前有风险评估、实施后有责任追究，以实现从被动求稳转变为主动维稳，从而更好地应对公共政策风险[7]。

7.2.3 公众参与理论

公众参与作为现代社会民主政治的新型实践形式，已经成为各个国家社会发展与民主进步的重要内容。从狭义上讲，公众参与即公民在代议制政治中参与投票选举活动，即由公众参与选出代议制机构及人员的过程，是现代民主政治的一项重要指标，也是现代社会公民的一项重要责任；从广义上讲，公众参与除了公民的政治参与之外，还包括所有关心公共利益、公共事务管理的人的参与，要有推动决策过程的行动。其定义可以

---

[1] Wilson W. The Study of Public Administration[M]. Boston：Communication Researchers and Policy-making，2003.
[2] Lasswell H D，Lerner D. The Policy Orientation [M]//Braman S.Communication Researchers and Policy–making. Cambridge：The MIT Press，1951：85-102.
[3] Aston R L. The Legal，Engineering，Environmental and Social Perspectives of Surface Mining Law and Reclamation by Landfilling：Getting Maximum Yield From Surface Mines [M]. Singapore：World Scientific，1999.
[4] Dye T R. Understanding Public Policy [M]. Hoboken：Prentice Hall，2004.
[5] Easton D，Harold L. Policy scientist for a democratic society[J]. The Journal of Politics，1950，12（3）：450-477.
[6] 刘业平，高洁. 公共行政研究：对理论与实践的反思[M]. 北京：清华大学出版社，2005.
[7] 张新亮，孟晓敏. 论公共治安服务的多元化——以契约治理为视角[J]. 山东行政学院学报，2014，（2）：45-49.

从三个方面表达：第一，它是一个连续的双向地交换意见的过程，以增进公众了解政府机构、集体单位和私人公司所负责调查和将要解决的环境问题的做法与过程；第二，将项目、计划、规划、政策制定和评估活动中的有关情况及其含义随时完整地通报给公众；第三，积极地征求全体有关公民对项目的意见和感觉，涉及项目决策和资源利用，比选方案及管理对策的酝酿和形成，信息的交换和推进公众参与的各种手段与目标。公众参与是一种有计划的行动，它通过政府部门和开发行动负责单位与公众之间双向交流，使公民能参加决策过程并且防止和化解公民和政府机构与开发单位之间、公民与公民之间的矛盾。

公众参与由公众和参与两个概念组成。第一，公众作为一个日常概念通常是指具有共同的利益基础、共同的兴趣或关注某些共同问题的社会大众或群体；第二，参与是从范围与路径两个方面明确公众参与的含义，公众参与的范围包括政治、文化、经济等方面，参与不仅仅是主题的共同意识形态，更展现出公众的力量向社会生活逐渐渗透的过程。公众参与是指具有共同利益或志趣的社会群体通过协商的方式，对政府事务及公共利益事务的介入，是实现资源合理配置和社会有效管理的重要方式[①]。

公众参与的理论基础之一是阶梯理论，20 世纪 60 年代初，随着西方国家民权运动的蓬勃发展，人们越来越多地关注社会参与的理论和实践，命令式社会管理开始逐渐向公众参与社会治理转型。公众参与的理论基础之二是协商民主理论，协商民主理论将公众参与作为现代公共管理不可分割的有机部分，是 20 世纪末的管理创新。公众参与的理论基础之三是社会冲突理论，通常情况下，冲突是指互不相容的对立双方在利益、行为等方面的相互抵抗和干扰。

7.3　社会安全事件应急管理案例分析——菲律宾人质事件

7.3.1　2010 年菲律宾人质事件案例回顾

2010 年 8 月 23 日中国香港康泰旅行社组织的一个共有 21 人的旅行团在菲律宾马尼拉旅游观光，上午 9 时许，该团在参观完返回至其随团出行大巴中时，被当地一名退职警察罗兰多·门多萨劫持。该劫持者在劫持时持有 M16 步枪和其他轻武器，身穿警服。10 时左右，就在门多萨宣布劫持之后，香港导游偷偷给旅行社打了电话，向旅行社香港总部通报了劫持事件。10 时许，马尼拉警方得知消息后，马上在大巴附近进行了系列相关部署工作，但并未调派诸如警察总局下辖的"特别行动部队"之类的反恐力量。当地特警部队带着警犬赶到了现场，救护车和消防车也在警戒线外等候。中国驻菲律宾大使赶赴现场，要求菲律宾在保障人质安全的前提下积极营救。时任菲律宾总统贝尼尼奥·阿基诺三世同时呼吁劫持者尊重人质的生命。10 时到 12 时，2 名中国香港老年游客首先获释，随即 3 名中国香港儿童，1 名中国香港女游客，1 名菲律宾导游也被释放。当天，马

---

① 卫欢. 公众参与：基本内涵及理论基础[J]. 农村经济与科技，2016，(12)：238-239.

尼拉白天气温为 32℃，除了递送食物，警方还为客车提供燃料，以保持车内空调的运转。菲律宾警方表示，预计下午 3 时所有人质将会被释放。

下午 4 时许，2 名菲律宾人获释。下午 5 时左右，马尼拉副市长伊斯科·莫雷诺告诉当地电视台，他手上持有一封来自公务员申诉部门的信件。他表示，这封信将有助于解决此次人质危机。他将尽快将此信件移交给处理人质危机的警方负责人。下午 6 时左右，菲律宾警方以怀疑门多萨弟弟格雷戈里奥向门多萨通风报信为由，将其逮捕。警方此举使劫匪情绪一度激昂。晚上 7 时左右，劫匪门多萨在大巴上接受菲律宾当地电台采访时放言，"已经做好了杀死人质的准备"。晚上 7 时 20 分，一支由菲律宾警方 9 名特警队员组成的特别行动队，向大巴发起强攻。在用铁锤砸碎了车窗玻璃及车门后，大巴车上的菲律宾籍司机趁机从车内逃出，并说劫持者已经开始向人质开枪。菲律宾警方随后中断了此次强攻。晚上 8 时 40 分，门多萨向警方喊话称，他已经杀死了几名人质，并随时准备杀死剩余人质。最终整个事件持续了约 11 小时，直至当天晚上 8 时 43 分，大巴车上的多名人质受伤，香港旅行团 8 名游客死亡，劫匪门多萨被警方击毙[①]。

7.3.2 菲律宾应急处置工作评析

菲律宾处置劫持人质事件最终以击毙劫匪、人质重大伤亡宣告失败，菲律宾此次处置行动失败的原因是多方面的，主要包括以下几点。

1. 违反以人为本、生命第一原则

根据现行的国际人权法体系，菲律宾政府由于拥有本事件属地管辖权，因此其对本事件的所有受劫持人质具有国际人权保护责任。联合国《公民权利和政治权利国际公约》第三部分规定了约 25 项人权和基本自由。中国游客在菲律宾境内旅游，菲律宾政府就负有保护游客生命权、人身自由和安全权等人权和基本自由权等。从此次突发事件过程来看，菲律宾政府显然没有尽到国际人权保护责任。在事件的处置过程中，菲律宾警方没有把保护被劫游客的生命安全放在最重要的位置。菲律宾前高级警察门多萨持枪劫持的起因是菲律宾警方内部的矛盾，而根据处置突发事件的以人为本原则，为保证人质的生命安全，对劫匪所提出的恢复原有职位和待遇的要求需要策略性地予以考虑，而不应完全直接和草率地拒绝。

2. 管理体制缺失，现场指挥混乱

纵观整个应急处置过程，菲律宾的现场指挥人员或因优柔寡断而错失有利时机，或屡屡指挥失误而致事态不断恶化升级，最终酿成一场本不该发生的悲剧。首先，在谈判过程中不应贸然允许劫匪的弟弟进入谈判现场，根据犯罪心理学理论，一般情况下，劫匪在劫持作案时情绪激动，与亲人接触交涉有利于将其感化从而放弃抵抗，但也有可能会产生反面效果，使劫匪更加不安、慌乱和急躁，最终导致失控行为，使事态恶化。因

---

① 陈明. 菲律宾"8·23"反劫持香港游客事件探析[J]. 网络财富, 2010, (19): 166-167.

此，应根据实际情况、事件性质等来决定是否派遣亲人进行劝解，在没有十足把握的情况下，不应轻易安排亲人参与谈判，即使需要亲人进行谈判，也应保证其能完全按照警方的意图和安排与劫匪交涉。

3. 硬件配置落后，战术技能薄弱

反恐或处置大型暴力犯罪的行动，应在专门的武装力量的配合下完成，如具备专门的装备和专业素质的武警、特警等。在技能和战术方面，都应具备出色的体能、精湛的技能、周密的战术。然而，纵观本案例的整个应急处置过程，菲律宾警方的应急处置人员在接收到强攻命令后，仓促行动，面对大巴车的钢化玻璃没有使用专门的破窗工具，而是采用了原始的铁锤且破窗尝试良久都未能成功；同时，在登车爬窗时没有配备梯子和登高车，因而不得不围车转了近一小时；在强攻实战前没有仿真战术试验，强攻人员也没有配置夜间作战用的夜视系统。总之，武装人员在缺乏各种武器、设备的同时，也完全没有制订切实可行的破窗、突入、击毙劫匪的方案的情况下采取了强攻行动。面对如此低效的强攻，情绪激昂且绝望透顶的劫匪门多萨绝对有充足的时间和精力去做出反抗和屠杀人质。

4. 媒体监管不力，事态恶化发展

在处置恐怖事件、严重暴力犯罪的突发社会安全事件中，必须加大对通信媒体的监管力度，在确保信息公开并安抚民众的同时，更应注重处置关键信息的机密性，为应急处置大局起积极辅助作用。按照美国学者斯特奇的"危机传播阶段"理论，媒体在报道突发事件时，应按照危机的进展采取不同的信息处理和报道议程[①]。在本案例中，在场媒体在初始的"黄金4小时"即危机形成阶段的报道方式是可以肯定的，人们通过媒体的现场直播报道了解到，劫匪门多萨在多数时间内的情绪趋于平静，他向警方提出提供食品和燃料补给的要求，并释放数名人质的举动无不体现其人性化的一面。按如此态势发展，此悲剧理应以虚惊一场为结局。但两名在危机持续期间干预谈判的电台记者、直播现场情况而使绑匪通过大巴电视获悉警方行动的三家电视台却明显导致了事态恶化发展。

5. 报告遭受质疑，善后不尽如人意

菲律宾总统于2010年9月20日公布了政府有关"8·23"人质事件的调查报告，调查报告列举了导致劫持事件以悲剧告终的8个因素，还列举了事件调查和评估委员会提议起诉的至少15名失职者。面临刑事诉讼的仅仅是劫匪门多萨的弟弟，菲律宾内阁无人获罪。这就是菲律宾政府对于事件的最终的诉讼处理方案。本应受到惩罚的政府高级职员、干预谈判的电台记者、直播现场的三家电视台，都被"忽略"了。菲律宾政府的这一善后处置作为对遇难者家属、对中国政府及对全世界的交代着实让人难以接受。

---

① Mirbabaie M, Stieglitz S, Brünker F. Dynamics of convergence behaviour in social media crisis communication—a complexity perspective[J]. Information Technology & People, 2021, 35（1）: 232-258.

7.3.3 中国应急处置工作评析

1. 即时外交交涉，保持高度关注

中国和菲律宾自 1975 年建立正式外交关系以来，一直保持友好关系。国际上建交国间发生的不幸事件，都是通过外交关系进行交涉处理。外交交涉渠道是两国间事务处理的主要渠道。从"8·23"人质事件发生后，中国外交部就保持高度关注。事发当日，时任中国外交部部长杨洁篪致电菲律宾外交部部长罗慕洛表示关注。中国驻菲律宾大使馆对事件过程同样高度关心，和各方保持密切联系。从最初 24 小时的外交交涉情况分析，中国外交部的处理及时得当，外交部部长间的高层联络保证了两国之间重要信息的有效传递沟通。

2. 做好善后处理，安抚受难群众

驻马尼拉的中国大使馆的外交、领事官员在事发现场进行观察，及时向菲律宾提出了四项处置要求：全力抢救伤者；协助死者家属做好善后工作；协助有关人员，让遇事游客尽快返港；就事件做出书面解释。人质事件发生后，中国政府派遣工作组赴菲律宾协助使馆处理有关事宜，中国驻菲律宾大使也提前结束述职返回驻在国处理此事。此外，中国香港特区政府事发当日晚上安排两班包机，于 2010 年 8 月 23 日晚上和 24 日晨安排人质在香港的家人前往马尼拉接游客、遇难者遗体及家属返回香港。随行的包括医疗人员和临床心理学家。同时，和受害者相关的保险公司也予以合同保险赔偿等。香港特区政府于 8 月 24 日下半旗向遇难同胞致哀，并将 8 月 26 日定为全港哀悼日，在金紫荆广场举行默哀仪式。时任香港特区行政长官曾荫权当早率领众司局长，以及前来参与哀悼的市民，出席升旗及下半旗仪式，随后一同默哀三分钟，向死难者致哀。

7.3.4 菲律宾人质事件对中国涉外突发安全事件应急管理工作的启示

从"8·23"人质事件处理流程不难发现，此次在处置涉外突发安全事件中存在许多不足。假设此类事件发生在我国境内，或是我国公民在其他国家和地区再遇到类似突发事件，我国该如何做好应急管理工作值得深思。结合我国实情，反思我国在涉外突发事件应急管理中存在的问题，可得出以下启示。

1. 建立危机应对网络

系统危机管理理论表明，高效的危机管理离不开完善的危机应对网络系统，必须在整体上构建一个纵向垂直协调管理、横向相互沟通交流、信息资源和社会资源充分共享、指挥协调高效、组织机构完备的全国范围的危机应对网络系统。在处置突发事件时，需要的不仅是完善的应急处置方案和高效统一的指挥组织体系，还需要社会机构的国际援助、志愿者队伍和完备的危机沟通等。此外，在国家层面的实际运作上，还需建立起具有会商决策功能的综合协调部门和综合体系，不能仅停留于外交部门间的交涉方式。

2. 全面加强"一案三制"工作

在我国现有的应急预案、应急管理体制、机制和法治建设中，多数围绕自然灾害、事故灾难和公共卫生事件这三类突发事件，而关于社会安全事件的应急处置建设较少，尤其是涉外领域的社会安全事件应急管理。因此，我国应对该领域的"一案三制"全面加强建设。

3. 完善新闻发布制度

随着传播工具和途径的多样化与便利化，信息公开在突发事件处置中的重要性日益提高，忽视信息公开，隐瞒有关实情的做法极易恶化事态，增加处置难度。相反，如果能够做好信息公开工作，对于获取民众信任和支持具有很大的帮助，也有利于政府应急处置工作的开展。为使信息在突发事件发生时能够迅速传递，最为有效的方式就是建立和完善新闻发布制度。目前，我国的新闻发布除了需要进一步提高信息发布的时效性与规范性外，主要存在两点不足：一是社会群体事件的新闻发布，二是基层突发事件的新闻发布。

4. 培养专业素质人才

要做好我国涉外突发社会安全事件应急管理工作，必须加强专业人才培养，加大培训教育的投入和加强政策引导，培养兼备扎实的理论知识和丰富的实践经验的应急专业人才，为应急管理工作打下坚实的人力资源基础。

5. 健全善后评估机制

在突发事件应急响应处置结束后，并不意味着应急管理整体工作已经完结，善后管理是整个应急管理中的重要环节之一。善后管理亦称为恢复管理，是指突发事件的紧急情况基本得到控制后，政府及其管理者致力于恢复工作，尽力将社会财产、基础设施、社会秩序和社会心理恢复到正常状态的过程。系统完备的突发事件善后管理工作可为组织提供弥补部分损失和纠正混乱的机会。善后管理工作，一是对危机后不稳定的社会状态起到缓解和消除的积极作用，二是为社会生产和社会秩序的恢复重建提供组织保证，三是为切实提高应急管理能力提供经验，从危机中获得改进。

6. 重视国家形象建设

突发事件的发生往往会成为社会焦点，当其影响重大时将吸引全球眼光，事件的应急处置工作也自然成为一个国家建构国家形象的良机。应急处置工作如果做得出色，将赢得世界的喝彩，否则国家形象受到严重损害。因此，做好国家形象建设工作无疑是涉外管理中重要的一环，除了上文提到的完善新闻发布制度外，根本的是要加强自身建设。近年来，中国的经济发展极为快速，但要加强我国自身建设，不应仅局限于经济发展，也应注重政治、文化和生态领域[1]。

---

[1] 陈明. 菲律宾"8·23"反劫持香港游客事件探析[J]. 网络财富, 2010, (19): 166-167.

> **本章小结**

首先，介绍了社会安全事件应急管理的含义，从四个阶段分析了社会安全事件应急管理的内容，并介绍了社会安全事件应急管理的制度创新。其次，介绍了社会安全事件应急管理的理论，包括社会影响评估理论、公共政策风险评估理论、公众参与理论。最后，分析了社会安全事件应急管理真实案例："8·23"菲律宾人质事件典型案例。

> **关键术语**

社会安全事件　应急管理制度　社会影响评估理论
公共政策风险评估理论　公众参与理论

> **复习思考题**

1. 社会安全事件应急管理的内容是什么？
2. 社会影响评估理论是什么？
3. 公共政策风险评估理论是什么？
4. 公共参与理论是什么？
5. 分析2010年"8·23"菲律宾人质事件对应急管理工作带来了什么影响？

第二篇 专题应用篇

第8章

应急管理社会动员

8.1 社会动员概述

8.1.1 社会动员的含义

关于我国的社会动员，郑永廷提出，社会动员就是广义的社会影响，也可以称之为社会发动[1]。它是指人们在某些经常、持久的社会因素影响下，其态度、价值观与期望值变化发展的过程。龙太江提出，改革开放以后，随着经济社会的发展，社会动员开始转向"由社会进行的动员"，即社会凭借自己调动社会各方面的力量，开展群众运动，依靠人民群众和社会各部门的力量，克服危机、恢复社会正常秩序的行为方式与过程。主要有社会动员、社区动员、社会团体动员、个体志愿者动员[2]。吴开松提出，社会动员是相对于政治动员的，我国正在由"大政府、小社会"向"小政府、大社会"过渡[3]。

中华人民共和国成立后，我国的社会动员主要有五个方面的发展趋势：一是动员性质面向组织和社会化；二是动员主体以政府力量为主、社会力量为辅；三是动员对象趋向多元化；四是动员轴心考虑集体利益；五是动员模式为"强国家-弱社会"。

动员主体、动员客体和动员环境是社会动员的基本要素。动员主体和动员客体分别是系统中的发动机和接收器。动员主体具有教育功能、导向功能、示范功能。在我国，动员主体主要包括中国共产党及其领导的政府和非政府组织，中国共产党拥有强大的组织能力和动员能力，在社会动员方面具有其他任何一个政治组织所没有的优势。各级政府在社会动员方面也起到了关键作用，作为国家的代表，各级政府是重要的动员主体，它具有强制性、扩张性和代理性等特点。

根据国内学者对我国社会动员的研究，人们对社会动员主体存在着不同的认识。例如，有些学者把社会动员和政治动员看作是对立的，认为政治动员的主体为政府，社会动员的主体为政府以外的社会力量；一些学者则认为，社会动员涵括了政治动员，我国

---

[1] 郑永廷. 论现代社会的社会动员[J]. 中山大学学报（社会科学版），2000，（2）：21-27.
[2] 龙太江. 从"对社会动员"到"由社会动员"——危机管理中的动员问题[J]. 政治与法律，2005，（2）：17-25.
[3] 吴开松. 当代中国危机动员研究[D]. 华中师范大学博士学位论文，2006.

当前的社会动员主体主要是由政府主导,而社会力量是辅助的,在社会动员客体方面,普遍认为,客体既涉及体制内成员也包括社会公众。

8.1.2　公共治理与社会动员

通过合作与协商来实现对公共事务的管理是公共治理的核心。治理中的危机最早是世界银行用于形容非洲问题时提出的[1]。自此,治理在公共管理中得到了广泛的运用,强调政府、市场和第三方机构的协同效应。在公共治理的理念下,政府需要转变自身的职能。横向上讲,加强与市场、第三部门的联系、沟通和合作,从纵向上讲,是把权力还给社会。

要实现政府职能的转变,就必须建立一个扁平的行政组织架构和多中心治理的格局。

首先,在公共治理理念下,以政府形式出现的政府部门,已不再是国家与社会事务的唯一核心,而由市场与第三方机构及政府共同承担公共事务的责任逐渐成为趋势。应急管理是为社会大众提供公共安全服务的,其主体是政府、市场和第三方机构。各个主体之间相互协商、合作、互动,形成一个网络系统共同面对一个共同任务,共同解决各种突发事件,实现公共安全的共同目标。应急社会动员的先决条件在于其参与主体的多样性,在这种紧急情况下,必须集中力量,采取强制措施,由法律上的权力机构来协调,这是无可争议的,但政府必须改变自己的应急行为方式,把市场与第三方机构的力量整合到应急管理系统中。

其次,在公共管理的思想指导下,政府应当站在公众的立场,面向大众,为大众服务,构建服务型政府。政府作为应急管理的主体,必须改变"重控制、轻服务"的思想,增强应急服务意识,提升应急服务能力;在突发事件中,将公众的满意度作为应急管理工作业绩的重要衡量标准。

政府要想让民众对政府的应急管理工作更满意,就必须通过社会动员,使民众参与到公共管理之中,最大限度地调动社会的人力、物力、财力资源,以减少政府的紧急情况,增强应急工作的效率和政府的应急工作透明度。确保公众对危机的知情和监督,增强公众对政府的信心及公众的自救能力,避免在紧急情况下过度惊慌而导致衍生危机,增强社会的凝聚力,增进群众的合作与信任,维持社会的稳定。

公共治理理论认为,政府和社会组织的关系并非命令和服从,而是协商、合作、依赖和交互。在此基础上,需要进行政府职能的变革,以促进应急社会动员的推行,改变只凭政府应急的局面,进而提升应急管理的效率,促进社会民主化发展。

8.1.3　社会动员的类型

郑永廷认为,现代社会动员的主要方式为传媒动员、竞争动员和参与动员[2]。

---

[1] 俞可平. 治理与善治[M]. 北京:社会科学文献出版社,2000.
[2] 郑永廷. 论现代社会的社会动员[J]. 中山大学学报(社会科学版),2000,(2):21-27.

传媒动员是利用大众传媒的影响力实现动员。随着即时通信信息技术的发展，尤其是短视频、微博与微信的广泛使用，计算机网络信息影响力有了质的飞跃，导致传媒动员的影响力更大，使用者也更加多样化。

竞争动员是按照亚当·斯密"看不见的手"的原理："通常既不打算促进公共的利益，也不知道他自己是在什么程度上促进那种利益，他只是盘算他自己的安全；由于他管理产业的方式的目的在于使其生产物的价值能达到最大程度，他所盘算的也只是他自己的利益。这个场合，像在其他许多场合一样，他受着一只看不见的手的指导，去尽力达到一个并非他本意想要达到的目的，也并不因为事非出于本意就对社会有害。他追求自己的利益，往往使他能够比在真正出于本意的情况下，更有效地促进社会的利益。"[①]竞争动员具有激励性、扩展性、风险性，如奖学金制度、评优制度、劳动竞赛等。

参与动员是指人们参与现代社会政治、经济和文化生活的过程。过去人民参与社会活动、政治生活、公共治理等活动，大多是通过组织的安排和有组织地进行的。现在人们参加社会活动的范围大大扩大，参加的程度也大大超过了以前。参与行为涉及所有人，但不同的人参与的范围和程度不同，体现了特殊性、主动性、选择性和驱动性。

8.2 应急管理的企业参与

企业具有雄厚的经济实力，在突发事件中是应急管理的重要参与主体之一，很多企业会在紧急情况下参与紧急救援，并配备了企业自身的应急救援队伍和应急救援设备，可以在紧急情况下一展身手。企业在突发事件应急管理中的介入，可以提高突发事件的处理能力，企业参与应急管理，也是企业履行社会责任的具体表现，可以提高企业的知名度和美誉度，促进企业的发展。

8.2.1 企业参与的收益与途径

企业是一种社会组织，既要创造利润、要对股东的利益负责，又要遵守商业道德、确保生产安全和职业健康、保护劳动者合法权益、节约资源等。在当前突发事件频发的背景下，参与应急管理是承担企业社会责任的一项重要内容。企业要负起社会责任的原因在于，企业的经营行为将对其所在的社会有重大的影响，而社会的发展也会对企业的兴衰起到一定的作用。企业的社会责任是在保证自身正常运作的前提下，提高公司的信誉，使本区域的广大民众受益。

企业参与突发事件应急管理主要有以下几个方面的利好。

一是创造企业发展的商业机会。一个企业长期遵纪守法、诚实守信、愿意承担社会责任，能提升企业在社会上的形象，为企业带来无形资产。尤其是在公众生命安全、健

---

① 斯密 A. 国民财富的性质和原因的研究[M]. 下卷. 郭大力，王亚南译. 北京：商务印书馆，2000.

康与财产安全面临重大威胁的时候，企业挺身而出、伸出援手，对企业的长期发展更加有利。

二是加强企业的安全管理。无论是提供合格的救灾物资，或是捐赠，或是直接参加紧急情况的救助，都可以提高企业和员工对紧急情况的敏感度，从而让他们更好地考虑如何避免和预防突发事件，进而增强安全意识，达到防微杜渐的效果，减少企业的损失。另外，由于企业内部的风险有可能向整个社会蔓延，所以企业的内部安全管理也是一种对社会很大的贡献。

三是保障企业的正常运作。在全球经济一体化的今天，各企业的分工与协作日益紧密。突发事件可能导致企业生产、经营链条的断裂。

企业参与突发事件应急管理的途径如下。

第一，在突发事件中，企业要严格遵守国家有关法律法规，不能囤积居奇、哄抬物价。同时，企业要全力以赴，积极组织紧急救援物资的生产，及时提供优质的产品和服务，为救助灾区做好准备工作。

第二，企业是社会财富的"聚宝盆"。在突发事件后，企业要奉献爱心，为突发事件中的地区和公众捐款、捐物，这是企业对社会的一种义务。

第三，一些企业拥有自己的技术和产品，能够直接参与援助，如专业应急救援公司在地震后可以派遣医疗、紧急救援小组前往灾区，为紧急情况下的紧急指挥与决策提供全力支持。此外，很多企业，特别是大型国企，拥有自己的专业救援队伍，能够在紧急情况下及时处理紧急情况，为政府提供帮助。

第四，在突发事件中，人民的生命财产会受到很大的损失，而保险则是可以分担风险、减少损失的一种方法。保险企业可以开发各种突发事件保险产品，减少公众的损失，减轻政府的负担。另外，金融企业还可以为突发事件提供金融产品，以为灾区提供援助。

8.2.2 企业参与的关键问题

企业参与社会应急管理的关键是企业参与的方式，不同阶段企业参与方式表现不同，本小节主要介绍以下三种类型。

1. 应急预案的衔接

企业为了避免突发事件的扰动、确保自身的正常运行，必须进行业务持续性预案的制定与管理。业务持续性规划的主要步骤如下：①获得最高管理层的承诺；②建立规划委员会；③开展风险评估；④确定实施、行动的次序；⑤进行数据的收集；⑥组织、撰写计划；⑦确定检验标准；⑧检验计划；⑨批准计划。此外，根据辖区可能发生的紧急情况制定相应的应急预案。企业应关注和了解政府的突发事件应急管理方案，并将其与政府的应急方案相结合。在突发事件处理中，政府与企业应该建立合作伙伴关系。

在制定应急预案时，企业要考虑到与政府的应急管理方案是否相适应。在有条件的基础上，企业可以直接参与政府的应急管理方案的制订。以石油化工行业为例，其自身也是当地政府的应急管理重要对象。企业的安全与其所处区域的安全有着密切的联系。

因此，在政府突发事件应急管理中，企业要主动地参与到政府的突发事件处理全过程，并将企业自身方案与政府的应急方案相衔接，以确保事故处理的顺畅和有效。

此外，企业还需要对其所处区域的应急管理计划进行了解学习，认清自己的角色定位，清楚自己能够利用的方式和优势。在企业参与突发事件处理的过程中，要重视与政府的互动、交流，并与之建立良好的合作关系。

2. 突发事件的信息共享

在企业发生重大安全事故或其他突发事件，对周边单位、居民造成威胁的情况下，应立即通知相关单位和住户，并将情况上报给地方、上级主管部门，以便相关部门能够及时采取有效的措施，保障人民群众的生命和财产安全。

3. 联合演练与救援

企业的安全与所在地的安全是一个有机的整体，因此，企业不但要在内部进行应急预案的排练，还要与所在地的居民共同开展灾难预防演习。例如，危险化学品生产单位要向周边居民进行危险化学品相关的宣传，制订危险化学品发生泄漏后的应急疏散方案，组织应急演练。应急救援工作需要多方协作，各企业之间的协同配合和紧急情况下的协同作用尤为突出，政府应急管理机构可以根据这种形势，组织各单位开展联合演习，以增强综合应急能力。

企业在社会和经济中起着举足轻重的作用。灾难发生后，企业要尽快恢复生产，及时供应各类商品，以防止急需物资短缺而造成的社会动乱。企业与其所在地有着密不可分的关系，两者相辅相成。企业和社会是相互需要、相互依赖的：企业的发展依赖于社会所提供的人力、物力和其他资源，而社区又依赖于公司所提供的产品和服务。因此，企业既要重视灾难后的自我修复，又要重视社区的复原，并协助社区的重建。从而建立起一种良好的企业与社会的联系，从而为公司的生存与发展创造有利的环境。

8.2.3 企业业务持续管理

各种突发事件和灾难随时都有可能发生，企业必须充分认识到未雨绸缪的重要性。企业的高层和管理人员必须思考怎样才能应对这种风险，以保证企业的可持续发展，并且尽可能快地恢复业务。此外，在不断改变和充满竞争的环境下，企业业务持续性管理作为一种新型的风险管理手段，越来越受到各国政府、企业和学术界的关注。根据业务持续协会（Business Continuity Institute，BCI）的定义，业务持续管理（business continuity management，BCM）是一个整体性的管理流程，它能识别对组织构成威胁的潜在冲击，并提供一个建立快速能力和有效反应能力的框架，从而保障关键的利益相关方的利益、声誉、品牌及创造价值的活动。

在企业建立业务持续管理体系时，不仅要注重系统的备份和恢复，还要建立嵌入企业整个生命过程中的经营目标、策略、制度、组织和资源。因此，企业必须在企业文化中融入 BCM、了解 BCM 的运作、制定 BCM 策略、开发和执行 BCM 的回应方案，最后进行演练、完善和维护。这个系统为企业提供一个策略和操作框架，使其能够更好地适应暂时的破坏、中断或损失。目前，该架构已由企业延伸至政府、公共部门、非政府组织等，可应用于所有组织。

BCM 的生命周期分为六个阶段，每个阶段相互影响，从阶段一到阶段六，BCM 的成熟程度逐渐提升。表 8.1 列出了 BCM 的成熟度水平及 BCM 发展阶段、业务持续管理过程、主要组成部分[①]。

表 8.1 业务持续管理各阶段主要工作过程及组成部分

成熟度水平及 BCM 发展阶段	业务持续管理过程	主要组成部分
阶段一 理解业务	组织战略（运作和业务目标） 关键业务因素（重要任务活动） 业务结果（服务/产品）	业务影响分析 风险评估和控制
阶段二 BCM 战略	组织（法人）BCM 战略 过程层 BCM 战略 资源恢复 BCM 战略	组织（法人）BCM 战略 过程层 BCM 战略 资源恢复 BCM 战略
阶段三 开发和实施 BCM 响应： 计划和对策	业务持续计划 资源恢复计划和对策 危机管理计划	计划和计划编制 外部机构和组织 危机 BCM 事件管理 资源（组织内部资源和/或外包提供者） 应急反应和运作 通信 公共关系和媒体
阶段四 建设和植入 BCM 文化	BCM 文化和认知计划 教育和文化建设活动 BCM 培训计划	有关教育、意识和培训的持续规划
阶段五 BCM 演练、 维护和审查	BCM 演练 BCM 维护 BCM 审查	BCM 计划的演练 员工 BCM 团队的预演 技术/BCM 系统的测试 BCM 维护 BCM 审查
阶段六 BCM 计划	BCM 计划管理 BCM 政策 BCM 保证	董事会承诺、主动参与 组织（公司）BCM 战略 BCM 政策和 BCM 框架 义务责任/权力 财政、资源、保险、审计 管理信息系统：度量/计分卡/基准 合规性：法律法规问题

在突发状况下，企业没有做好充分的准备，应对起来必然是杂乱无章、毫无章法。企业必须事先规划并制订一套完整的可持续经营计划，使所有的员工都能理解和掌握在各种风险情况下的责任、应对及处理的程序。这就是企业业务持续性计划。

---

① 靖鲲鹏，宋之杰. 风险管理的新方法——业务持续管理[J]. 燕山大学学报（哲学社会科学版），2013，14（1）：92-99.

8.3 应急管理的社会参与

在突发事件应急管理中，社会力量是一个非常重要的主体。从国际上的经验来看，各国政府越来越注重应急管理中的社会参与，以加快应急反应的速度，提高应急反应的效能。社会动员是完善我们应急管理机制的一项必不可少的举措。在城市应急管理体制的构建中，在坚持政府主导的前提下，充分发挥非政府组织、志愿者、社区等力量的参与。

8.3.1 社会参与特点

目前，我国应急管理的特点是处于中心地位的政府对社会力量进行掌控，以实现应急救援的有序性。其实，社会应急救援力量是"全灾种、大应急"体系的重要组成部分，是扩大救援覆盖面、提高应急能力的重要支撑，是降低运行成本、提高救援效能的重要方式。目前，我国政府与社会力量在应急管理中的地位还很不对等，社会力量只是有限参与，起到配合作用，政府-企业-公众多方联合共治的态势尚未形成体系，需要进一步完善政府主导、企业合作、社会力量有效参与的应急管理组织体系，尤其加强对企业、公众、志愿者、社区等社会力量的应急文化、专业技能的培训和平时的应急演练。尤其值得借鉴德国建设专业化的应急救援志愿者队伍的做法，通过立法形式，明确应急救援志愿者的地位、职能、合法权益和保障措施等，充分发挥志愿者的作用。《中华人民共和国突发事件应对法》只是原则性地要求政府应当加强职业应急救援队伍与应急救援志愿者队伍的合作，联合培训、联合演练，提高合成应急、协同应急的能力，但没有对政府与志愿者之间的权利义务关系做出明确具体的规定，缺乏可操作性。另外，由于应急救援具有很大的危险性和很强的专业性，通过有组织、有计划的系统培训，提升应急救援志愿者专业知识和专业技能非常重要，否则志愿者不但可能无法有效完成救援任务，还可能使自己陷入险境。

在政府不擅长或需要放松管制的领域，志愿者及志愿服务组织、社区自治组织及企业等社会力量能够发挥灵活、非强制、更具亲和力等优势，有利于沟通政府与民众的关系，更好地传达国家法律与政策精神，缓和民众对立情绪、紧张关系和冲突矛盾，整合、放大应急工作的社会资源效用。以地震为例，地震灾害后若不及时对受灾群体身心应激症状加以干预，将会造成不可挽回的影响[①]。汶川地震后，志愿者与诸多媒体、民间组织和专业社工机构，通过建立大地震心理干预专题官方网站，编写针对医生、军人、教师、学生、灾民等不同群体的灾后心理重建及其他注意事项的普及手册等措施，在心理干预重建工作中扮演了重要角色。

目前，我国企业、社会力量的发动和参与应急治理的广度、深度及组织水平都需要

---

① 赵来军. 灾后心理援助多关注 PTSD 易感群体[N]. 中国社会报，2013-04-24，（003）.

大幅提高，需加快构建全社会共同参与的应急管理工作格局，以激活社会组织力量，大量参与应急治理工作，成为政府领导下的全社会应急机制的重要组成部分，成为实现城市治理现代化的重要保障。

1. 非政府组织的参与

在应急管理中，非政府组织的参与是对政府应急能力的有效和必不可少的补充。尤其是在政府由全能政府向有限政府过渡的过程中，政府在应急管理中所扮演的角色日益受到关注。非政府组织包括协会、社团、基金会、慈善信托、非营利公司等，具有公共性、志愿性、自治性、民间性等特点。在应急管理过程中，他们可以起到独特的作用。

（1）非政府组织与民众的关系密切，能及时反映民众在紧急情况下的利益诉求，防止次生、衍生灾害的发生。改革开放后，我国人民群众的主体意识、知情意识、维权意识、监督意识等方面都有了较大的提升，各种利益诉求也随之发生变化。在突发事件的背景下，由于资源短缺等，现有的利益分歧和社会矛盾会被进一步放大。非政府组织的介入，必然能够及时传达社会各方面的利益，从而使潜在的问题得以解决。如果仅仅依赖于政府的紧急情况，当民众的一些意愿无法实现时，就有可能发生群体性的突发事件。一些具有中立和人道主义色彩的非政府组织，如红十字会，在处理突发事件时，拥有政府所没有的谈判和协调能力。此外，非政府组织还能坚持以社会公益为导向，建立起一套固定的工作机制，对弱势群体的关怀、对灾民的心理干预都能持续下去，不至于"来如潮，退如潮"。

（2）非政府组织聚集了大批具备应急技术的专业人员，是应对突发事件的重要人才。非政府组织的构成基于其成员在某种程度上的思想共识、兴趣爱好或专业技术。通常，在处理紧急情况时，这些技术常常会起到很大的作用。例如，国外的应急管理起源于登山运动。登山运动爱好者运用自己的专业技术，经常在山区进行救援。另外，有些无线电爱好者的通信设备也可以在紧急情况下发挥作用。

因此，我们应将非政府组织纳入突发事件应急管理系统的构建之中，并结合其自身特点，寻找与应急管理相衔接的途径。政府应急管理部门要与非政府组织建立全面的应急伙伴关系，指导非政府组织在紧急情况下的能力建设，并提供设备、演练等方面的必要经费。

（3）非政府组织的响应迅速且灵活。在应急管理中，政府的最大优势在于拥有大量的人力、物力和资金，但其最大的缺点是缺乏足够的灵活性和反应能力。相比于美国的卡特里娜飓风，中国汶川地震的紧急救灾工作效率在国际上获得了更多的好评。美国政府对于卡特里娜飓风的反应缓慢，当地的犯罪和民众的不满情绪高涨。这是因为，美国对灾难的反应是从底层开始的，没有各州的请求，联邦政府不得主动介入应急管理，但在应急救援申请时，反应速度被延迟。

（4）非政府组织在突发事件中的参与可以促进应急管理的国际化。非政府组织的特殊性决定了其在应急管理中可以通过国际社会的关系寻求更多的国际援助，引入国外的先进设备、技术和理念，从而提升国家应急反应的能力。在汶川地震的救灾过程中，中国展现了大国的成熟和自信，并吸纳了大量的外来援助。

2. 志愿者组织的参与

志愿者组织是一个具有强烈志愿精神的公民共同体，是将群众与政府联系起来的一个重要桥梁。从总体上看，志愿者组织要比个体志愿者能发挥更大的作用，能为受援者提供更好的服务。志愿者组织能够聚集志愿者、搭建服务平台、进行培训、提升专业技术、加深社会对志愿者的认识。志愿者组织能把个体团结在一起，把多方面的资源整合在一起，达到更高的目标。

2008年汶川地震发生后，大批志愿者从全国各地涌来，有的自愿前往现场参与救灾，有的则在后方协助，在突发事件发生后的应急救援和灾后恢复重建中起到了重要作用，对健全应急管理机制和开展社会动员工作都有重要的现实意义。

根据不完全的数据，大约有五百万名志愿者参加了汶川地震，这样的大规模志愿者行动，在中国历史上还是第一次。概括来说，汶川地震志愿者行动具有以下特征。

（1）人数众多。根据团中央抗震救灾工作联合办公室、中国青年志愿者协会的初步数据，在汶川地震时，全国各级团组织报名参加抗震救灾志愿活动的人数达到561.2万人，其中直接和间接参与了抗震救灾的志愿者人数达到491.4万人[①]。

（2）多元组合。参加地震救灾的志愿人员组成是多元的。从组织的角度来看，包括由志愿者组织或其他非营利机构所招募的有组织的志愿人员，以及由个体自愿的"单兵行动"；从职业的角度来看，有工人经营者，也有青年大学生。

（3）行动迅速。地震发生后，全国各地的志愿者组织都迅速投入救灾工作中。更多的"散兵游勇"通过不同的途径，积极地支援灾区的救灾工作。

（4）积极主动。中国过去的志愿者行动大多来自政府的呼吁，汶川地震后，志愿者大多是自发组织起来的，大部分志愿者在接受采访时并不了解志愿精神，只说自己认为自己能为灾区做点事。

（5）反应灵活。志愿者的响应要比政府更灵活。汶川地震中最典型的事例就是分发救济品，通过官方渠道通常需要三四天，但一些志愿者可以在一两天内把物资从机场送到灾区。

3. 社区的参与

随着从计划经济体制向社会主义市场经济体制的转轨，中国经济发展不均衡、社会矛盾积聚、社会心理失衡、公众道德失范等现象日益严重，各类危害社会安全的突发事件屡有发生。各级政府越来越关注突发事件的发生，并逐步意识到，要实现突发事件的有效治理，需要全社会的积极参与。在一定程度上，社区是一种社会关系的整合，它既是一个社会的有机组成部分，又是一个"小社会"。社区在社会管理，包括应急管理等方面都发挥着不可替代的作用。没有社区的参与，就不可能进行紧急的社会动员。特别是在中国，社区的参与可以帮助人们扭转仅仅依靠政府应急的状况，从而促进应急社会动员的发展。

应急社会动员要求社区积极投身于突发事件的应急管理中，而社区参与在突发事件中起到了至关重要的作用。社区是由地缘关系构成的社会生活共同体。在公共危机事件

---

① 全国491万名志愿者参与抗震救灾[N]. 中国青年报, 2008-06-10, （03）.

发生时，社会民众是最直接的灾难承担者。因为公共危机关系到民众的切身利益，因此，当社会民众被动员时，他们的防灾抗灾意识和积极性就会提高。在很多案例中，政府的反应很慢，而在这个时候社区就是第一个响应紧急事件的人。同时，社会公众也会对社区产生某种认同与归属。我们把社区作为基层单位来应急，能够最大限度地激发民众的积极性、主动性和创造性。

政府动员本质上是一种基于"单位制"的施压政治动员，即政府依据行政隶属关系对各种单位进行控制，而单位又对其所管辖的个体进行控制，从而使国家能够调动各种人力、物力和财力资源，在应对突发事件时可以高效地化解危机。但是，随着现代社会的变革，"单位制"逐步被打破，人也从"单位人"转变为"社会人"。因此，具有显著社会化特点的社区动员将逐步取代政府动员，有效地聚集和调集应急管理所需要的人力、物力、财力资源。

中国行政体制由于受到传统行政文化的影响，具有高度集权的特征，同时也担负着大量的应急管理事务，难以适应新形势的变化。大众生活相对聚集的社区，则能直接、灵活地应对突发事件。

我国社区在陆续开展丰富多彩的文化活动，如社区文化节、艺术节、科普节等，为社区公共安全教育、普及应急管理知识等提供了一个很好的平台。我国的公共安全意识较为淡薄，公共安全知识相对匮乏。大力弘扬公共安全文化，加强公共安全教育，强化公众安全意识，是国际上普遍实行的应急社会动员模式。在公共安全教育工作中，社区是前沿阵地。

随着社区的不断发展和成熟，社区自治的理念也逐渐形成，越来越多的非政府组织投入社区服务中。这对培育社区意识、增强公民信任、形成相互守望制度、保障社区安全具有重要意义。通过促进社区居民参与到应急管理中来，加强社会责任感，培养自主性公民的自觉意识，形成一种新型的"相互守望"体系，对突发事件进行防范和控制。应急管理的最高层次是在萌芽阶段消灭公共危机，进而各国政府在应对突发事件时，均强调减缓和准备两大职能，力求消除突发事件的发生。我国的突发事件处理，也有一定重救轻防的倾向。通过社区的参与，我们可以从根本上预防意外的发生。

总之，社区在应急管理工作中扮演着非常重要的角色。社区参与既能提高公众的公共安全意识、及时排除公共安全风险，又能在公共事件发生后及时组织民众进行有效的自救和互助，将负面效应降至最低。社区在紧急事件处理中的参与，也有利于推进我国的民主化进程。

8.3.2 国外应急管理社会参与经验

2011年日本福岛核电站核泄漏事故后，美国政府总结自身应急管理工作和日本政府地震应对中存在的问题，正式树立了全社会参与的理念，要求政府、企业、社区、非政府组织和城市居民等全社会力量各尽其责、团结一致地有序应对突发事件。德国应急管理最大的特色是各种专业志愿者应急管理队伍大量参与，并且数量庞大、专业技术突出、分布广泛、响应迅速，全国有 180 万人是具有专业化应急救援知识和技能的志愿者[①]。加拿大 2019 年颁布的《加拿大应急管理战略规划：迈向韧性的 2030 年》中，五大核心内容亦着重强调注重全社会各方力量的参与协作。日本不断提高基层单位应对突发事件能力，提升群众防灾意识和自救互救能力，构建了全社会参与的应急管理机制，尤其坚持学校教育与社区教育相结合，通过在中小学设置应急课程、设立固定"防灾日"、建设社区防灾体验中心等具体措施，切实增强全社会的应急意识，提高其应急能力，促使政府、非政府组织、志愿者乃至每一位普通民众，都成为防灾抗灾的中坚力量。新加坡在应急管理中也特别强调全社会力量的参与，在政府部门和民间积极培养应急队伍以期做到"全面防卫"。第三届世界减灾大会通过了全球减灾领域新的行动框架《2015-2030 年仙台减轻灾害风险框架》，明确提出鼓励建立企业、学术界、志愿者市民团体、媒体等协作机制，减少灾害风险[②]。

1. 国外非政府组织参与应急的经验

尽管非政府组织在应对突发事件方面有着一定的优势，但是也存在着诸如盲目性、利己性等问题。因此，在灾难应急过程中，非政府组织的动员和引导是各个国家都关注的问题，希望尽可能最大限度地发挥其作用，降低其盲目性。

1）法律上有保障

德国、俄罗斯、以色列等国的紧急状态法对紧急情况下的政府和非政府组织的关系做了详尽的规定。日本于 1998 年颁布的《特定非营利活动促进法》对非政府组织在灾害和事故应急中的地位及角色进行了清晰的界定。美国在"9·11"事件后，对非政府组织进行了责任和义务的明确，使得非政府组织能够根据本国的法律和法规参与到应急管理中来。美国的法律鼓励非政府组织组建紧急救援队，并承担一定的公共服务职能。

2）机构中有地位

在国外灾害和事故应急系统中，非政府组织与各国政府的协作已成为一种常态，非政府组织的参与制度也较为完备。政府在制定灾害和事故应急预案、使用财政拨款、建立应急网络、组织培训演练等方面，都要把非政府组织纳入灾害应急管理体系中。

美国的公共危机治理既有国家层面的积极介入，也有大量的非政府组织参与。美国政府充分利用了非政府组织在人力、智力、财力上的优势，为缓解灾害、拯救生命、降低财产损失提供了有力的保障。俄罗斯非政府组织因其自身的特殊性，在救灾中的作用主要是以半官方的俄罗斯紧急状态部形式进行。该非政府组织在政府的支持下执行各项救灾政策。英国政府成立了一个非军事意外事件秘书处，专门负责政府各部门和非政府组织的应急救助工作。德国的灾害处理系统由公安、消防、紧急医疗援助中心、军队和多种非政府组织构成。澳大利亚大约有 31 个非政府组织由政府统一管理，其在灾害准备、灾害管理、海岸救援、野生动物保护、难民服务等领域扮演着重要角色。日本成立了非政府组织中心，并在此基础上形成了一套政府与非政府组织协同互动的机制。

---

① 游志斌，薛澜. 美国应急管理体系重构新趋向：全国准备与核心能力[J]. 国家行政学院学报，2015，（3）：118-122.
② 赵来军，霍良安，周慧君. 世界主要国家应急管理体系与实践及启示[M]. 北京：科学出版社，2022.

3）建设上有扶持

一是财政支持。《美国税法典》列举了25个非政府组织类别属免税范畴，而且几乎全部非政府组织免征国家及当地财产税、营业税。另外，超过50%的联邦社会服务费用用于非政府组织。1995年，各级政府部门为非政府组织575亿美元的活动资金提供了37%的经费。日本政府将非政府组织的灾害防治工作纳入财政预算。英国拥有许多历史悠久的非政府组织，这些非政府组织长期依赖于政府的公共资金，政府每年向非政府组织拨款33亿英镑，这是一个巨大的数字。

二是专业训练。政府平日重视各类非政府组织的登记注册和培训，让非政府组织的成员掌握有关灾害的知识、技能和方法。当灾害发生时，要对这些非政府组织进行统一的指挥与协调，以便他们能及时赶到现场，并采取不同的专业措施，全方位地开展救灾工作。例如，德国现在有很多紧急救援类的非政府组织，最大的就是德国红十字会，它拥有超过30万名志愿者，他们都接受了紧急救援的专门训练。澳大利亚政府在2001~2005年为非政府组织的训练投入了1 600万澳元。所有的非政府组织都要按照国家标准接受训练，并具备相应的救援技术，具有国内通用的资质。

4）救灾中有动员

在应对重大自然灾害的过程中，国外十分关注非政府组织的动员，及时地安排非政府组织，让非政府组织的专业人员参与到救灾一线。

在应对阪神大地震中，日本红十字会等非政府组织受都、道、府、县知事之托，派遣医师、护理人员赴台救灾。

在美国，一旦出现严重的灾难，美国政府会第一时间安排各种非政府组织，而美国红十字会就是他们的首要目标。超过700家美国红十字会站点会被要求在灾难发生后的两小时之内提供救援服务。美国全国救灾行动志愿者组织有超过30个分支组织，也受政府统一安排，在全国范围内迅速进行救援活动。

2. 国外志愿者参与应急的经验

在国外，尤其是发达国家，志愿者组织的发展源远流长，数量庞大，涉及面很广，有很多为应对紧急情况而专门设立的志愿者组织。这些志愿者组织在应急管理方面具有不容忽视的作用。

1）组织完善

美国红十字会、救世军等非政府组织的规模很大，覆盖范围也很广，他们通常会组织和培训志愿者，在遇到紧急情况的时候及时为政府提供帮助。美国除了红十字会和救世军之外，还有许多志愿人员参与紧急事件的管理，如美国在1970年设立了全国灾难义工行动机构，负责协调30余个参与紧急事务的非政府机构，以免任务重叠，资源浪费。

在澳大利亚，一旦灾难来临，各州或地区、州应急服务中心等志愿者组织都会积极应对灾难。

德国拥有超过2.7万名专业消防员，而志愿者数量达到130万人。志愿者是德国紧急救护系统的中流砥柱和基石，担负着超过70%的紧急救护工作。

2）经常培训

培训是志愿者组织工作中的一个重要环节。一般来说，加入志愿者组织后，都要接受一些与工作有关的培训。例如，红十字会的志愿者要接受急救和医疗方面的专业训练，而消防人员也要经过专业的消防训练。

在澳大利亚，参与紧急救援工作的志愿人员都要经过专业训练，能够熟练地操纵各种复杂的灾害和事故防御设施。志愿者必须接受一系列的训练，如水上安全急救、灾害财产保护等。

德国拥有一整套完善的志愿者培训体系，以及由浅到深、专业配套、科目齐全的培训课程和师资力量。培训内容包括基础培训、指挥培训和专业技能培训。

3）突出专业性

在紧急救援情况中，很多工作都是需要专业人士来完成的。所以，很多国外的志愿者本来就从事一些特殊的职业，如医护人员、心理干预人员。他们日常工作的内容和紧急救援情况的处理工作高度相关。

日本的志愿者，虽然是业余工作，但都是有专业资质的。他们在从事志愿者工作之前都经过了专门的培训和严格的考试。德国联邦政府技术救援署（Technisches Hilfswerk，THW）的援助团队涵盖了不同的灾难类型，包括6个联邦政府救援队（Rescue Abroad，SEEBA）和33个快速反应供水队（Supplyand Treatment Abroad，SEEWA）应急小组，这是德国政府救灾工作的主要力量，救援人员都是受过专业训练的志愿人员。

4）保障有力

一个成熟的志愿者组织能够为志愿者活动提供完善的信息、技术、设备、后勤、资金保障，确保志愿者活动的顺利进行。

澳大利亚的志愿者可以得到国家提供的火灾保险。参加灭火的，不能从原单位扣除其薪金；在救火过程中受伤，按正常的工资发放，医疗费用由保险公司承担。各志愿者单位均由政府按计划兴建营房及配备车辆，并配有1~3台消防车及各类器材。

德国联邦政府技术救援署在全国共有665个社区志愿者机构，其办公用房、仓储设施、装备仪器、应急救援车辆等均由政府配置，队员均是当地的志愿者。

5）开展合作

第三部门在发达国家已经得到了充分的发展，并与政府部门建立了很好的伙伴关系。例如，2006年6月，加拿大联邦政府推出了一项促进志愿服务部门发展的计划（Voluntary Sector Initiative，VSI），目的是加强志愿者机构的组织能力和促进政府与志愿者之间的互动。

土耳其阿库德义工紧急救助团体，因其在紧急情况下的紧急反应而享有极高的声誉，其影响力仅次于军方。阿库德在多个领域与政府进行了多次合作，如参与了政府的灾害预防计划，起草了《城市搜寻和国家救助标准》，并完成了《伊斯坦布尔市洪水和急流安全分析报告》《亚达那（Ceyhan）地震安全分析报告》等。

3. 国外社区参与应急的经验

1）建立应急反应队伍

美国联邦应急管理局在制定国家灾害预防方案的同时，也建议设立"有准备的社区"。

美国学者 Kreps 声称，"准备是紧急情况处理的一个重要基础"，美国在"9·11"事件后采取了很多"准备项目"，以有效地降低危机事件对城市的正常生活和社会秩序造成的影响。时任美国总统布什已经制定了一项"市民梯队"的方案。内容包括：①社区危机应对小组。其主要目标是培养民众应对突发事件的应变能力，使其在危机来临时能及时采取自救措施，将危机造成的损失减至最小。②医疗预备役。主要是医疗保健及保健服务领域的志愿者，涵盖了各个医疗领域的专业人员。③街区守卫。主要是对社区居民进行培训，增强他们的观察力，从而为警方破案提供线索。社区卫士的身份是被严格保密的，从而保障社区卫士的人身安全。④辅助警察。这些人大部分都是自愿参加治安管理的，接受过培训和教育的人会在自己的社区里巡逻，并向警方报告突发情况。

2）注重市民应急知识培训

首先，政府会为民众提供相关的资讯与培训，除了教导一般普通民众如何应对危机、如何协助弱势人群，洛杉矶市残疾人服务处亦会针对身患残疾者进行紧急应变训练。其次，政府有关部门也会为危机管理系统提供相应的培训和资讯服务，以防范突发事件。最后，教育部门还为青少年开设了各种教育和培训课程，对处于青春期、叛逆期、精力旺盛的青少年进行适当的指导，以增强其对危险事件的防范意识和应变能力。

日本是一个灾害多发的国家，但总体上来说其损失相对较小，这与日本的学校防灾教育有着很大的关系。日本在各个时期的学校灾害预防教育是循序渐进的，目标和侧重点也不尽相同。日本东京都政府除了危机教育外，还常常组织民众进行紧急演练。日本东京都的灾害预防培训主要分为三种。第一种是综合灾害预防演练，旨在加强各单位的合作，提升民众在紧急情况下的应变能力。第二种是地图模拟，训练学员的判断力、动作、熟悉环境。第三种是以首都为中心的 8 个市县进行的联合军演，其目的是推动首都圈内地区间的合作。

3）注重培养基层的危机应急能力

日本东京都相信，要预防和降低灾难的损失，就需要建立一个具有较强抵御灾害能力的社会和社区。所以日本政府在防范突发事件时，提出了市民自己的生命自己保护、自己的城市和市区自己保护的基本防灾观念。其目的是通过各种社会组织的合作，相互支持，以构建一个社会系统，共同应对各种社会危机。

➤ 本章小结

本章首先介绍了社会动员的相关含义，分析社会治理与社会动员之间的关系，从不同侧面诠释了社会动员的类型。其次，介绍了作为应急管理重要主体的企业参与应急管理的相关内容，参与突发事件应急管理，不仅可以提高企业处理突发事件的能力，还能帮助企业提高知名度和美誉度，促进企业的发展。在突发事件中，社会力量是应急管理中一个非常重要的主体，通过动员社会主体参与应急处置，以加快应急反应的速度，提高应急反应的效能。

➤ 关键术语

社会动员　公共治理　企业参与　社会参与　非政府组织　社区参与

> **复习思考题**

1. 社会动员的类型有哪些？
2. 根据公共治理理论，政府在应急管理中应该如何定位？
3. 企业参与到应急管理中的意义是什么？
4. 企业可以通过哪些形式参与到应急管理中？
5. 企业参与到应急管理中可以获得什么收益？
6. 在突发事件的应急管理中，非政府组织发挥着哪些作用？
7. 相较于志愿者个人，志愿者组织具有哪些特点？
8. 社区参与应急管理的意义有哪些？

第9章

应急沟通与舆情治理

9.1 应急沟通概述

9.1.1 应急沟通的定义与功能

应急沟通是指应急管理者与社会公众建立良好关系以交流信息、互动反馈的双向过程。应急沟通既包括风险沟通，也包括突发事件危机沟通。风险沟通以风险为核心，在突发事件发生之前，主要作用是防患于未然；突发事件危机沟通以危机为核心，主要作用是对突发事件的紧急应对。1989年，美国国家科学院对风险沟通作过如下定义：风险沟通是个体、群体及机构之间交换信息和看法的相互作用过程，这一过程涉及多个侧面的风险性质及其相关信息，它不仅直接传递与风险有关的信息，也表达对风险事件的关注、意见及相应的反应，或者发布国家风险管理的法规和措施等[1]。

突发事件风险沟通是指对潜在的、不确定的风险问题，以传达相关信息为主要形式，以科学为基础进行有效的沟通。其沟通的目的是解释、说服，以及给公众提供选择的权利[2]。由于突发事件具有紧迫性的特点，其发生和发展无法预测，在突发事件应急管理不同阶段的应急沟通侧重点也不尽相同，需要参与事件处理的专家共同开展应急沟通工作。

1. 应急沟通的危机监控预警功能

突发事件爆发前，危机是潜在的、隐蔽的、偶然的、非连续性的，危害性很小甚至没有危害，但这些潜在危机极有可能演化为真正的危机事件。如果沟通渠道完善畅通、涉及的沟通主体积极有为，积极采取措施，完全有可能将潜在的危机化解。

2. 应急沟通的辅助危机决策功能

在危机爆发后，需要进行危机应对，但由于常规信息反馈系统缺失、各类要素不完

---

[1] Covello V T, McCallum D B, Pavlova M. Principles and guidelines for improving risk communication[M]//Effective Risk Communication. New York: Plenum Press, 1989: 3-16.

[2] 冯子健. 突发事件卫生应急培训教材[M]. 北京：人民卫生出版社，2013.

备等，此时需要更多的应急沟通行为积极与社会沟通，最大限度地获取危机处理必备的第一手信息，并做出危机应对决策策略评估，找到相对较好的解决方案。

3. 应急沟通的社会修复功能

突发事件发生后，造成的不仅仅是经济危机，也会造成对社会的撕裂和人们心理的创伤，一些组织和部门也会遭到结构性的破坏。突发事件发生后，要利用应急沟通稳定人心、防止一些谣言的散播造成二次衍生危机。进行社会修复过程中应急沟通需要充分进行公众和危机所在组织之间的信息、情感、思想、价值的交流互动，促进共识和共鸣产生，消除悲观情绪，鼓舞士气，重建整个社会的信心。通过有效的应急沟通，也可以帮助组织恢复良好社会形象，修复组织内部和组织与公众、公众彼此之间的关系。

9.1.2 应急沟通的四个模型

应急沟通的四个模型包括风险认知模型、心理噪声模型、负面主导模型和信任决定模型[1]。

1. 风险认知模型

Sparks 和 Raats[2]、Godin 和 Kok[3]在突发事件中采用计划行为理论评估个体的态度、行为和信念之间的关系。这一理论的基本假设是个体的行为间接地受到一系列复杂因素和行为意图的影响。预测行为意图的因素主要包括态度、主观认知、控制感等，而对突发事件的态度是由行为信念和结果评估决定的。Langford 等依据计划行为理论和社会学习理论提出突发事件的认知模型，该模型关注的是公众的风险认知因素对风险沟通有效性的影响[4]。Cavero 等的研究发现，公众对于风险事件的知觉在很大程度上影响着人们的情绪状态及随后的态度与行为。他们结合研究数据总结出了 15 种会对应急风险沟通产生影响的风险认知因素，发现公众的风险认知状态受到风险事件特征与公众个人特征两大类因素的双重影响[5]。Slovic 等随后也提出了与此一致的观点，他们认为，风险事件本身的特性、公众个人的人格特征及风险事件特征与公众个体特质之间的交互作用会影响

---

[1] 郑昱. 突发公共事件中舆论信息传播倾向的影响因素——基于民众负性情绪的研究视角[J]. 情报理论与实践，2017，40（7）：80-87.

[2] Sparks P, Raats M. Health promotion: Beyond risk perception and risk communication[J]. Risk Decision and Policy, 1998, 3（3）: 261-270.

[3] Godin G, Kok G. The theory of planned behavior: A review of its applications to health-related behaviors[J]. American Journal of Health Promotion, 1996, 11（2）: 87-98.

[4] Langford H, Georgiou S, Day R J, et al. Comparing perceptions of risk and quality with willingness to pay: a mixed methodological study of public preferences for reducing health risks from polluted coastal bathing waters[J]. Risk, Decision and Policy, 1999, 4（1）: 201-220.

[5] Cavero V, Diez-Canseco F, Toyama M, et al. Provision of mental health care within primary care in Peru: A qualitative study exploring the perspectives of psychologists, primary health care providers, and patients[J].Wellcome Open Research, 2018, 3: 1-18.

公众的风险认知过程[①]。Fischhoff 等曾高度评价这些观点,认为风险认知偏差研究是对风险应急沟通管理最重要的贡献。这一模型从概念上表征了突发事件中,人们的认知结构、对突发事件的认知和行为偏向的关系[②]。

2. 心理噪声模型

心理噪声模型聚焦于心理压力对个体信息获取及信息选择过程的影响,该模型指出,当个体面临突发性危机时,会产生不同程度的压力和恐惧等负面情绪,研究者将此称为心理噪声[③]。这些负面情绪会使个体对信息的注意广度、知觉能力受到限制,很容易产生认知偏差和非理性行为。心理噪声模型为应急沟通的有效进行提供了一个重要的切入口。在突发事件发生时,如何以适合的方式及时地降低公众的心理噪声、安抚公众的负面情绪是校正公众风险认知偏差、提高公众理性应对能力的前提。在突发事件发生后,如果没有明确的导向,个体就很容易产生不良的心理反应,相对于公众与风险事件的身体距离而言,公众的心理距离是产生恐慌的直接原因,而有效的风险应急沟通对缩短公众的心理距离、降低恐慌有着重要的意义。

3. 负面主导模型

当个体身处突发事件中,会更重视消极的信息。认知心理学的研究发现,个体在信息加工过程中存在负性偏差效应,即相比于积极信息,个体对消极信息更加关注。在风险认知过程中,情况更是如此,个体往往会对突发危机事件中的负面信息赋予更大的权重。例如,SARS 事件期间,医方的记录数据表明 SARS 的致死率从未超过 6%,而治愈率一直都保持在 90%以上;但有调查表明,当时更多的人只是倾向关注 SARS 的死亡率,并高估 SARS 疫情复发和恶化的可能性[④]。

4. 信任决定模型

信任决定模型强调信任在应急沟通过程中的重要性。Morid 和 Shajari 曾指出,无效的应急沟通在一定程度上可归因于缺乏信任。在突发事件演化过程中,公众有强烈的信任需求,希望能以较少认知努力策略来降低情景的不确定性,从而增加控制感。但事实上,一旦信息公布方的态度、行为、语言表达方式等任何一个方面不符合公众预期,信任都可能遭到破坏,人们的选择性注意、认知加工水平和风险认知随之也都会受到影响[⑤]。

---

① Slovic P, Finucane M L, Peters E, et al. Risk as analysis and risk as feelings: Some thoughts about affect, reason, risk and rationality[M]//The Feeling of Risk. London: Routledge, 2013: 21-36.

② Fischhoff B, Bostrom A, Quadrel M J. Risk perception and communication[J]. Annual Review of Public Health, 1993, 14(1): 183-203.

③ Dennis S, Humphreys M S. A context noise model of episodic word recognition[J]. Psychological Review, 2011, 8(4): 1032-1048.

④ Cheng S K, Wong C W, Tsang J, et al. Psychological distress and negative appraisals in survivors of severe acute respiratory syndrome (SARS)[J]. Psychological Medicine, 2004, 34(7): 1187-1195.

⑤ Morid M A, Shajari M. An enhanced e-commerce trust model for community based centralized systems[J]. Electronic Commerce Research, 2012, 12(4): 409-427.

9.1.3 应急沟通的基本原则与战略

应急沟通的基本原则可以概括为：提早准备、及时主动；信息真实、口径一致；有力应对、维护信誉。在基本原则的前提下，沟通语言也有一定的技巧，在突发事件应急沟通中需要注意以下问题。

第一，不要过度安慰。在突发事件中应急沟通的目的不是一味安抚，而是引导公众冷静地关注事件。

第二，承认不确定性。承认不知道的，提供知道的信息，可以承认公众关于形势不确定性的忧虑。例如，沟通语言可以表达为："虽然听起来很糟糕，我们目前的确无法回答这个问题，但我们正在开展相关调查。"

第三，系统开始运行，表达出应对系统已经开始运行，有助于进一步了解情况。例如，沟通语言可以表达为："我们有一个系统（计划、程序）来帮助应对（寻找答案等）。"

第四，提供预期指导。告知公众预期的结果。如果事态还会进一步发展或者恶化，也要如实告知公众。

第五，要遗憾，而不是防备。例如，当承认错误行为或行动失败时，沟通语言可以表达为："我们很遗憾"或者"我们觉得很糟糕的是"，不要使用"遗憾的是"，那听起来像是准备应对一场诉讼。

第六，承认公众的恐惧是正常的。不要告诉民众不应该害怕，不要说他们因为不合时宜的恐惧像是傻瓜。

第七，承认共同的痛苦。承认灾难性事件给公众带来的痛苦，通过应急沟通行动引导公众采取必要的行动，帮助公众重拾对未来的希望。

第八，表达希望。沟通语言可以表达为："我希望我们知道更多"，"我希望我们的答案能更明确"。

第九，不要提供相互矛盾的信息。突发事件中恐慌主要来自相互矛盾、不一致的消息，当公众面对互相矛盾的建议，或者专家之间的评论不一致时，公众将无所适从，这种不一致的信息为谣言、流言等不实信息留下了空间，只有坦诚才能够维护信誉，获得公众信任，才能降低恐慌的可能性。

第十，有诚意回答"万一"问题。这些问题是公众考虑并希望从专家口中听到答案的。当危机得到控制并且不会影响大量人群的时候，助长"万一"问题经常是不切实际的，但如果"万一"可能发生，人们需要在感情上有所准备的时候，回答"万一"问题就是合理而且必要的。

第十一，安排个体参与应急事务。在突发事件中，简单的任务将使个体找回控制感，使他们有动力去适应正在发生的事情，并使个体做好准备，当接到指令时即刻采取行动。

在不同种类的突发事件中，公众都有其特定的心理学特征，以公共卫生事件为例，公共卫生事件应急管理人员必须预料到公众所承受的精神压力和心理反应，并运用适宜的应急沟通策略去缓解公众的精神压力。应急沟通与其他应急处置技术同等重要，需要将其应用到突发事件的处置过程中。

9.2 突发事件信息发布

国务院2006年发布的《国家突发公共事件总体应急预案》中对突发事件信息发布问题予以规定，预案要求突发公共事件的信息发布应当及时、准确、客观、全面。事件发生的第一时间要向社会发布简要信息，随后发布初步核实情况、政府应对措施和公众防范措施等，并根据事件处置情况做好后续发布工作[1]。在2016年发布的《关于全面推进政务公开工作的意见》中对"回应社会关切"也做出了要求，"对涉及本地区本部门的重要政务舆情、媒体关切、突发事件等热点问题，要按程序及时发布权威信息，讲清事实真相、政策措施以及处置结果等，认真回应关切。依法依规明确回应主体，落实责任，确保在应对重大突发事件及社会热点事件时不失声、不缺位"[2]。在之后发布的《〈关于全面推进政务公开工作的意见〉实施细则》中更是明确规定，"对涉及特别重大、重大突发事件的政务舆情，要快速反应，最迟要在5小时内发布权威信息，在24小时内举行新闻发布会，并根据工作进展情况，持续发布权威信息，有关地方和部门主要负责人要带头主动发声"[3]。在《国家突发事件应急体系建设"十三五"规划》中也要求"完善信息发布机制。加强新媒体应用，及时回应社会关切，并根据事态进展动态发布信息；强化信息发布人员的专业性和权威性；加强领导干部和政府新闻发言人突发事件信息发布能力培训"[4]。

9.2.1 突发事件信息发布的任务

首先，及时主动，准确把握。事件发生后，力争在第一时间发布准确、权威的信息，稳定公众情绪，最大限度地避免或减少公众的疑虑猜测和境内外媒体、互联网站（页）、新兴媒体短视频、公众号等自媒体的不准确的报道，掌握新闻报道和舆论宣传的主动权。

其次，加强引导，注重效果。提高正确引导舆论的意识和工作水平，使突发事件的新闻处理有利于工作大局，有利于维护人民群众的切身利益，有利于社会稳定和人心安定，有利于事件的妥善处理。

最后，严格制度，明确职责。进一步完善突发事件信息发布制度，加强组织协调和

---

[1] 国务院发布《国家突发公共事件总体应急预案》[EB/OL]. https://www.gov.cn/zhuanti/2006-01/08/content_2614770.htm?eqid=f7909e6d00204f3d000000036481bc19，2006-01-08.
[2] 中共中央办公厅 国务院办公厅印发《关于全面推进政务公开工作的意见》[EB/OL]. https://www.gov.cn/zhengce/2016-02/17/content_5042791.htm，2016-02-17.
[3] 国务院办公厅印发《关于全面推进政务公开工作的意见》实施细则的通知[EB/OL]. http://www.gov.cn/zhengce/content/2016-11/15/content_5132852.htm，2016-11-15.
[4] 国务院办公厅关于印发国家突发事件应急体系建设"十三五"规划的通知[EB/OL]. http://www.gov.cn/zhengce/content/2017-07/19/content_5211752.htm，2017-07-19.

归口管理，严格执行新闻发言人工作规程及政府发布的公众号审核制度。对违反工作纪律、蓄意封锁或随意散布消息，造成重大消极影响和严重后果的单位和个人依法、依纪追究责任。

9.2.2 突发事件信息发布的环节

突发事件处置是一个动态过程，相关信息发布也要随着事态发展和处置进展滚动、善始善终，防止有头无尾、虎头蛇尾。首先，相关部门要结合新的事实进展，尽快组织新闻发布会。如果条件允许，最好在事发现场或现场附近举行新闻发布会，由新闻发言人或相关负责人发布信息，回答记者提问。其次，要结合媒体报道的特点和时间，合理安排滚动发布周期。对于涉及面广、有重大社会影响且需要广泛社会动员及公众参与的突发事件，可采用实时发布的方式；对于关联度高、对群众生产生活有密切影响的突发事件，可以每小时或数小时为周期进行发布。最后，要结合公众对事件的认知，在动态发布中注意内容衔接，确保信息完整。

突发事件应急信息发布需要注意以下四点。

第一，进行突发事件的相关信息收集、整理与分析、核实，确保信息的客观、准确与全面。

第二，根据舆情监控，确定信息发布的目的、内容与重点、时机。

第三，确定信息发布的方式，并以适当的方式适时向社会公众发布。

第四，根据信息发布后的舆情，进行突发事件信息的后续发布或补充发布。

9.2.3 突发事件信息发布的原则

《中华人民共和国突发事件应对法》第五条：突发事件应对工作实行预防为主、预防与应急相结合的原则。国家建立重大突发事件风险评估体系，对可能发生的突发事件进行综合性评估，减少重大突发事件的发生，最大限度地减轻重大突发事件的影响。

向社会发布突发事件信息时应遵循以下原则。

一是敢于负责原则。在信息发布过程中，政府主导的信息发布针对议题回答问题；要对议题所涉及的各方利益关系和利益诉求全面展开，一一答复，不掩饰，不回避；对于突发事件中引发公众质疑和恐慌的问题要坦诚面对，对各种谣言和不实信息要一一澄清，对事件的处理结果尤其是当事人的责任追究要全面公布。

二是及时快速原则。突发事件极易引发公众对信息的极度饥渴和媒体的信息爆炸。第一时间发布权威信息是突发事件新闻处理的首要原则，是释疑止谣、引导舆论的关键环节，是抚慰公众恐慌心理的"第一针镇静剂"；否则，如果信息发布不及时、不透明，各种谣言和小道消息就会滋生蔓延，混淆视听，引起公众猜测甚至恐慌。因此，突发事件发生后，政府有责任、有义务遵照前文阐述的信息发布时间要求，在"黄金两小时"内尽快发布事件基本信息，成为新闻的第一定义者，随后视情滚动发布事件处置措施和进展情况，始终用政府权威信息引导社会舆论，避免现场记者因信息饥渴而出现无序采访的混乱局面，从而在源头上引导媒体报道走向，主导整个舆论进程。对社会关注度和敏感度不高，估计不会造成较大社会影响的事件，可先准备新闻通稿，是否公开发布视舆情反应而定。

三是真实准确原则。突发事件发生后，信息关键在于真实客观，真实客观意味着政府不仅不能捂住不报，而且要实事求是，不能弄虚作假。政府要用最简单的语言公布核心的真实信息，如什么时间？什么地点？发生了什么事？涉及何人？伤亡情况如何？政府的态度和措施怎样？此外，突发事件是一个复杂的多面体，在信息公开中不能一叶障目，只公开某一方面的情况，而对另一方面的情况避而不谈，或把个人情绪和意见掺杂其中而误导公众。如果突发事件信息发布违背了真实客观的要求，就会严重损害政府形象，破坏政府公信力，影响事件的顺利处置。

四是良性互动原则。在突发事件信息发布及舆情应对过程中，政府要坚持以民为本，尊重民意。要全面利用各种平台收集社情民意，更好地发挥网络民意表达平台的作用；要切实尊重和满足公众的知情权、监督权，不瞒报事实；高度重视和保障公众对社会管理的参与权，采纳民众的合理意见；要第一时间开展对话交流，化解网民不良情绪，疏导网络负面舆情；要考虑民众的切身感受，回应民众的利益诉求，尊重民众的合理选择。

五是通俗易懂原则。突发事件信息发布属于新闻发布，应当使用新闻语言。新闻语言的特点是具体、简练、通俗。具体并非事无巨细，一一详述，而是强调用事实、细节说话，而不是用概念、判断和推理说话；简练是指简明扼要，开门见山，直截了当，化长为短，化繁为简；通俗是指多用口语，少用专业术语，尽量生动、直白，使公众一听就懂，一看就明。美国"369"传播原则，即30个字、六年级水平、90秒。30个字，是指新闻发布的内容要尽量直截了当，用30个字来概括，这样媒体可以直接用作标题、导语，能将发布内容全部准确传达出去；六年级水平，是指使用通俗易懂的生动语言，让小学六年级的学生都能听得懂，能充分理解；90秒，是指因为电视和广播媒体需要同期声，想让广电媒体出现你的声音，一定要在90秒时间内表达完整，让媒体不用再剪辑。新闻发布不等于政府宣传，也不同于工作总结[①]。

六是统一口径原则。对于突发事件信息发布必须防止政出多头、口径不一引起更大混乱。同一突发事件，内部传出不一样的声音是事件处置的大忌，会使原本简单的事态趋于复杂，暴露内部矛盾，甚至可能由此引发新的危机事件。不管是突发事件处理者还是新闻发布者，或者是政府新闻发言人，以及与事件有关并可能接触媒体的人，对外公布的口径只能是一个，不能提供互相矛盾的信息。为此，必须注意以下三点：①要由新闻发言人或其他指定专人统一对外发言，做到用一个声音说话，禁止未经授权便擅自发布消息；②发言内容要认真准备，力求科学严谨，避免互相矛盾，或者自露破绽；③发言前政府内部要协调一致，达成共识，统一立场。在突发事件处置中，如果政府部门之间口径不一致，就有可能前功尽弃，甚至引发新的舆情危机。

---

① 曾胜泉. 突发事件舆情应对指南：中国突发事件舆情应对理论手册和实战指南[M]. 广州：南方日报出版社，2012.

9.2.4 突发事件信息发布的谣言管理

由于突发事件多与民众利益相关，且发生、发展的速度很快，出乎意料，再加上事件难以应对，危害性高，未来发展趋势不明确，这些就决定了突发事件在发生后相关信息容易引起民众的关注和兴趣。近年来，互联网迅猛发展，网民数量不断增多，民众越来越愿意通过网络这个虚拟平台参与讨论、表达观点。当突发事件产生时，这种参与意愿表现得尤为明显。民众纷纷围绕突发事件热烈讨论，掀起了一个又一个的舆论高潮。当海量的信息聚集在一起，不可避免地就会夹杂不和谐的声音，这就产生了谣言。现代信息技术的发展和普及对于政府做好突发事件应急管理具有双刃剑的作用，特别是现代网络和即时通信技术的飞速发展使得现代社会中每个人既是信息的接受者，也是传播者。一方面，现代网络是突发事件正常信息和应急管理所需信息的快速传播沟通渠道，有助于提高应急指导效率和舆论引导水平；另一方面，现代网络也可能是各种负面信息或误导信息传播蔓延的主要途径，信息畸变时有发生，如果不加控制，有可能引发社会恐慌，甚至形成新的突发事件及衍生灾害，造成甚至比突发事件本身更严重的灾难。

突发事件使人们处于紧急状态，进而会引起人们的精神紧张、心理冲突。处于此极端情境条件下的人群对信息的加工特点、模式和过程均有别于正常状态，表现出特异性。面临信息匮乏和不完备时，人们通常会表现出对信息的极度渴求，而此时信息来源的单一性极易导致谣言的传播。突发事件中的谣言可主要分为无中生有型、夸大其词型、移花接木型、"集体记忆"型、断章取义型五种类型。谣言可能使得舆论场上出现"劣币驱逐良币"的负面效应，不利于突发事件的应对处置。政府部门治理谣言首先要正确认识谣言，建立谣言的预警和评估机制；促进信息公开，建立高效的舆论引导机制；分级处理谣言，完善谣言惩治机制。其次，要提高全民的谣言"免疫力"，建立协同联动的宣传教育机制；重视心理建设，建立情绪安抚和疏导机制。

突发事件谣言的主要类型及其危害[①]。

1. 信息不公开不透明，产生无中生有型谣言

政府对于信息公开的不透明和对舆情的不当回应是此类谣言生成的直接原因。当信息不透明、不对称的时候，谣言就会成为人们心理防卫的一种武器，成为"替代性新闻"。加之权威信息在传播过程中也会遭到误解或歪曲，源头和过程的两难都加剧了谣言的肆虐传播。

2. 恐慌情绪蔓延，滋生夸大其词型谣言

此类谣言往往基于基本事实，但对事实进行了夸大，危言耸听，具有较大的迷惑性，对信息素养较低和心态较差的公众影响深刻，使其轻易掉进陷阱。突发事件爆发后，公众对事件本身的要素极为关注，政府应对是否及时、是否处置到位，都会使得情绪堆积的公众产生群体回避行为和从众心理。从众心理是指个人在群体的影响下，其思想观念

---

① 蔡文玲，靖鸣. 政府治理突发事件谣言的策略——以新冠肺炎疫情谣言为例[J]. 新闻爱好者，2020，11：21-24.

或行为习惯保持与多数人一致的从众现象。每个人都希望与在场的多数人保持一致，如果背离群体、发出与群体不一致的言论，他就使自己处于一种孤立状态。

3. 造谣者借势营销，导致移花接木型谣言

一些别有用心的造谣者以食品、药品安全事件为背景，翻炒旧闻，将过去发生的事情掐头去尾、改头换面，改变日期或将日期模糊、删除，拼凑图片，剪辑视频，误导公众。有调查表明，大量自媒体运营者造谣传谣已经呈现出公司化、产业化趋势，"以谣生利"模式渐趋成熟，已沦为谣言集散地。自媒体野蛮生长过程中，为博取眼球，增加名利，采用移花接木等手段编造谣言，进行商业营销，只会消费公众情绪，而对公共利益和社会稳定毫无价值可言。

4. 刻板印象过滤沉淀，激活"集体记忆"型谣言

突发事件中的"污名化"本质上可以从形象的污损、知情权得不到满足、反映社会的普遍担忧三个层面来理解，焦虑、恐惧、极度失望的情绪随之在社会中弥散，而紧张情绪的极端化就会让理智判断失去稳定的基础，人们会以寻找合适的"替罪羊"的方式来缓解恐惧的情绪。被赋予污名的对象当然就是最适合的"替罪羊"，于是群情激奋、舆情激烈。

5. 权威机构发声不慎，导致断章取义型谣言

政府或主流媒体在发布相关信息时，忽视了信息的目标受众及预计覆盖的人群，由于民众对突发事件的本能恐慌，个体容易选择自己愿意相信的部分内容，断章取义、添油加醋，传播相关谣言。

突发事件爆发后，往往具有"破窗效应"，而谣言的传播会增加原生事件舆论博弈的复杂性、敏感性和不可控制性。

对于谣言治理需要从真实信息公开机制、利用现代技术对谣言传播进行溯源、多部门协同治理等多方面入手。

1. 召开突发事件新闻发布会

突发事件中谣言肆意横行的主要原因是民众信息接收的延后性与获取信息量之间的不对称性。召开新闻发布会作为突发事件期间信息公开的重要途径，相关部门主动应对谣言，积极回应民众的声音。在突发事件期间，召开新闻发布会不仅为相关部门信息公开提供重要平台，更为官方引导信息良性发展，治理与打击谣言提供有力支持，也为官方信息的传播提供保证。不仅如此，开诚布公是突发事件中谣言治理的基本诉求，遇到突发事件做出坦然解释，这才是民众所期望看到的。当更多的民众可以第一时间获取到与事态发展相关的信息，他们对谣言的判断能力也会得到提升。社会公信力的恢复工作并不是一蹴而就的，有关责任主体应当继续积极引导舆论导向，为民众塑造一个积极良好的信息传播环境。

2. 加大信息公开力度

谣言传播初期缺乏有效、系统的信息公开机制，民众往往不能辨识其真伪，不仅使得谣言传播形势严峻，更对政府公信力造成了巨大的打击。有关部门在进行信息公开时，应该加大解释力度，切忌推卸责任。针对民众关切的信息，完善相应的信息公开机制，通过更加权威与明确的信息进行有效辟谣，从而减少公众的认知失调与信息模糊所造成的无助感，有利于引导民众塑造科学的信息传播模式，从而使得民众在应急事件中尽量多地掌握相关信息，建立真实、积极、健康的信息库，进而抑制谣言传播的生存空间，这对于突发事件中的舆论引导与谣言防控至关重要。

目前，我国在谣言治理方面已逐步建立起较为完善的政策规范，但谣言传播往往与时代的发展是紧密相连的，对此，我们应当与时俱进，对有关政策与评判标准进行实时优化，以应对不同的突发事件的产生。

3. 基于区块链技术的谣言传播治理

2008 年，中本聪首次提出了区块链的概念，区块链上的信息具有溯源性，不可篡改；由于智能合约发挥的作用，在区块链上形成的合约关系是充分可信的。在新冠疫情防控期间，针对网络现代化所导致的谣言传播治理困难的情况，相关的媒介机构应当积极承担责任，可基于区块链技术，从谣言传播途径角度切入来进行谣言防控，具体可分为以下三个方面。

第一，对已有谣言的打击。有关部门与平台可以定期对谣言信息进行全方位辟谣，避免谣言的反复传播。重点针对涉及政治、经济、文化历史和民生科普等领域的谣言信息，采用"打标签"等方式来引起公众的注意，并针对官方辟谣信息做出及时的推广，使得谣言和辟谣信息同时"上链"。

第二，对潜在谣言的抑制。在信息传播平台上，有关组织机构应当建立针对谣言的有关数据库，健全信息发布的链条式审查机制，针对潜在谣言信息及时进行"限流"处理，加强有关平台的主体责任，加强对敏感信息的识别，加强对非权威信息的查证力度。

第三，对谣言源头的惩治。有关部门应当明确谣言信息发布传播的相关方责任，建立良好的谣言溯源机制，针对谣言发布源头有关责任人或责任群体加大惩处力度。以网络谣言传播为例，建立健全"黑名单"机制，对于不良账号严肃处理，必要时移送有关部门依法追究责任，网络不是谣言传播的法外之地。

4. 加强有关部门协同管理

突发事件中，跨部门协同管理不到位，数据共享存在难度，责任归属不明确，民众求询受到极大影响。在特殊时期，对于敏感问题，相关部门更应该团结起来，整合平台、协同治理，找到解决问题的根本方法。一旦出现相应的舆论，有关媒体应该持续跟进，有关部门积极引导，营造更加稳定的社会氛围及更加和谐的信息传播环境。

谣言的治理并不单是某一群体的责任，更应当是多方主体应当为之共同奋斗的。多方平台应当加强跨部门之间的协同管理，完善从谣言的监测到谣言治理的一体化流程规范。例如，监测部门实时加强对谣言的监测与发现时效，推动防控宣传部门加大对辟谣的宣传力度，政府部门积极处理广大民众所反映的谣言有关问题，对谣言传播进行协同控制。

5. 有效利用新媒体进行多样化宣传

在全国抗击新冠疫情的宣传中，新媒体虽然为谣言传播提供了温床，但只要进行合理信息引导，在信息数字化的大环境下，利用新媒体宣传正面信息，进行舆论引导，往往同样可以抑制谣言的传播。例如，抖音发布"山东村干部通过大喇叭进行方言喊话"、快手宣传"快做核酸表情包"、微视频中"中国军网配乐诗朗诵《借问瘟君欲何往》"等。应该借用这种新型的信息传播模式，向民众弘扬国家抗击新冠疫情坚韧的态度与决心，传递正义必将胜利的正能量。

目前，较为主流的辟谣方式主要分为召开新闻发布会及在微博、微信的"两微平台"进行信息宣传。网络为信息传播提供了较大的便利，但对于社会各年龄段群体，尤其是对于老年人，如何合理地进行辟谣宣传，仍是亟待解决的问题。对此，可以通过对地方社群进行划分，针对不同的受众采取不同的辟谣方式，还可以采取线上线下结合的辟谣手段，这对于提高信息的可信度具有重要意义。

9.3 突发事件舆情干预与引导

9.3.1 突发事件舆情干预的背景与必要性

舆情是指大众关于社会民情、民意的事情的态度及舆论，是社会民情及对其舆论的总和。中国舆情研究专家王来华给出的定义是：舆情是指在一定的社会范围内，围绕着社会上发生的事件，事件的过程及事件的结果，民众对事件及当前发生事件的关注性的情绪和意见[1]。舆情也可以理解为民众对社会各种具体事物的情绪、意见、价值判断和愿望等。互联网舆情是在互联网世界里，通过常用的互联网交流渠道，如论坛、微博、博客、贴吧等方式进行观点发表及态度表述。其主要具有匿名性、易传播、速度快等显著特点。

新形势下的舆情应对关乎社会稳定及党和政府形象，是检验执政能力的重要指标，提高突发事件的舆情应对能力和水平，成为领导干部的必修课。当前，我国正处于经济快速发展阶段，社会思想意识日趋多元化，社会利益矛盾突出，公共卫生事件、事故灾难、自然灾害等突发事件时有发生，这些突发事件具有很强的新闻性，同时也具有相当的敏感性。随着自媒体的迅猛发展和新技术的普及应用，信息传播和舆论生成的渠道之多、速度之快前所未有，舆情态势日趋严峻。

突发事件具有突然爆发、情势紧迫、变化难料、危害严重、关乎公众利益、社会关

---

[1] 王来华. 舆情研究概论：理论、方法和现实热点[M]. 天津：天津社会科学院出版社，2003.

注度高等特点。根据性质和机理不同，突发事件主要分为自然灾害、事故灾难、公共卫生事件、社会安全事件等。当事方在突发事件中的舆情应对策略，直接影响到事件的发展及处理。

当前，在突发事件的舆情应对中，普遍存在以下几方面问题。

（1）对舆情应对的重要性认识不足，危机意识淡薄。一些地方预警和应急机制不完善，一些应急管理者的信息获取能力和危机公关意识欠缺，丧失了掌握信息、引导舆论的主动权。而且出于各种原因，对突发事件瞒报、漏报、迟报的现象依然存在，许多本可在初始阶段就能化解的矛盾，应对不力导致事件扩大化，造成严重后果。

（2）对舆情的研判不够及时准确。正确、快速的舆情分析研判是成功处理突发事件的重要前提。遇到突发事件，有的地方没有立即组织涉事单位负责人、有关专家和业务骨干进行研判，或没有坚持多层面分析、多角度思考、全方位评估，从而出现误判错判的情况。

（3）部门联动机制尚未完全形成。许多危机处理不力的案例都有一个共同的症结：没有迅速统一口径，导致前期信息出口过多，造成被动。危机的解决需要各部门之间的通力合作，但原有的行政归属、权限及"各自为政"的观念成为障碍，导致出现无法迅速形成合力、无法迅速链接、无法迅速协调等问题，不但一再延误时机，甚至导致危机。

（4）善待善用新闻媒体理念有待强化。在当前舆论监督大行其道并大显身手的网络时代，有些突发事件应急管理者还在用传统的思维和管理方式来对待媒体，没有认识到媒体的地位和作用，更没有摆正自身与媒体的关系；又或不尊重新闻传播规律，不坦诚对待记者，无法争取到对方的理解和支持。

9.3.2 突发事件舆情干预的原则与机制

1. 突发事件舆情干预的原则

根据突发事件的特性，其舆情应对应该遵循及时准确、公开透明、规范有序、科学适度的原则进行。

（1）及时准确。公众高度重视突发事件，媒体常常把突发事件作为吸引受众的重大题材，都希望在第一时间获知突发事件的准确信息。随着网络的普及，突发事件能瞬间扩散和广泛覆盖，成为舆论热点。因此，突发事件发生后，如果不及时发布权威信息，正确有效引导舆论，来自网络的不实信息和言论就会误导公众，导致事态扩大。事实证明，当突发事件发生后，应急管理相关负责同志必须第一时间赶到事发现场、第一时间了解事件情况、第一时间落实责任主体、第一时间制定对外口径、第一时间发布准确信息、第一时间跟踪研判舆情、第一时间组织权威评论、第一时间回应社会关切、第一时间进行问责处理，从而抢占第一落点，形成"首声效应"，引领舆论导向。

（2）公开透明。渴望真相是人的天性，尤其是自媒体的网络时代，真假难分、刺激眼球的"内幕揭秘"充斥网络。因此，突发事件发生后，如不及时公开真实情况，一些捕风捉影的小道消息甚至谣言就会迅速传播，给突发事件处理带来负面影响。现代公共关系之父艾维·李就指出："坦率而公开地向报界和公众提供迅速而准确的消息是处理公共危机的关键。"①突发事件发生后，信息是否公开透明，能否满足公众的知情权和监督权，对于化解危机至关重要。正因如此，2007年实施的《中华人民共和国突发事件应对法》明确规定，有关单位和人员报送、报告突发事件信息，应当做到及时、客观、真实、不得迟报、谎报、瞒报、漏报。

（3）规范有序。近年来，党中央、国务院高度重视突发事件新闻和舆情引导工作，相继出台了《国家突发公共事件总体应急预案》《中华人民共和国突发事件应对法》《中华人民共和国政府信息公开条例》，对突发事件的信息和新闻报道做出明确规定。在突发事件舆情应对中，政府既要严格按照法律法规行事，树立自身的良好公信力；又要坚持有序引导的原则，以客观理性的处置方式，回应社会特别是网络上出现的虚假、失实传闻，使舆情朝着理性、平和的方向发展，实现法律效果和社会效果的有机统一。

（4）科学适度。在突发事件的舆情引导中，应急管理者要遵循新闻传播规律，坚持科学适度的引导原则，管理但不压制，沟通而不放任，以疏为主，因势利导。一是要迅速开放传播通道，迅速持续地公布信息，让公众及时了解事态和处置情况。二是要有效控制信息导向，牢牢把握舆情引导主动权，指定专门机构和人员负责事件的对外发布信息，并事先评估信息可能引发的各种反应。三是要努力通过各种渠道消除谣言，降低负面影响。四是要把握说话分寸和把准发言表态的尺度。

2. 突发事件舆情干预的机制

舆情处置机制是指舆情应对各个环节所需的运行方式，目的是确保应对工作有序规范，增强科学决策、高效处置的胜算。

（1）媒体应急机制。未动先谋，有备无患。当前，各个部门高度重视突发事件应急预案编制工作，作为其中重要一环，制定媒体应急预案，做好舆情应对准备，有利于超前反馈、及时反应、防患于未然，增强信息主动性，掌握处置工作主动权。突发事件发生后，能否按照事先制定的媒体应急预案及时披露信息、引导报道方向，往往决定舆情应对的成败。

（2）网络监管机制。2022年8月31日中国互联网络信息中心在北京发布第50次《中国互联网络发展状况统计报告》，该报告显示，截至2022年6月，我国网民规模为10.51亿人②。在突发事件发生、发展、处置过程中，政府应加强网络信息管理，按照"谁经营谁负责，谁主管谁负责"的原则，运用各种技术手段和法律保障，规范传播秩序，净化网络空间，防止虚假信息、谣言猜测、恶意操作误导舆论。

（3）舆情研判机制。舆情研判是运用科学的理论、方法和手段对各类舆情信息进行梳理、比较、分析，力求通过表象认清本质，把握舆情走向，提出对策建议，辅助决策参考。突发事件发生后，要立即组织涉事单位负责人、有关专家和业务骨干进行研判，

---

① 胡百精. 真相与自由：艾维·李与现代公共关系的诞生[J]. 新闻春秋，2013，（4）：60-68.
② 中国互联网络信息中心. 中国互联网络发展状况统计报告[R]. 2022.

坚持多层面分析、多角度思考、全方位评估，快速精准研判，制定针对性强、操作性强、可防可控的应急措施。

（4）新闻机制。新闻是一项系统工程，需要各有关部门密切配合。突发事件发生后，除了召开新闻发布会，还应重视官方微博、微信公众号的作用，并通过主流媒体让公众及时了解事件情况和处置进展。

（5）服务媒体机制。服务媒体是善待媒体的题中之义，应急管理者要增强服务媒体意识。一是做好信息服务，为各级各类媒体主动提供更便捷、更丰富、更专业的服务。二是做好协调服务，在媒体和采访对象之间发挥好桥梁纽带和沟通协调的作用。三是做好后勤服务，可建立"一对一"媒体对口联系服务制度，有关部门应积极帮助媒体解决采访报道中遇到的困难。四是做好培训服务，定期举办马克思主义新闻观、现行政策法规、经济社会形势、新闻采编业务等专题培训。

（6）联动合作机制。突发事件发生后，当事方应迅速向上级部门报告，争取上级部门领导的理解和支持，赢得工作的先机。同时，迅速与涉事单位沟通，真诚分析形势，形成合力，共同应对，确保事件正确处理；迅速与友好人士联系，及时整合行政、媒体等各种资源，积极争取支持和帮助。

（7）总结提升机制。突发事件处置结束后，要认真总结评估事发前、事发中、事发后三个阶段的舆情特征和应对效果，详细分析和全面评估整个事件特别是关键节点的舆情应对措施和成效，总结经验教训，掌握舆情处置规律，不断改进方式方法，提高处置效率。对重大突发事件舆情应对优秀案例，可安排专业人士深入调研，总结推广，以点带面，提升舆情应对的整体水平。

9.3.3 突发事件舆情干预与引导建议

1. 普及科普知识，提高民众素质

普及科普知识，提高公民素养，就是要提高民众辨别信息真假的能力，能够识别网络中的舆情。只有在平时注重科普知识的普及，在突发事发生后，民众才会对舆情有自己的认识与判断，关键时刻，专家的科学普及教育也更容易被相信，产生预期的社会效应。舆情会因为民众的科普知识失去传播的空间，而且掌握真实信息的人越多，越能影响、教育其他人不要轻信不实信息。反之，民众极有可能不相信科学知识或者专家建议，而相信不实信息，传播舆情。据新浪网调查：日本地震引发的舆情之所以肆意传播，最主要的原因就是部分人缺乏科普知识，自我判别能力较差。由此可见，普及科学知识，提高公民素质迫在眉睫。

2. 树立权威，发挥"智者"的引导作用

根据调查，在"3·11"东日本大地震中的核辐射舆情传播过程中，专家的声音在舆情控制中的影响相对较小，民众并不相信专家信息，而倾向于相信负面的小道消息。这凸显出专家在民众心目中的信誉和口碑不高，专家辟谣力量薄弱的现象。所以必须树立权威，提高专家的可信力，发挥"智者"及专家等在突发事件舆情控制中的作用。

3. 高度重视信息公开的重要性

对于事关公众安危的重大事件，要给予及时报道，公布应急进展情况，引导公众舆论，就具体舆情进行澄清，避免公众误解，杜绝给好事者以机会和素材。向公众提供足够清晰和权威的信息，满足公众的知情权。否则，就难免产生各种不实传闻和人们的猜疑，不利于舆情的制止和消除。

提高公众的科普知识水平，发挥"智者"在舆情控制中的积极作用，信息及时公开是舆情干预的有效途径。对于舆情干预，不能一味地"堵"，需要有效疏导，才能从根本上避免舆情扩散带来的危害。

> **本章小结**

应急沟通和应急舆情治理是突发事件应急管理过程中的重要环节，网络技术的革新对突发公共事件网络舆情治理提出了更高的要求。本章介绍了应急沟通的相关定义与功能，应急沟通的基本原则和战略；在突发事件应急管理过程中的信息发布任务及信息发布原则，面对谣言传播时如何进行舆情干预与引导。充分发挥网络舆论民意表达、建言献策和民主监督的功能，实现"善治"的终极目标，并加速推进国家治理体系和治理能力现代化。

> **关键术语**

突发事件　舆情　谣言　应急沟通　舆情治理　"369"传播原则
舆情干预

> **复习思考题**

1. 应急沟通的实质是什么？
2. 突发事件谣言传播机制是什么？
3. 突发事件信息发布与谣言辟谣之间的关系是什么？
4. 突发事件中谣言与舆情传播本质的区别是什么？
5. 突发事件舆情干预的要点是什么？

第10章

危险化学品安全管理

为满足我国经济、社会快速发展的需求,近几十年来我国化学工业迅速发展。我国石化工业总产值占世界三分之一以上,长期排名世界前列,一些主要产品的产量位居世界首位。中国石油和化学工业联合会发布的数据显示,2023 年我国石油和化工行业规模以上企业 30 507 家,累计实现营业收入 15.95 万亿元,实现利润总额 8 733.6 亿元,行业营收和利润分别占全国工业的 12% 和 11.4%,营收利润率为 5.47%。危险化学品作为基本的生产资料和人民日常生活中不可缺少的重要物资,需求量越来越大。与此同时,危险化学品在生产、运输、经营、使用、储存、废弃处置产业链各环节的安全问题也日益突出,频发的事故给社会和人民生命财产造成了重大损失,产生强烈的社会影响。

10.1 危险化学品的定义和分类

根据《危险化学品安全管理条例》第三条:危险化学品是指具有毒害、腐蚀、爆炸、燃烧、助燃等性质,对人体、设施、环境具有危害的剧毒化学品和其他化学品,包括爆炸品、压缩气体和液化气体、易燃液体、易燃固体和自燃物品、氧化剂和有机过氧化物、有毒品、腐蚀性物质、其他八大类,每一类又分为若干项。《危险化学品目录》由国务院安全生产监督管理部门会同国务院工业和信息化、公安、环境保护、卫生、质量监督检验检疫、交通运输、铁路、民用航空、农业主管部门等,根据化学品危险特性的鉴别和分类标准来确定、公布,并适时调整。据统计,目前已为人知的化学品多达 700 万种,市场上流通的超过 10 万余种,根据《危险化学品目录·2022 调整版》《剧毒化学品名录》,我国有危险化学品 2 828 种,包括剧毒品 335 种。危险化学品的显著特征决定了危险化学品行业是高危行业,具有事故多发、损失巨大、社会影响严重等特点。

10.2 中国危险化学品事故特征分析

事故是在进行有目的的行动过程中发生的意外的突发性事件的总称,通常会使正常活动中断,造成人员伤亡或财产损失。危险化学品事故是指危险化学品生产、运输、经营、使用、储存和废弃处置过程中由危险化学品造成的人员伤害、财产损失和环境污染等不良后果的事故。危险化学品事故一般不包含矿山开采过程中发生的有毒、有害气体中毒、爆炸事故、放炮事故。本书所定义的危险化学品事故既不包含上述矿山开采过程中的相关事故,也不包括烟花爆竹事故、核辐射事故及市政建设过程下水道硫化氢中毒事故等。危险化学品事故严重危害了人民群众的生命和财产安全,造成巨大的经济和社会损失。

当前国内外对危险化学品事故进行统计分析的主要方法有六种:①按事故数量统计;②按事故伤亡严重情况统计;③按事故时间分布特征统计;④按事故发生环节统计;⑤按危险化学品种类统计;⑥按事故物理表象(如泄漏、火灾、爆炸、中毒等)统计。基于笔者建立的危险化学品事故案例数据库,对我国危险化学品事故进行多维度研究分析。

10.2.1 危险化学品事故数分析

根据官方部门及其他门户网站发布的有关危险化学品事故报道,整理事故信息,笔者搜集整理了 2006 年 1 月 1 日至 2023 年 12 月 31 日我国各省份(西藏自治区鲜有危险化学品事故发生,故不包含)发生的 15 419 起危险化学品事故的详细资料,这些数据内容包括事故时间、事故地点、事故形式、伤亡情况、事故初步原因、事故环节等。

通过对 2006~2023 年发生的危险化学品事故进行统计分析,发现其变化趋势呈现阶段性。2006~2010 年,危险化学品事故从 670 起降至 216 起,其原因主要是北京奥运会、上海世博会等大型活动的举办,督促相关部门加强对危险化学品的安全管理,从而降低了危险化学品事故的发生;2010~2012 年危险化学品事故出现小幅度增加,每年事故数均稳定在 300 起左右;2013~2018 年,危险化学品事故进入快速增长阶段,从 2013 年的 687 起增加至 2018 年的 1 674 起,其中 2015 年由于发生"8·12"天津滨海新区爆炸事故等重特大事故,事故总数高达 1 695 起。这一现象说明,我国危险化学品事故形势非常严峻,安全管理有待进一步加强。随着危险化学品安全管理强度的增强,2019~2023 年危险化学品事故数量逐渐减少。

15 419 起危险化学品事故多发生于夏季,主要集中在运输、使用、生产和储存环节,发生事故的危险化学品种类主要是压缩气体和液化气体及易燃液体,事故类型主要以泄漏、火灾、爆炸为主,由于多数化学品具有有毒、有害、易燃、易爆等特点,发生事故时,如果不能正确处置,极易发生次生灾害。因此,应建立集成危险化学品生产、使用、储存、运输、经营、废弃处置各环节的危险化学品数据库,实现消防、安监、环保、公安、卫生等部门共享,事故应急处置信息共享,提高应急处置效率。

10.2.2 危险化学品伤亡事故和死亡事故趋势分析

因危险化学品事故总数在地区及发生时间等方面存在较大差异性,为提高分析事故原因、特点和规律的准确性,笔者以发生伤亡的危险化学品事故案例作为研究对象对所收集的事故进行分析。按照中华人民共和国国务院令第 493 号《生产安全事故报告和调查处理条例》（自 2007 年 6 月 1 日起施行）第三条，根据生产安全事故（以下简称事故）造成的人员伤亡或者直接经济损失，事故一般分为以下等级：

（一）特别重大事故，是指造成 30 人以上死亡，或者 100 人以上重伤（包括急性工业中毒，下同），或者 1 亿元以上直接经济损失的事故；

（二）重大事故，是指造成 10 人以上 30 人以下死亡，或者 50 人以上 100 人以下重伤，或者 5 000 万元以上 1 亿元以下直接经济损失的事故；

（三）较大事故，是指造成 3 人以上 10 人以下死亡，或者 10 人以上 50 人以下重伤，或者 1 000 万元以上 5 000 万元以下直接经济损失的事故；

（四）一般事故，是指造成 3 人以下死亡，或者 10 人以下重伤，或者 1 000 万元以下直接经济损失的事故。

通过对 2006~2023 年发生的危险化学品伤亡事故和死亡事故进行统计分析，发现其变化趋势可分为四个阶段，如图 10.1 所示。第一阶段，快速下降阶段，该阶段伤亡事故和死亡事故发生量在 2006~2008 年呈明显下降趋势。例如，伤亡事故数从 2006 年的 293 起下降到 2008 年的 144 起，下降比例达到 50.85%。第二阶段，波动阶段，该阶段以 2008 年为转折点，伤亡事故和死亡事故发生量在 2008~2012 年呈现明显的年度波动。例如，2008 年、2010 年、2012 年伤亡事故和死亡事故数出现下降趋势，伤亡事故发生量在 2010 年、2012 年降至最低，而 2009 年和 2011 年伤亡事故和死亡事故发生量再度反弹。其原因主要在于 2008 年北京奥运会、2010 年上海世界博览会期间，相关政府部门出台了一系列加强危险化学品安全管理的措施，同时监管部门加大检查力度，使得危险化学品事故数在 2008 年与 2010 年快速降低。另外，《危险化学品安全管理条例》首次修订在 2011 年 12 月 1 日实施，从政策上宏观规范了危险化学品的安全管理。

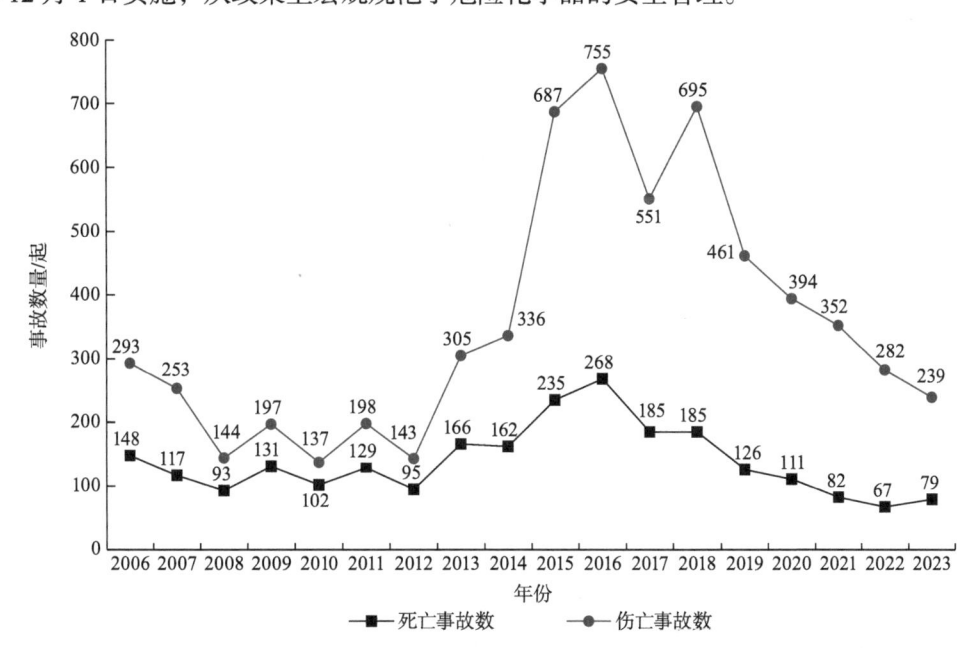

图 10.1 2006~2023 年我国伤亡事故和死亡事故数量

2012年是修订的《危险化学品安全管理条例》实施的第一年，对危险化学品进行了更为严格的管理，政府对危险化学品管理规范的制定与执行更加严格，导致伤亡事故和死亡事故数量减少。这表明，更严格的监管标准和更严厉的监管措施可以明显降低危险化学品事故的发生。第三阶段，快速增长阶段，伤亡事故数由2012年的143起增加至2016年的755起，增加比例高达427.97%。这一现象说明，随着北京奥运会、上海世界博览会等大型活动的结束，危险化学品安全管理力度有所削弱，以及随着生产、生活对化工品需求的快速增长，化工产业快速发展，伤亡事故数和死亡事故数出现反弹现象。第四阶段，波动下降阶段，2016年死亡事故数和伤亡事故数达到峰值，相关企业和部门加强对危险化学品的安全管理，事故数量波动性下降，进一步说明危险化学品的安全管理是一个长期、持续的动态过程。

随着伤亡事故数量的增加，死亡人数在2015年达到最高，为696人（图10.2）。其主要原因是，2015年，发生了几起较为严重的危险化学品事故。例如，"8·12"天津滨海新区爆炸事故造成165人遇难，8人失踪，798人受伤[①]，导致2015年成为2006~2023年来我国危险化学品事故死亡人数最多的年份，并且2013~2016年每年的事故死亡人数都居高不下，在500人上下波动。这说明我国危险化学品安全管理水平仍有待进一步提升。

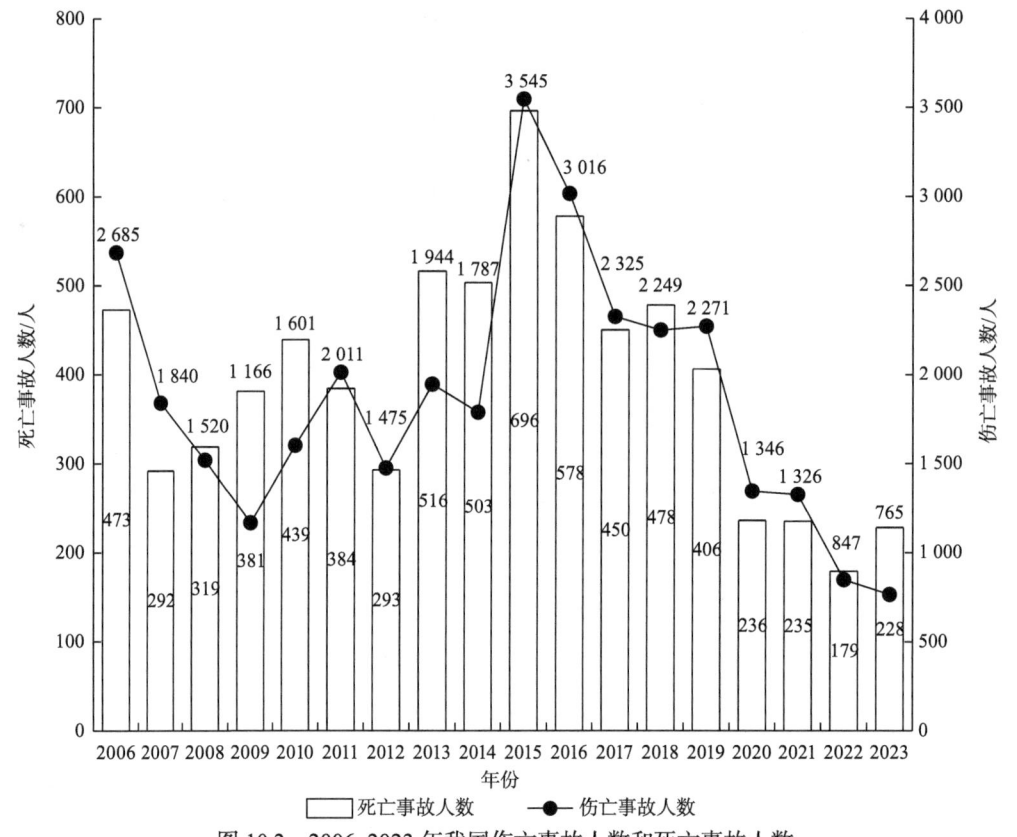

图10.2　2006~2023年我国伤亡事故人数和死亡事故人数

---

① 国务院. 国务院调查组认定天津港"8·12"爆炸是特别重大生产安全责任事故[EB/OL]. http://www.gov.cn/xinwen/2016-02/05/content_5039773.htm, 2016-02-05.

10.2.3 危险化学品事故月份与时点分布特征分析

发生的 6 422 起危险化学品伤亡事故按月份分布如图 10.3 所示，可以发现危险化学品事故的发生呈现出一定的季节性：每年 4 月至 8 月为事故高发季节，5 月至 8 月，每月发生的伤亡事故超过 500 起。其原因与我国的气候有关，在我国大部分地区，春、夏季节多雨、高温、潮湿。天气作为一个重要外部因素，会对危险化学品事故的发生产生重大影响，天气炎热、雷雨、潮湿等都会造成伤亡事故发生的可能性增加。在整个冬季月份，12 月和 1 月的伤亡事故数相对较多，这是因为临近春节，人们对诸如烟花爆竹等危险化学品的需求量增大，生产量大，使用量大，道路运输量激增；另外，面临春节放假，企业内部的管理及政府相关部门的安全管理都处于一种放松状态，工人安全意识降低，导致危险化学品事故增加。

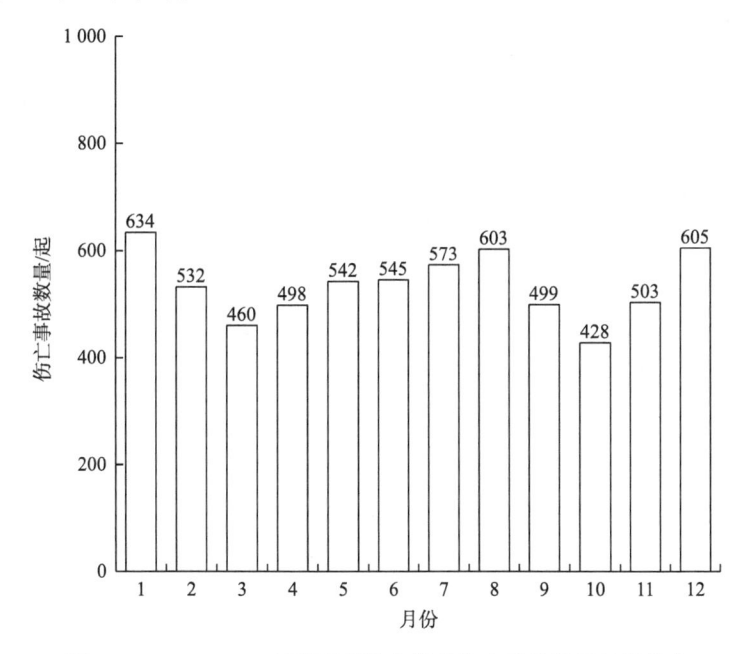

图 10.3 2006~2023 年我国危险化学品伤亡事故数量月份分布

危险化学品伤亡事故按照 24 小时时点统计分布如图 10.4 所示，事故常发生于工作时间，22 点后到 5 点，事故鲜有发生，这意味着在工作时间之前和之后的时间段中危险化学品事故发生的概率较低。伤亡事故的数量从 6 点开始逐渐增加，并在 12 点达到最高峰。随着午餐时间的临近，伤亡事故数开始减少。通常，13 点午休期间伤亡事故数量相对较少，但在 14 点再次达到峰值。大多数危险化学品伤亡事故发生在企业生产的工作时间，在工作时间之外发生的伤亡事故多与危险化学品的储存、使用和运输有关。

10.2.4 危险化学品事故发生环节分布特征分析

对 2006~2023 年的危险化学品事故发生环节进行统计分析，结果如表 10.1 所示，发

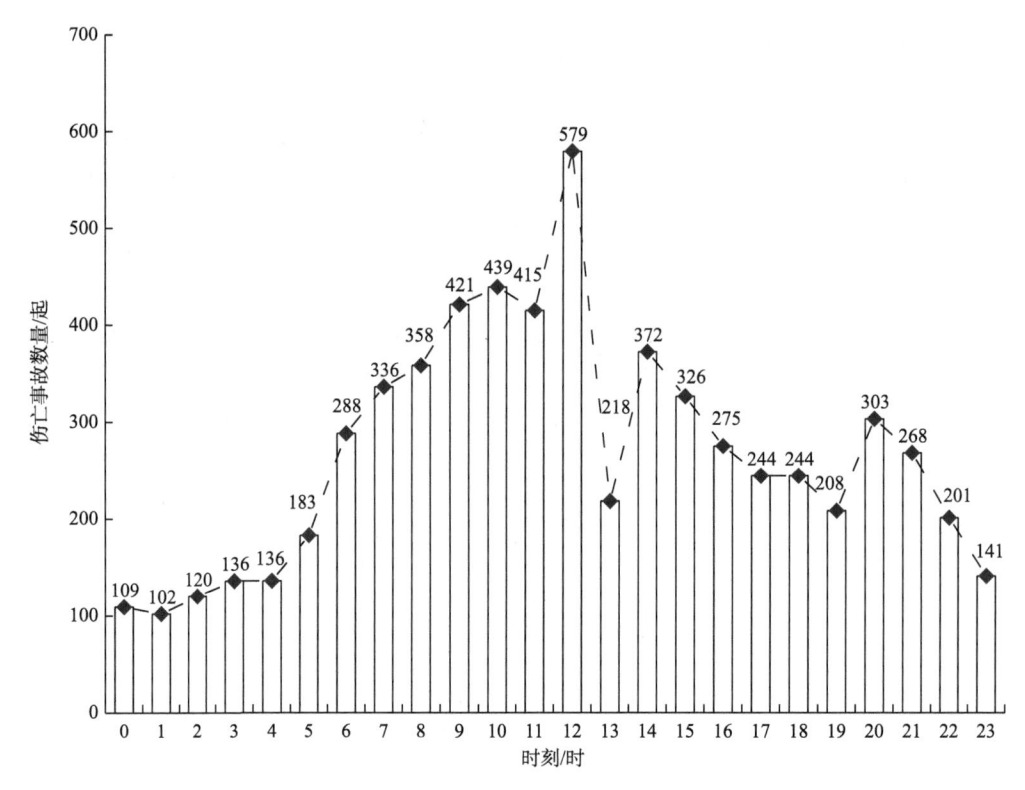

图 10.4 2006~2023 年我国伤亡事故数量时点分布

现危险化学品事故主要集中在使用、运输、生产环节。从事故发生频率方面分析，使用环节最易发生事故，其伤亡事故发生量占伤亡事故发生总数的 55.61%，原因在于液化气体和鞭炮的大量使用较易导致事故的发生。运输和生产环节分别排名第二和第三。在使用、运输和生产过程中所发生死亡事故的总体比例高达 86.85%。从发生事故的严重程度分析，使用环节发生的事故所造成的死亡人数最多，几乎占总死亡人数的三分之一。生产环节排名第二，死亡人数比例为 27.66%。运输和储存环节分别排名第三和第四。较大及以上事故（死亡人数大于等于 3 人或者受伤人数大于等于 10 人）主要发生在使用、生产、运输过程中，这些都是危险化学品管理的关键阶段。少于 3 人死亡的事故主要发生在经营和废弃处置环节。企业的安全管理多重点关注危险化学品的生产、运输和储存环节，分析表明，危险化学品的使用环节实际上是一个高风险的阶段。在使用环节，企业及政府均应加大对危险化学品安全管理的力度，尤其应加大对使用人和使用单位的安全意识、安全技能和应急处置能力培训。

表 10.1 我国危险化学品产业链六大环节的事故数量和伤亡情况

事故环节	伤亡事故数量/起	比例	死亡事故数量/起	比例	死亡人数/人	比例	伤亡人数/人	比例	较大及以上事故数/起
生产	809	12.60%	576	23.22%	1 960	27.66%	7 407	21.97%	326
运输	1 197	18.64%	469	18.90%	1 291	18.22%	5 620	16.67%	152
储存	384	5.98%	208	8.38%	880	12.42%	4 846	14.37%	119
使用	3 571	55.61%	956	38.53%	2 209	31.17%	12 922	38.32%	380

续表

事故环节	伤亡事故数量/起	比例	死亡事故数量/起	比例	死亡人数/人	比例	伤亡人数/人	比例	较大及以上事故数/起
经营	46	0.72%	22	0.89%	50	0.71%	250	0.74%	9
废弃处置	415	6.46%	250	10.08%	696	9.82%	2 674	7.93%	175
总计	6 422	100%	2 481	100%	7 086	100%	33 719	100%	1 161

不同事故环节发生的伤亡事故趋势不尽相同（图 10.5）。在经营过程中发生的伤亡事故数量呈波动下降趋势，储存和废弃处置过程中发生的伤亡事故数量发生一定程度的波动。此外，在生产、使用、运输过程中伤亡事故的数量呈上升趋势。其原因在于安全管理工作多致力于危险化学品的经营、储存和废弃处置环节，而忽略了危险化学品生产、使用和运输环节。因此，应加强对危险化学品生产、使用和运输环节的管理。同时，需要建立一个用于跟踪危险化学品从生产环节到废弃处置环节全过程的综合管理系统，以确保危险化学品的无缝隙化安全管理。

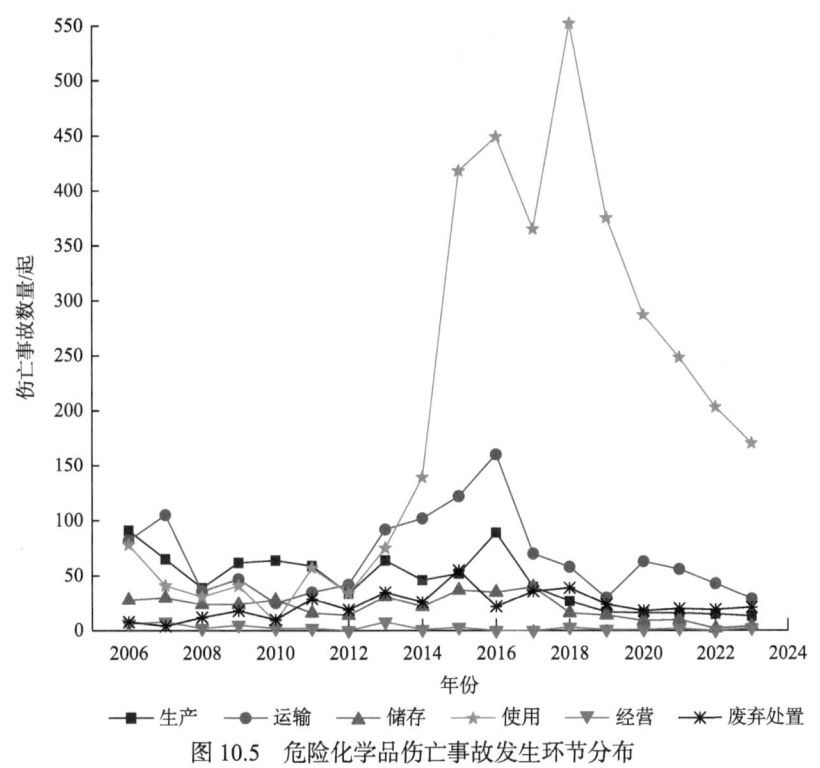

图 10.5 危险化学品伤亡事故发生环节分布

10.2.5 危险化学品种类的事故分布特征

根据《危险化学品目录·2022 调整版》对 2006~2023 年伤亡事故中涉及的不同危险化学品种类进行统计分析，其分布如表 10.2 所示。从表 10.2 中可以发现，目前我国危险化学品伤亡事故中主要危险化学品种类是压缩气体和液化气体及易燃液体，其中压缩气体和液化气体发生的事故比例达 66.30%，占所有伤亡事故的二分之一以上。

表 10.2　按危险化学品种类区分的我国 2006~2023 年危险化学品伤亡事故数分布

危险化学品种类	伤亡事故数/起	比例
压缩气体和液化气体	4 258	66.30%
易燃液体	813	12.66%
爆炸品	238	3.71%
易燃固体和自燃物品	132	2.06%
氧化剂和有机过氧化物	74	1.15%
腐蚀性物质	171	2.66%
有毒品	192	2.99%
其他	544	8.47%

10.2.6　危险化学品伤亡事故类型分布特征

根据危险化学品事故类型进行分类统计，危险化学品伤亡事故类型分布如表 10.3 所示。从表 10.3 中可以发现，危险化学品伤亡事故类型主要以火灾和泄漏为主，占比为 53.49%、47.63%，爆炸居第三位，占伤亡事故总数的 46.28%。由此可见，防止火灾、泄漏和爆炸事故的发生可极大减少危险化学品事故数量。

表 10.3　我国 2006~2023 年危险化学品伤亡事故类型分布

事故类型	泄漏	爆炸	火灾	中毒	其他
伤亡事故数量/起	3 059	2 972	3 435	2 006	10
比例	47.63%	46.28%	53.49%	31.24%	0.16%

10.3　中国危险化学品事故致因分析

目前，我国对危险化学品事故主要是按事故发生场所进行分类，这种分类方式便于区分导致事故的环境，却不能清楚地分析导致事故的根本原因。鱼骨图是一种发现问题根本原因的方法，也称为因果图。鱼骨图原本用于质量管理，表示存在的问题与其潜在原因的关系，是一种表达和分析因果关系的定性分析工具。鱼骨图作为一种有效的因果分析工具还可以用在质量管理、生产管理、安全管理等领域。本章采用鱼骨图方法，从人、机、料、法、环五个方面对我国危险化学品事故致因进行分析[①]。

10.3.1　人为因素

人为因素是导致危险化学品事故的重要原因之一，导致危险化学品事故的人为因素如图 10.6 所示。我国危险化学品从业人员多，素质良莠不齐，尤其是中小型危险化学品生产、经营单位的管理能力和技术水平相对较低，有的从业人员根本不了解所在单位危险化学品特性，管理者安全意识淡薄，抱有侥幸心理。危险化学品企业中许多从业人员未经过严格

---

① 赵来军. 城市危险化学品无缝隙化安全管理研究[M]. 北京：科学出版社，2011.

系统的操作技能、防护知识培训，违章行为突出。从业人员本身的身体因素也可能是事故发生的原因，如工人带病生产或者疲劳生产会造成思想不集中，规范动作走样，增大出错概率。另外，从业人员对工作的态度也非常重要，对工作漫不经心可能会造成严重的后果，如工作时开小差、醉酒上岗，都是对工作的极不负责任，有很多发生在运输过程中的事故就是因为司机酒后驾驶或者疲劳驾驶发生交通事故，间接导致危险化学品事故。

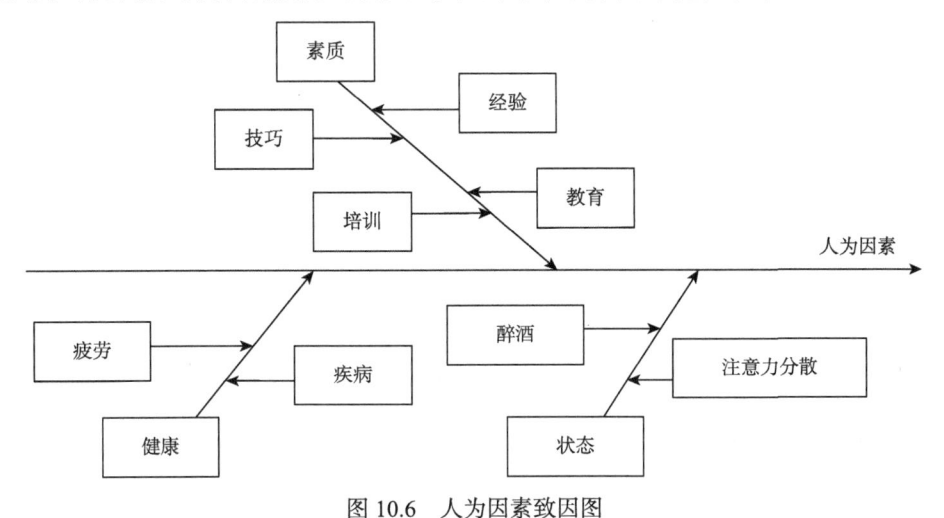

图 10.6　人为因素致因图

10.3.2　设备因素

因为危险化学品的生产常常是连续性作业，所以对生产设备有特殊要求，危险化学品的易燃、易爆、易腐蚀等特殊性质，对于储存、运输、使用等设备也都有特殊要求。因设备问题而出现事故不在少数，设备因素主要体现在以下几个方面：①设计制造因素。危险化学品生产设备未按工艺条件要求进行设计和制造，设备选型不合理，选材不当，强度不够，不能长期安全运行。设备密封不严，使危险物料泄漏。②生产设备管理因素。运转中的设备没有定期检查和维护保养，明知存在问题没有及时修复和更换。设备陈旧老化、疏于维护和检修、超期服役等都造成事故隐患。③防护设备因素。即使设备装置满足工艺条件，也要科学设置必需的辅助防护设施。对于辅助系统也要定期检查维护保养，出现问题及时维修或更换。④设备使用因素。由于危险化学品生产的特殊性，化工生产流程中一般具有不同程度的压力、温度乃至高温、高压、低温、低压，产品、原料和中间品不少都具有腐蚀性、氧化性强等特点，设备极易老化、出故障，使管、阀、泵、室、塔、罐等发生跑、冒、漏、滴，若发现、抢修不及时就可能造成严重后果（图 10.7）。

10.3.3　原料、中间品及成品性质因素

危险化学品固有的特殊化学性质和物理性质（图 10.8），如易燃、易爆、有毒、有害，是造成危险化学品事故的重要原因：①毒害性、窒息性。大多数危险化学品具有毒害性、

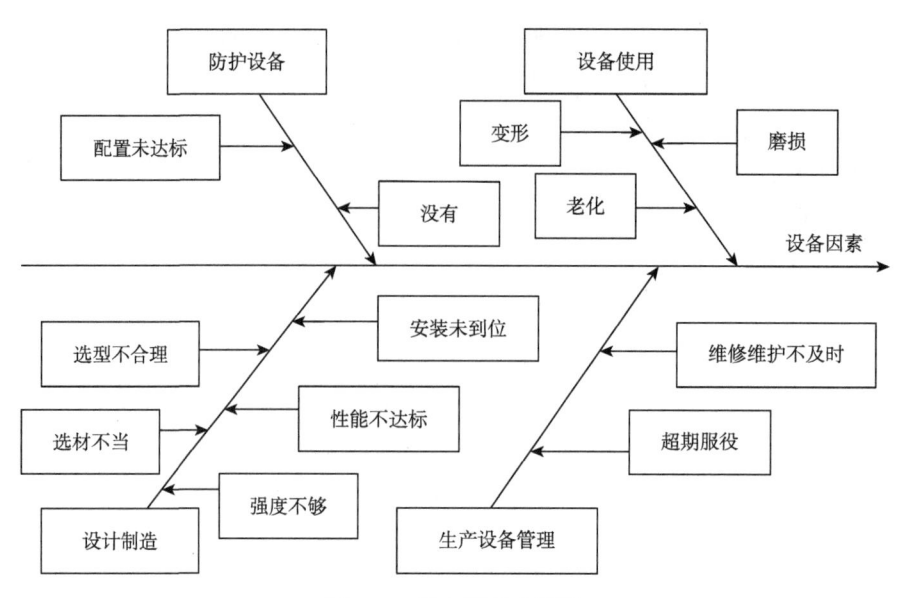

图 10.7　设备因素致因图

窒息性。易燃、可燃气体都有毒性，有的甚至是剧毒，如液氯、硫化氢、氯乙烯、三氟化氮等。当大量具有挥发性的危险化学品或其燃烧后的生成物扩散至空气中时，会造成空气中氧的含量降低，使人因缺氧而窒息死亡。②燃烧性、爆炸性。在《化学危险物品消防安全监督管理品名表》所列的压缩气体和液化气体中，易燃气体约占 75%，遇明火、高温或氧化剂等均有燃烧的危险性。当易燃气体泄漏扩散至空气中，其浓度达到爆炸极限时，遇明火即会发生剧烈化学反应，产生具有极大破坏性的爆炸。③腐蚀性。很多危险化学品具有腐蚀性，其化学性质主要具有强氧化性，遇潮或水反应生成酸性、碱性物质，能对人体表面造成烧伤或破坏性创伤，挥发的气体会使人的呼吸道黏膜损伤，引起咳嗽、呕吐、头痛等症状，严重的会引起组织坏死，导致严重后果。

　　各种化学品具有不同的物理、化学性质，因此不同种类的化学品储存要求各不相同，储存中的混存、混装是导致危险化学品事故的重要原因之一。有的化学品在常温下能分解自燃，有的在炎热夏季需采取降温措施，有的在冬季需防冻保温储存，有的需在冷库存放，有的忌水、怕湿、怕潮，有的则需浸没在水里，有的需密封贮存，有的则需注意通风，有的物品有毒，有些物质化学性质非常活泼，摩擦撞击便可着火爆炸。有些物质需单独存放，若与其他类型的某些物质相混就会引起燃烧爆炸。如果把性质相抵触的物质存放在一起，如氧化剂与还原剂，容器破损或其他原因导致两种物质接触，就会发生化学反应，放出大量热，可能引起燃烧甚至是爆炸。

　　同时因为各种化学品具有不同的性质，对配套的安全保障设施也提出不同的要求。例如，遇到火灾，各类物品的灭火方法有很大不同。有些物质可以用水灭火，有些则忌水；有的能用泡沫，有的泡沫射上去则会扩大火势；有些可用砂土覆盖，有的用砂土覆盖则会发生爆炸。对于危险化学品事故，采用不科学的方法处理，反而可能会加重事故，扩大损失。因此，危险化学品要进行分类存放，加强管理，并配套相应的安全防护措施，针对不同危险化学品引发的事故要分别对待，降低事故发生率，减少事故损失。

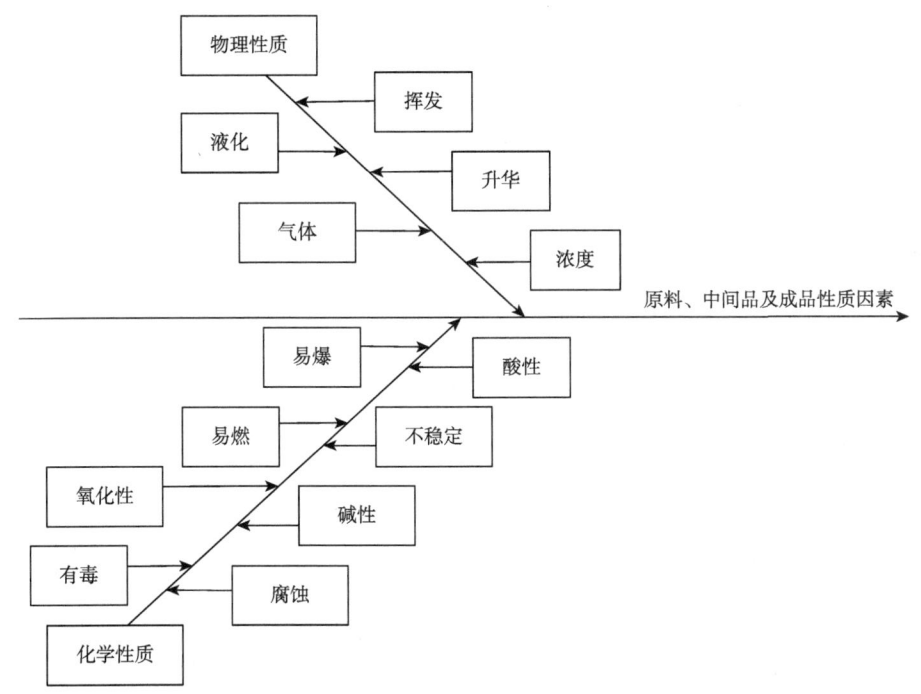

图 10.8　原料、中间品及成品性质因素致因图

10.3.4　工艺因素

目前我国有些化工企业生产工艺技术还很落后，设备老化陈旧，安全设施不完备，安全投入不足，造成大量危险化学品事故发生，如图 10.9 所示。尤其是老企业及小型化工企业生产布局不合理，生产工艺落后，设备陈旧，操作人员直接暴露在易燃、易爆、有毒、有害的危险环境中，劳动保护措施不完备，能耗、水耗过高，没有合格的"三废"处理设施，对大气、水体、土壤造成严重污染。企业安全生产设施配备不齐或质量差、防护效能低，一些设施本身存在严重的事故隐患是化工企业事故频发的重要原因之一。有的企业没有制定严格的工艺操作规程，从业人员仅凭经验操作，如果违反工艺规程，某个操作的错误或疏忽极可能导致危险化学品事故发生。

我国鼓励使用新技术、新工艺，及时淘汰落后的生产方式及设备、设施，加大对劳动保护用品、保护设施的研究与开发力度。随着科技进步和大中型成套设备使用，化学工业生产正朝着生产规模的大型化、产品的多样化、生产过程的连续化、操作控制的自动化的方向发展。但新材料的合成、新工艺和新技术的采用，可能带来新的危险因素和安全隐患，更需谨慎使用和按规则操作。因此，不能盲目采用新材料、新技术、新工艺，如果采用要及时对从业人员进行培训，并做好安全防护措施和应急预案。

10.3.5　环境因素

气温、湿度、气压、风、雷电、雨雪、静电及火灾、水灾、冰冻、地震、海啸、泥

图 10.9 工艺因素致因图

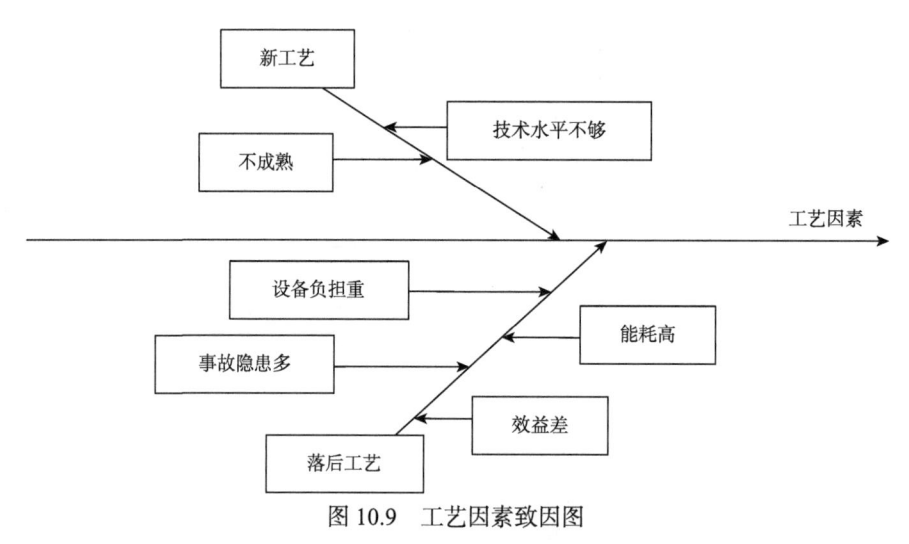

石流等自然灾害，都有可能对化工企业造成严重影响，如图 10.10 所示。例如，温度高的夏天，白磷可能会自燃；湿度大的天气可能会导致某些化学品水解放热，进而导致火灾；风的大小会对泄漏气体的扩散造成影响，进而影响受灾面积；雷电可能点燃危险化学品，每年都有多起事故因雷电电击发生火灾；降雨、降雪、冰雹、大雾天气会增加运输过程的危险性；水灾、地震、海啸等自然灾害会影响到整套化工设施设备的运行。自然因素不可避免，但人们可以采取措施使自然因素的不利影响降到最低，如研究自然灾害规律，增强警惕意识，做好防护预防措施，提高本质安全；等等。

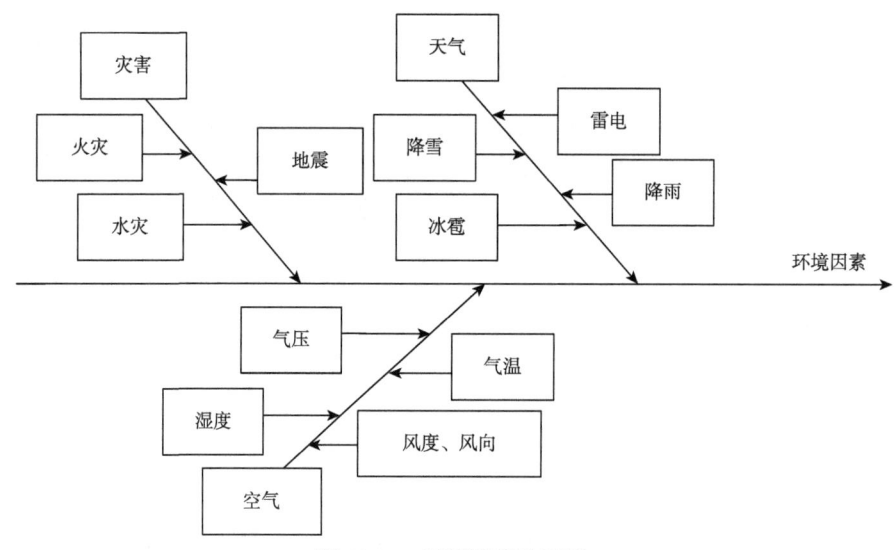

图 10.10 环境因素致因图

10.3.6 完整鱼骨图

通过对以上人、机、料、法、环五个方面的事故致因分析，可以得到完整的危险化学品事故鱼骨图，如图 10.11 所示。

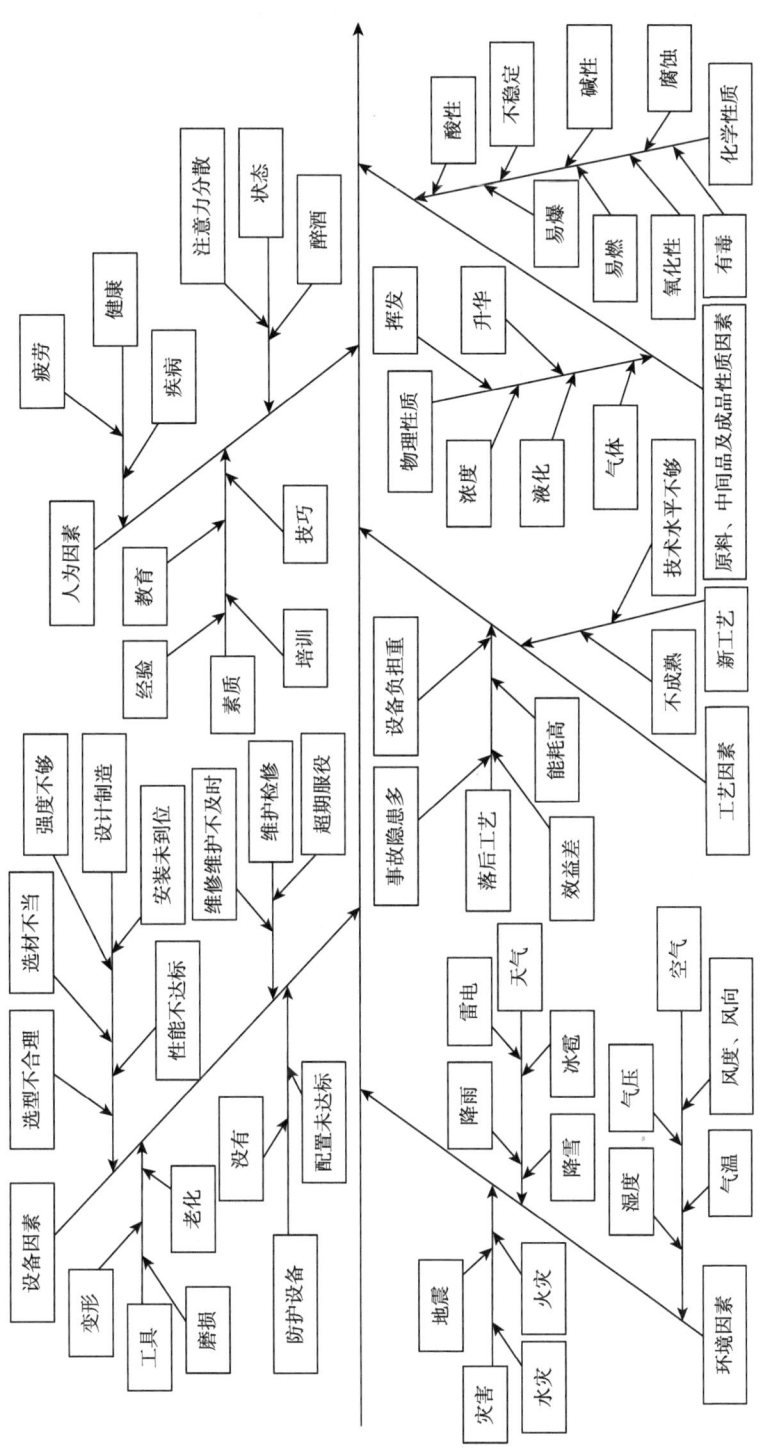

图10.11 危险化学品事故鱼骨图

10.4 中国危险化学品事故典型案例分析

10.4.1 基于危险化学品事故案例的致因分析

基于 2006 年起的我国危险化学品安全管理相关部门及门户网站发布的有关危险化学品事故的新闻报道，整理出事故详细信息，其中包括事故地点、事故时间、伤亡情况、事故初步原因、事故环节等。根据国务院颁布的《生产安全事故报告和调查处理条例》对所搜集的危险化学品事故数据进行统计分析，发现危险化学品事故致因可分为直接原因和间接原因，致因分布如表 10.4、表 10.5 所示。

表 10.4 我国 2006~2023 年较大及以上危险化学品事故直接原因分布

危险化学品事故直接原因		较大及以上事故数/起	比例
机械、物质或环境的不安全状态	防护、保险、信号等装置缺乏或有缺陷	137	11.80%
	设备、设施、工具、附件有缺陷，个体防护用品用具缺少或有缺陷	289	24.89%
	生产（施工）场地环境不良	98	8.44%
人的不安全行为	违章作业	437	37.64%
	维护不周	59	5.08%
	缺乏现场指导或者指导不当	94	8.10%
其他		47	4.05%

表 10.5 我国 2006~2023 年较大及以上危险化学品事故间接原因分布

危险化学品事故间接原因	较大及以上事故数量/起	比例
安全生产教育培训不够	665	57.28%
没有或不认真实施事故防范措施	580	49.96%
没有安全操作规程或不健全	600	51.68%
应急预案及现场处置措施不落实	458	39.45%
对现场工作缺乏检查或指导错误	409	35.23%
劳动组织不合理	239	20.95%
技术和设计上有缺陷	142	12.23%
其他	34	2.93%

从物的角度出发，分析机械、物质或环境的不安全状态，如防护、保险、信号等装置缺乏或有缺陷；设备、设施、工具、附件有缺陷，个人防护用品用具缺少或有缺陷；生产（施工）场地环境不良。机械、物质或环境的不安全状态导致的较大及以上事故数量占比 45.13%，其中设备、设施、工具、附件有缺陷，个体防护用品用具缺少或有缺陷造成的危险化学品事故发生比例较大，比例达到 24.89%。

从人的角度出发，分析人的不安全行为，如操作失误造成安全装置失效，使用不安全设备，人工代替工具进行作业，物体存放不当，冒险进入危险作业区域，违反操作规定，分散注意力，忽视个体防护用品用具的使用，未佩戴安全装备，其中违章作业、维护不周、缺乏现场指导或者指导不当是造成危险化学品事故的三个主要原因。人的不安全行为导致的较大及以上事故占比50.82%，其中违章作业造成事故发生比例最大，达到37.64%。

表10.4的数据反映出人的不安全行为和机械、物质或环境的不安全状态是导致危险化学品事故发生的主要原因，占到全部较大及以上事故数量的95.95%，并且人的不安全行为导致的事故比机械、物质或环境的不安全状态导致的事故占比还大，因此，在危险化学品安全管理中，提高人的安全素质是第一位的，是最重要的。

一起危险化学品事故的发生包含多种间接原因，如安全生产教育培训不够，危险化学品种类繁多，性能各异，各种化学品有特定的操作规范与防护要求，若危险化学品的相关作业人员缺乏专业化培训，易导致事故发生；没有或不认真实施事故防范措施，由于危险化学品本身具有易燃、易爆性及高度腐蚀性的危险属性，其在生产、储存、运输、使用、经营、废弃处置等过程中存在一定的安全隐患，故应做好相关安全措施，防患于未然；没有安全操作规程或不健全，缺乏完备的安全操作过程易诱发人为因素从而导致事故发生；应急预案及现场处置措施未落实，一旦获知危险化学品事故的发生，有效地加以处理、尽可能控制事故的发展至关重要。除此之外还包括：对现场工作缺乏检查或指导错误；劳动组织不合理；技术和设计有缺陷。危险化学品相关设备设施的安全状况是导致事故发生的又一重要因素，安全可靠的设备设施是保障危险化学品安全的物质基础。

由表10.5可知，在间接原因中安全生产教育培训不够是造成事故发生的主要间接原因，较大及以上事故比例达到57.28%。没有或不认真实施事故防范措施和没有安全操作规程或不健全也是重要原因，较大及以上事故比例分别为49.96%和51.68%，需进一步加强企业安全培训以减少危险化学品事故的发生。

10.4.2　危险化学品六大环节典型事故案例研究

通过对2006~2023年危险化学品事故发生环节的统计分析，得到的结果如表10.1所示。从伤亡事故数比例方面分析，使用环节最易发生事故，其伤亡事故发生数占危险化学品伤亡事故发生总数的55.61%，主要原因在于液化气体和鞭炮等常见危险化学品的大量使用较易导致事故发生，运输环节和生产环节分别排名第二和第三，发生事故比例分别为18.64%和12.60%，废弃处置环节次之，伤亡事故数比例为6.46%。

使用环节、生产环节和运输环节死亡事故数占危险化学品死亡事故总数的比例分别为38.53%、23.22%和18.90%。由此可见，使用、生产和运输过程中所发生死亡事故的总体比例高达80.65%。从发生事故的严重程度分析，使用环节发生的事故所造成的死亡人数最多，比例为31.17%，几乎占总死亡人数的三分之一，生产环节排名第二，死亡人数比例为27.66%，运输和储存环节分别排名第三和第四，死亡人数比例为18.22%和12.42%。较大以上事故主要发生在使用、生产和运输过程中，这些都是危险化学品安全管理的关键环节，其中经营环节无论伤亡事故数量还是伤亡人数都是最少的。

本节分别对危险化学品产业链六大环节的典型事故进行案例分析，其中生产环节选择江苏昆山"8·2"铝粉尘爆炸特别重大事故、山东滨源化学有限公司"8·31"重大爆炸事故作为典型事故案例；储存环节选择天津港"8·12"瑞海公司危险品仓库特别重大火灾爆炸事故、辽宁省朝阳市建平县鸿燊商贸有限公司"3·1"硫酸泄漏事故作为典型事故案例；运输环节选择福建泉港"11·4"碳九泄漏污染事故、山东临沂金誉石化"6·5"罐车泄漏重大爆炸火灾事故作为典型事故案例；使用环节选择江苏连云港聚鑫生物科技有限公司"12·9"重大爆炸事故、上海翁牌冷藏实业有限公司"8·31"重大氨泄漏事故作为典型事故案例；经营环节选择山西文水县"6·4"液氨泄漏事故作为典型事故案例；废弃处置环节选择辽宁庄河"6·24"废弃氯气罐泄漏事故、山东潍坊滨海香荃化工有限公司"4·9"中毒窒息事故作为典型事故案例。

1. 生产环节典型案例分析

典型事故案例一：江苏昆山"8·2"铝粉尘爆炸特别重大事故

1）事故概括

2014年8月2日7时34分，江苏省苏州市昆山市昆山经济技术开发区，昆山中荣金属制品有限公司抛光二车间在生产过程中发生特别重大铝粉尘爆炸事故，事故造成97人死亡、163人受伤，直接经济损失3.51亿元。

2）事故原因分析

（1）直接原因。粉尘爆炸的五要素包括可燃粉尘、粉尘云、引火源、助燃物、空间受限。

可燃粉尘。事故车间抛光轮毂产生的抛光铝粉，主要成分为88.3%的铝和10.2%的硅，抛光铝粉的粒径中位值为19微米，经实验测试，事故车间内的粉尘为爆炸性粉尘，粉尘云引燃温度为500℃。企业事故车间、除尘系统未按相关规定定时清理，造成铝粉尘沉积。

粉尘云。每套除尘系统负责4条生产线共48个工位，这些工位所产生的抛光粉尘通过一条管道进入除尘器内，当除尘系统风机启动后，粉尘由滤袋捕集落入集尘桶内，在除尘器灰斗和集尘桶上部空间形成爆炸性粉尘云。

引火源。在抛光过程中，集尘桶内的抛光铝粉具有一定初始温度，吸湿受潮，较易与水、铁锈发生放热反应。除尘系统风机开启后，在集尘桶上方形成一定的负压，加速了桶内铝粉的放热反应，温度升高达到粉尘云引燃温度。

助燃物。在除尘器风机作用下，大量新鲜空气进入除尘器内，为爆炸发生创造了条件。

空间受限。除尘器本体为倒锥体钢壳结构，其内部属于有限空间，容积约8立方米。

事故车间除尘系统较长时间未按规定进行定时清理，导致铝粉尘集聚。除尘系统风机开启后，打磨过程产生的高温颗粒在集尘桶上方形成粉尘云。1号除尘器集尘桶锈蚀破损，桶内铝粉受潮，发生氧化放热反应，达到粉尘云的引燃温度，引发除尘系统及车间的一系列爆炸事故。

缺乏泄爆装置，爆炸产生的高温气体和燃烧物瞬间经除尘管道从各吸尘口喷出，导致全车间所有工位操作人员直接受到爆炸冲击，造成群死群伤。

（2）间接原因。

昆山中荣金属制品有限公司方面：①无视国家法律，违法违规组织项目建设和生产。②厂房设计与生产工艺布局违法违规。事故车间生产工艺及布局未按相关安全规定规范设计，生产线布置过密，作业工位排列拥挤，在每层1 072.5平方米车间内设置了16条生产线，在13米长的生产线上布置了12个工位，人员密集，且通道中放置了轮毂，导致疏散通道不畅通。③除尘系统设计、制造、安装、改造严重违规。除尘器本体及管道未设置导除静电的接地装置、未按《粉尘爆炸泄压指南》（GB/T15605-2008）要求设置泄爆装置，集尘器未设置防水防潮设施，集尘桶底部破损后未及时修复，外部潮湿空气渗入集尘桶内，造成铝粉受潮，产生氧化放热反应。④企业未按规定及时清理粉尘，造成除尘管道内和作业现场残留大量铝粉尘，加大了爆炸威力。⑤企业安全生产规章制度不健全、不规范，盲目组织生产，未建立相关岗位安全操作规程。⑥企业未建立隐患排查治理制度，缺乏隐患排查治理台账。未开展粉尘爆炸专项教育培训和新员工三级安全培训。⑦安全防护措施未落实。事故车间电气设施设备不符合《爆炸和火灾危险环境电力装置设计规范》（GB50058-1992）的规定，均不防爆，电缆、电线敷设方式违规，电气设备的金属外壳未作可靠接地。未按规定配备防静电工装等劳动保护用品。

相关政府部门方面：①昆山开发区相关部门安全生产红线意识不强、对安全生产工作重视程度不够。②昆山开发区为落实属地监管责任，对该公司无视员工安全健康、违反国家安全生产法律法规等行为打击治理力度严重不足。③昆山市危险化学品相关部门未落实安全生产责任制，对区镇和部门安全生产考核工作流于形式，组织安全检查、隐患排查治理不深入、不彻底。④对国务院安全生产委员会办公室要求开展的铝镁制品机加工企业安全生产专项治理工作部署不明确、督促检查不到位，对安全监管部门未及时开展专项治理工作失察。⑤昆山市开发区经济发展和环境保护局未履行安全生产监管职责，安全培训把关不严，专项检查未落实。未能及时发现和纠正该公司粉尘长期超标问题，未督促其对重大事故隐患进行整改消除，对该公司长期存在的事故隐患和安全管理混乱问题失察。⑥昆山菱正机电环保设备有限公司缺乏设计和总承包资质，违规设计、制造、施工改造除尘系统，且除尘系统管道和除尘器均未设置泄爆口，未设置导除静电的接地装置。

3）事故防范措施建议

应严格深入落实企业主体责任，加强危险化学品生产现场安全管理。各类粉尘爆炸危险企业不分内外资、不分所有制、不分中央地方、不分规模大小，必须遵守相关法律法规；企业应认真开展隐患排查治理和自查自改，按标准规范设计、安装、维护和使用通风除尘系统，除尘系统必须配备泄爆装置，加强定时规范清理粉尘，使用防爆电气设备，落实防雷、防静电等技术措施，配备铝镁等金属粉尘生产、收集、贮存防水防潮设施；加强企业相关工作人员安全知识的教育培训，建立健全粉尘防爆规章制度，严格执行安全操作规程和劳动防护制度；加大政府监管力度，强化开发区安全监管，提高安全监管人员的专业素质，提高履职能力，加强企业承担社会责任制度建设；落实部门监管职责，严格行政许可审批，有关部门要加强对中介机构的监管，确保中介机构合法合规地开展建设项目设计、安全评价、环境检测等业务，对弄虚作假和违法违规行为坚决查处；提高事故应急处置能力。

典型事故案例二：山东滨源化学有限公司"8·31"重大爆炸事故

1）事故概括

2015年8月31日23时18分，山东滨源化学有限公司（简称滨源公司）新建年产2万吨改性型胶粘新材料联产项目，二胺车间混二硝基苯装置在投料生产过程中发生重大爆炸事故，造成13人死亡、25人受伤，直接经济损失4 326万元。

2）事故原因分析

（1）直接原因。

车间负责人违章指挥，安排操作人员违规向地面排放硝化再分离器内含有混二硝基苯的物料，混二硝基苯在硫酸、硝酸及硝酸分解出的二氧化氮等强氧化剂存在的条件下，自高处排向一楼水泥地面，在冲击力作用下起火燃烧，火焰炙烤附近的硝化机、预洗机等设备，使其中含有混二硝基苯的物料温度升高，引发爆炸。

（2）间接原因。

其一，滨源公司安全生产法治观念和安全意识淡漠，无视国家法律，安全生产主体责任未落实，项目建设和试生产过程中，存在严重的违法违规行为。

其二，违法建设。该公司在未取得土地、规划、住建、安监、消防、环保等相关部门审批手续之前，擅自开工建设；在环保、安监、住建等部门依法停止其建设行为后，逃避监管，不执行停止建设指令，擅自开工建设。

其三，违规投料试车。未严格按照《山东省化工装置安全试车工作规范》对事故装置进行"三查四定"，未组织试车方案审查和安全条件审查，未成立试车管理组织机构，违规施工。

其四，未严格按照相关规定开展工艺设备及管道试压、吹扫、气密、单机试车、仪表调校等试车前准备工作。

其五，违章指挥。在安全生产条件不具备的情况下，该企业主要负责人擅自决定投料试车；分管负责人在首次试车装置运行温度等重要工艺指标不稳定的原因未查明、未采取有效措施解决的情况下，先后两次违规组织进行投料试车。

其六，安全防护措施未落实。事故装置相关配套设施未建成，安全设施设备未全部投用，投用的安全设施设备未处于正常运行状态；未按照有关安全生产法律、法规、规章和国家标准、行业标准的规定，对建设项目安全设施进行检验、检测，安全设施不能满足危险化学品生产、储存的安全要求。

其七，安全管理混乱。安全生产管理机构及人员配备未达到相关法律法规要求，安全管理制度不健全，安全生产责任制不完善，从业人员未按照规定进行安全培训。

3）事故防范措施建议

应加强危险化学品建设项目的安全管理，各级政府和负有安全监管职责的部门要加强对辖区内危险化学品建设项目的安全管理；严格从业人员的准入条件，加强化工安全从业人员在职培训，增强应急处置能力；加强化工企业安全生产基础工作；进一步落实企业安全生产主体责任，建立完善"横向到边、纵向到底"安全生产责任体系，切实把安全生产责任落实到生产经营的每个环节、每个岗位和每名员工，真正做到安全责任到位、安全投入到位、安全培训到位、安全管理到位、应急救援到位。

2. 储存环节典型案例分析

典型事故案例一：天津港"8·12"瑞海公司危险品仓库特别重大火灾爆炸事故

1）事故概括

2015年8月12日22时51分46秒，位于天津市滨海新区吉运二道95号的瑞海公司危险品仓库运抵区最先起火，23时34分06秒发生第一次爆炸，23时34分37秒发生第二次更剧烈的爆炸。事故现场形成6处大火点及数十处小火点，8月14日16时40分，现场明火被扑灭。事故造成165人遇难、8人失踪、798人受伤住院治疗；304幢建筑物、12 428辆商品汽车、7 533个集装箱受损；直接经济损失68.66亿元。

2）事故原因分析

（1）直接原因。

通过现场调查及技术分析认定，最先起火部位为瑞海公司危险品仓库运抵区南侧集装箱区的中部，排除人为破坏、雷击等外部因素，调取储存的危险货物数据及对比实验，认定最初着火物质为硝化棉。

起火原因：由于野蛮操作，在装卸作业中造成硝化棉包装破损，在高温条件下（当天最高气温36℃，集装箱内温度可达65℃以上）硝化棉湿润剂散失，出现局部干燥，加速分解反应，集装箱内热量不断积聚，硝化棉温度持续升高，达到其自燃温度，发生自燃。

爆炸原因：硝化棉局部自燃后火灾扩散，引燃周围集装箱内的其他危险化学品，火焰蔓延到邻近的硝酸铵后发生第一次爆炸，爆炸当量约为15吨炸药；受到集装箱火焰蔓延及第一次爆炸冲击波影响，23时34分37秒发生了第二次更剧烈的爆炸，爆炸当量约为430吨炸药。

（2）间接原因。

瑞海公司方面：①严重违反规划，未批先建、边建边经营危险货物堆场。②无证违法经营，在取得《港口经营许可证》和《港口危险货物作业附证》之前，该公司从事危险货物储存业务经营的时间已有两年多。③在不具备相关条件的情况下，以不正当手段获得经营危险货物批复。④违反《集装箱港口装卸作业安全规程》，违规存放硝酸铵。⑤严重超负荷经营、超量存储，最大储存量超设计42.5倍。⑥违规混存、超高堆码危险货物，集装箱间距严重不足。⑦违规开展抓箱、搬运、装卸等作业，没有安排专人现场监护，对委托外作业安全管理严重缺失，在危险货物装箱、搬运过程中野蛮操作。⑧未按要求进行重大危险源登记备案。⑨安全生产教育培训严重缺失，部分管理、操作人员无证上岗，对危险品安全防护知识缺乏了解。⑩未按规定制定应急预案并组织演练；未履行与周边企业的安全告知书和安全互保协议。

政府、部门及中介机构方面：①危险化学品日常监管严重缺失。未对无证经营、超范围经营予以查处。②未督促相关企业进行重大危险源备案。③对现场违章、违规作业问题未及时查处和督促整改。④防火督促指导不力。⑤对中介机构监管不力。⑥未对港区内特种设备、特种作业人员进行日常安全监管。⑦培训考核不规范，培训签到表代签，考核试卷无评分标准、判分随意。⑧执法文书等要件记录不齐全、不规范。

3）事故防范措施建议

应把安全生产工作摆在更加突出的位置，牢固树立科学发展、安全发展理念，坚决守住"发展决不能以牺牲人的生命为代价"的红线，建立健全安全监管体系；推动生产经营单位切实落实安全生产主体责任，严格落实属地政府和行业主管部门的安全监管责任，深化企业安全生产标准化创建活动，推动企业建立完善风险管控、隐患排查机制，实行重大危险源相关信息向社会公布制度，并自觉接受社会舆论监督；提高危险化学品安全监管法治化水平；建立全国统一的危险化学品监管信息平台，利用大数据、移动数据、物联网等信息技术手段，对危险化学品生产、储存、运输、使用、经营、废弃处置进行全过程、全链条的信息化管理；科学规划，合理布局，严格安全准入条件；加强生产安全事故应急处置能力；严格安全评价、环境影响评价等中介机构的监管；集中开展危险化学品安全专项整治行动。

典型事故案例二：辽宁省朝阳市建平县鸿燊商贸有限公司"3·1"硫酸泄漏事故

1）事故概括

2013年3月1日15时20分，在辽宁省朝阳市建平县现代生态科技园区内，建平县鸿燊商贸有限公司2号硫酸储罐发生爆裂，并将1号储罐下部连接管法兰砸断，导致两罐约2.6万吨硫酸全部溢（流）出，造成7人死亡、2人受伤，溢出的硫酸流入附近农田、河床及高速公路涵洞，引发较严重的次生环境灾害，造成直接经济损失1 210万元。

2）事故原因分析

（1）直接原因。

因储罐内的浓硫酸被局部稀释使罐内产生氢气，与含有氧气的空气形成达到爆炸极限的氢氧混合气体，当氢氧混合气体从放空管通气口和罐顶周围的小缺口冒出时，遇焊接明火引起爆炸，气体的爆炸力与罐内浓硫酸液体的静压力叠加，合力作用在罐体上，导致2号罐体瞬间爆裂，硫酸暴溢，由于爆裂罐体碎片飞出，将1号储罐下部连接管法兰砸断，罐内硫酸泄漏。

（2）间接原因。

鸿燊商贸有限公司方面：①危险化学品储存装置质量不过关。该企业硫酸储罐强度、刚度未达到相关标准的要求，建成储罐的罐体许用应力为150兆帕，远远小于规范要求的该类型硫酸储罐罐体许用应力应为217兆帕，储罐罐体焊接质量存在缺陷。②违规动火作业。加固施工作业时，违反《化学品生产单位动火作业安全规范》（AQ3022-2008）的规定，在未采取有效隔离、通风等防范措施的情况下，于装满硫酸的储罐外进行焊接作业。③企业储存区域缺乏安全防护设施。硫酸储罐区域内未设置存液池及防护围堤等安全防护设施，引发较严重的次生环境灾害。④企业非法建设。该硫酸储存项目在缺乏相关环境影响评估，未获得安全生产监督管理部门审批，未经建设部门审批施工许可，未办理工商营业执照的情况下，在临时用地上非法建设硫酸储罐。⑤借用合法资质，非法储存硫酸。借用燚通公司合法资质，获取硫酸购买备案证明。

园区及政府部门方面：①园区管理委员会违反政府对园区的规划，片面追求招商政绩，允许硫酸经营项目落户生态园区内。出具虚假证明，协助企业办理临时用地手续。②建平县国土局违反《中华人民共和国土地管理法》第 57 条规定，明知焱通公司在园区内没有建设项目，不符合临时用地审批条件，却违法为焱通公司批准临时用地。③建平县发展和改革局违反建平县政府对园区的规划，同意硫酸项目开展前期工作。④建平县工商行政管理局未及时对该企业的合法性进行核查处理。⑤建平县政府未建立危险化学品安全监督管理机制，危险化学品安全监督管理相关部门之间未做到相互配合、密切协作。

3）事故防范措施建议

危险化学品储存企业应加强相关安全措施，定时检查检修存储设备；进一步严格建设项目审批程序，依法依规开展项目建设；深入开展"打非治违"专项行动，彻底排查、严厉打击未经批准擅自建设的危险化学品项目，未经许可擅自从事危险化学品生产、经营、储存、使用、运输、废弃处置等活动的违法行为；加强危险化学品园区的安全监管，加强企业监督检查，查处违法违规行为；政府分管领导既要抓建设，又要抓安全，加强部门联动，严格按照法律法规的相关规定履职尽责。

3. 运输环节典型案例分析

典型事故案例一：福建泉港"11·4"碳九泄漏污染事故

1）事故概括

2018 年 11 月 4 日凌晨，福建泉州市泉港区东港石油化工实业有限公司（简称东港石化公司）执行碳九装船时，"天桐 1 号"船舶与码头连接软管处发生泄漏，造成 69.1 吨碳九泄漏，直接造成约 0.6 平方千米海域、约 300 亩网箱养殖区受损，周边 50 多名居民出现头晕、恶心、呕吐等症状。

2）事故原因分析

（1）直接原因。

随着潮位降低、船重增加，船体不断下沉，连接岸、船的软管随之不断下拉，由于连接岸、船的软管两端都被绳索固定，下拉的长度受限；强大拉力将软管拉裂，裂解碳九从管壁破裂处外泄。

东港石化公司吊机设备故障未及时修复、现场人员作业不规范、软管破裂未及时巡查发现是造成此次事故的直接原因。

（2）间接原因。

其一，违规作业。在码头吊机长期处于故障状态下，操作员违规操作，人工拖拽，用输油软管把岸上和船舶联系起来，并用绳索固定软管。

其二，安全设备未及时检修。东港石化公司没有及时开展隐患排查治理，对处于故障状态的吊机未及时修复。

其三，欺报瞒报。东港石化公司故意将软管破裂报告成法兰垫片老化、破损，刻意虚报碳九泄漏量，隐瞒事实、恶意串通、伪造证据、瞒报数量，阻碍了应急救援工作的有效开展。

3）事故防范措施建议

应进一步落实安全生产责任，明确导致事故发生的深层次原因是涉事企业主体责任未落实，岗位责任形同虚设，监管部门督促不到位、不严格；应拉紧安全生产责任链条，落实到平时的监管、执法、问责，落实到具体环节、具体岗位、具体人员；进一步提高应急处置专业化水平，建设设备齐全、技术力量强、条块协同的专业化救援队伍，健全多部门应急联动处置工作机制；进一步强化实战化演练，提高应急响应能力，提高科学决策、科学救援水平；及时发布事故处置信息，避免造成群众恐慌。

典型事故案例二：山东临沂金誉石化"6·5"罐车泄漏重大爆炸火灾事故

1）事故概括

2017年6月5日凌晨1时左右，临沂市金誉石化有限公司储运部装卸区的一辆液化石油气运输罐车在卸车运输作业过程中发生液化气泄漏，引起重大爆炸着火事故，造成10人死亡、9人受伤，直接经济损失4 468万元。经计算，此次事故释放的爆炸总能量为31.29吨炸药当量，产生的破坏当量为8.4吨炸药当量（最大一次爆炸）。

2）事故原因分析

（1）直接原因。

据调查，肇事罐车驾驶员长期工作32小时，运输途中只休息了4小时，期间等候装卸车2小时50分钟，其余时间均在驾车行驶和装卸车作业。罐车驾驶员长途奔波、连续作业，在午夜进行液化气卸车作业时，未严格执行卸车规程，出现严重操作失误，导致装卸臂快接接口两个定位锁止扳把没有闭合，致使快接接口与罐车液相卸料管未能可靠连接，在开启罐车液相球阀瞬间发生脱离，造成罐体内液化气大量泄漏。

未得到及时有效的处理，泄漏后的液化气急剧气化，迅速扩散，与空气形成爆炸性混合气体并达到爆炸极限，遇点火源发生爆炸燃烧（第一次爆炸可能的点火源是临沂金誉石化有限公司生产值班室内所用的非防爆电器产生的电火花）。液化气泄漏区域的持续燃烧，先后导致泄漏车辆罐体、装卸区内停放的其他运输车辆罐体发生爆炸。

（2）间接原因。

临沂金誉物流有限公司方面：①超许可违规经营，违规将河南省清丰县安兴货物运输有限公司所属40辆危险化学品运输罐车纳入日常管理，成为实际控制单位。②企业安全生产管理职责严重缺失，日常安全管理混乱。③企业专项安全检查和隐患排查治理不彻底、不深入。④安全教育培训流于形式，从业人员安全意识差，缺乏危险化学品相关安全知识。⑤企业对驾驶员疲劳驾驶失管失察。对运输车辆未进行动态监控，未能及时发现并纠正运输车辆驾驶员的疲劳驾驶行为。⑥事故应急管理不到位。缺乏有效的事故应急处置预案，未定期组织从业人员开展应急救援演练，对驾驶员应急处置教育培训不到位，致使事故现场出现泄漏险情时相关人员未正确处置、未及时撤离，造成3名驾驶员死亡。⑦企业对危险化学品运输装卸过程的安全管理重视程度不够，未依法配备专职道路危险货物运输装卸管理人员。⑧特种设备安全管理混乱。企业在未依法取得移动式压力容器充装资质和工业产品生产许可资质的情况下违法违规生产经营。特种设备充装质量保证体系不健全，特种设备维护保养、检验检测不及时。⑨工程项目违法建设。该公司一期8万吨/年液化气深加工建设项目、二期20万吨/年液化气深加工建设项目和三期4万吨/年废酸回收建设项目在未取得规划许可、消防设计审核、环境影响评价审批、建筑工程施工许可等必需的项目审批手续之前擅自开工建设并使用非法施工队伍，未批先建，逃避行政监管。

中介技术服务机构方面：未依法履行设计、监理、评价等技术管理服务责任。设计单位山东大齐石油化工设计有限公司未严格按照石油化工控制室房屋建筑结构设计相关规范对控制室进行设计；工程监理单位临沂市华厦城市建设监理有限责任公司未依法履行建筑工程监理职责；安全评价单位济南华源安全评价有限公司针对企业存在的安全隐患未提出有效的防控措施。

相关政府部门方面：①交通运输部门未依法履行危险化学品运输安全监管职责。未依法履行道路危险货物运输车辆动态监管职责，对临沂金誉物流有限公司未按规定使用卫星定位监控平台、监控终端的行为监管监察不力，对临沂金誉物流有限公司未及时发现纠正罐车驾驶员疲劳驾驶行为监察督导不力。对临沂金誉物流有限公司道路危险货物运输装卸安全监管失察，对其未依法配备使用道路危险货物运输装卸管理人员、未健全执行装卸安全作业制度规程失察。②质监部门未依法履行特种设备安全监察职责。未发现临沂金誉石化有限公司储运区部分压力容器及压力管道等特种设备管理和操作人员未取得特种设备作业人员资格证就从事相关作业的行为，对该公司特种设备从业人员违规操作监督检查不到位。③安监部门未依法履行危险化学品安全监管综合工作职责。未认真履行危险化学品安全监管综合工作职责，未有效指导督促各负有危险化学品安全监督管理职责的部门依法履行安全监管职责。④公安消防部门未依法履行消防安全监管和工程项目消防审批职责。未正确履行临沂金誉石化有限公司火灾高危单位监督管理职责，对临沂金誉石化有限公司消防日常安全监督检查不到位。⑤经信部门未依法履行化工行业主管部门职责。未按照"管行业必须管安全、管业务必须管安全、管生产经营必须管安全"的要求认真履行化工行业主管部门安全生产监管职责。⑥住建部门未依法履行建设工程安全监管职责。未按规定履行建设工程监督检查职责。⑦环保部门未依法履行工程项目环保审批职责。对临沂临港经济开发区大量化工建设项目未取得环评批复擅自开工建设的突出问题长期监管失控，导致环保违法行为大量存在。⑧规划部门未依法履行工程项目规划审批职责。⑨地方党委政府未依法履行安全生产属地监管职责。临沂市政府贯彻落实相关法律法规和上级安排部署不到位，组织全市安全生产工作不到位，产业布局不合理，对交通运输、特种设备、化工等行业领域的企业审批、安全监管、执法检查等方面督导执行不严不实；督促指导相关职能部门和临港经济开发区党工委、管委会落实安全、审批监管责任不到位。

3）事故防范措施建议

应强化安全生产红线意识，研究制定相应的政策措施，加大安全监管力度，加强危险化学品安全管理，强化生产、储存、运输、使用、经营、废弃处置环节的管控，切实防范危险化学品事故的发生；加快推进风险分级管控和隐患排查治理体系建设，按照管控措施清单，全面排查、及时治理、消除事故隐患，对隐患排查治理实施闭环管理；加强危险化学品装卸环节的安全管理，建立并执行发货和装载查验、登记、核准制度，按照强制性标准进行装载作业；加强危险化学品建设项目的安全管理，对不按规定履行安全批准和项目审批、核准或备案手续擅自开工建设的，发现一处，查处一起，并依法追究有关单位和人员的责任；加强对第三方服务机构的监管，强化相关资质管理，加强机构从业行为常态化监督检查，规范第三方服务行为；进一步强化企业应急培训演练，有效防止事故后果升级扩大；积极推进危险化学品安全综合治理工作。

4. 使用环节典型案例分析

典型事故案例一：江苏连云港聚鑫生物科技有限公司"12·9"重大爆炸事故

1）事故概括

2017年12月9日2时9分，连云港聚鑫生物科技有限公司（简称聚鑫公司）间二氯苯装置发生爆炸事故，造成10人死亡、1人轻伤，直接经济损失4 875万元，此次事故释放的爆炸总能量为14.15吨炸药当量，一次爆炸破坏当量为12.68吨炸药。

2）事故原因分析

（1）直接原因。

使用压缩空气压料时，高温物料（主要为氮氧化物与间硝基氯苯、间二氯苯、124-三氯苯、135-三氯苯和硫酸根离子等形成的混酸）与空气接触，反应加剧（超量程），紧急卸压放空时，遇静电火花燃烧，釜内压力骤升，物料大量喷出，与釜外空气形成爆炸性混合物，遇燃烧火源发生爆炸。

（2）间接原因。

聚鑫公司方面：①未落实安全生产主体责任，安全管理混乱，安全生产职责不清，安全责任制未落实。②未配备专职安全管理人员，相关作业人员缺乏危险化学品安全管理基本常识和操作技能，未严格执行工艺指标。③企业未开展安全风险评估，未认真组织开展安全隐患排查治理，风险管控措施缺失，应急处置能力严重不足。④生产作业装置设计不规范不合理。⑤违法组织使用。在未取得危险化学品安全生产许可证的前提下，违法组织使用有毒有害危险化学品。⑥变更管理严重缺失。未执行变更管理要求，擅自取消保温釜爆破片使设备安全性能降低；擅自更改压料介质，改造环保尾气系统，造成事故隐患。⑦相关设备自动控制水平低。间二氯苯生产装置保温釜压料、反应釜进料、精制单元均没有实现自动控制，仍采用人工操作。⑧厂房设计与建设违法违规。四车间厂房在未取得建设用地规划和施工许可证的情况下，违规设计和施工；未委托监理单位对建设工程质量进行监理控制；施工结束后，未经建设工程竣工验收就投入使用。

技术服务单位方面：未依法履行职责，违法违规进行设计、安全评价、设备安装、竣工验收。例如，设计单位江苏中建工程设计研究院有限公司在未取得规划许可情况下，违规出具正式施工图，没有对间二硝基苯脱水、保温釜储存及压料、残液回收使用等工艺过程中的危险有害因素进行充分辨识，造成事故隐患。安装工程单位江苏亨亚达工业设备安装工程有限公司在无正规施工图和施工方案的情况下，将资质借给不具备工程承包、建筑机电安装队伍；在安装特种设备时，违规组织非专业人员安装特种设备。

政府部门方面：①相关政府部门对安全生产工作重视程度不够，未落实属地监管责任。未牢固树立安全发展理念，重经济发展、轻安全生产现象严重，对化工园区企业风险摸排不深入、隐患整治不扎实、监管不到位。②安监部门内部组织机制、运行机制不健全，未按照"三定"方案履行职责，监管人员不具备危险化学品安全监管的履职能力，分工不合理，未有效开展安全监管工作。③住建部门对建设项目的工程设计、施工、监理等单位存在的违规行为失察，未依法制止和查处聚鑫公司违法建设行为，未履行危险化学品建设工程设计、施工质量的监管职责。④经信部门未按"管行业必须管安全"的规定履行监管职责，督促企业落实安全生产主体责任的措施不力。⑤环保部门未依法查处聚鑫公司未批先建、批建不符、环保"三同时"执行不到位等问题，对聚鑫公司已建成投产的项目未完成环保验收的行为失察。⑥特种设备监管部门未依法查处聚鑫公司部分特种设备未领取使用登记证和超期未检测检验、部分特种设备操作人员未取得资格证和持过期证件上岗操作等违规行为，对操作人员安全技术知识缺乏和操作技能差等问题失察。⑦公安消防部门对二级消防安全重点单位检查不细致，对聚鑫公司消防安全检查不深入。

3）事故防范措施建议

牢固树立科学发展、安全发展理念，始终坚守"发展决不能以牺牲人的生命为代价"这条红线，进一步落实属地管理责任和企业主体责任；严格落实部门监管职责和行政许可审批手续，认真履行职责，把好准入关和监督关，坚决杜绝"先上车后买票"的现象；加大中介服务机构监管力度；全面排查、辨识、评估安全风险，落实风险管控责任，采取有效有力措施控制重大安全风险，对风险点实施标准化管控；切实加强环保尾气系统改建项目的安全风险评估，环保部门应研究出台新建、改建环保尾气系统安全风险评估管理办法，督促企业科学设计与建设、改造环保尾气系统，加强尾气系统的变更管理；相关企业应聘请专家对涉及环保系统的新建、改造工程，从原生产装置、控制手段、操作方式、人员资质等方面开展安全风险辨识，实施有效安全管控。

典型事故案例二：上海翁牌冷藏实业有限公司"8·31"重大氨泄漏事故

1）事故概括

2013年8月31日10时50分左右，位于上海市宝山区城市工业园区内（丰翔路1258号）的上海翁牌冷藏实业有限公司发生氨泄漏事故，造成15人死亡、7人重伤、18人轻伤，事故造成直接经济损失约2510万元。

2）事故原因分析

（1）直接原因。

严重违规采用热氨融霜方式，导致发生液锤现象，压力瞬间升高，致使存有严重焊接缺陷的单冻机回气集管管帽脱落，造成氨泄漏。

（2）间接原因。

上海翁牌冷藏实业有限公司方面：①违规设计、违规施工和违规生产。在主体建筑的南侧、西侧、北侧，建设违法构筑物，并将设备设施移至西侧构筑物内组织生产。②主体建筑竣工验收后，擅自改变功能布局。将原单冻机生产线区域、预留的水产精深加工区域及部分水产加工整理车间改为冷库等。③水融霜设备缺失，无法按规程进行水融霜作业；无单冻机热氨融霜的操作规程，违规进行热氨融霜。④氨调节站布局不合理。操作人员在热氨融霜控制阀门时，无法同时对融霜的关键计量设备进行监测。⑤氨制冷设备及其管道附近设置加工车间组织生产。⑥安全生产责任制、安全生产规章制度及安全技术操作规程不健全；未按有关法规和国家标准对重大危险源进行辨识；未设置安全警示标识和配备必要的应急救援设备。⑦公司管理人员及特种作业人员未取证上岗，未对员工进行有针对性的安全教育和培训。⑧擅自安排临时用工，未对临时招用的工人进行安全三级教育，未告知作业场所存在的危险有害因素。

政府监管部门方面：上海市宝山区政府、宝山城市工业园区、宝山区质量技术监督局、宝山区安全监管局、宝山区规划和土地管理局及宝山区公安消防支队履职不力。

3）事故防范措施建议

切实落实企业安全生产主体责任，生产经营单位要贯彻"安全第一、预防为主、综合治理"的方针，建立健全并严格执行各项规章制度和安全操作规程，尤其要针对氨的危害性制定相应的安全技术规程；强化涉氨单位的安全监督管理，各级政府及有关部门要坚持以人为本，牢固树立科学发展、安全发展理念，严格履行安全监管责任；加大对违法建筑的发现和整治力度，要严格落实建设单位主体责任，督促建设单位严格执行法律、法规和强制性标准相关规定；加快完善安全生产法规标准体系；进一步深化企业安全生产标准化建设；深化"打非治违"和隐患排查治理。

5. 经营环节典型案例分析

典型事故案例：山西文水县"6·4"液氨泄漏事故

1）事故概括

2015年6月4日19时46分，山西文水县保贤村一处空院内，非法经营销售液氨窝点发生液氨泄漏。受其影响，周边65名群众出现头晕、流泪等不适症状，被送往文水县人民医院救治。

2）事故原因分析

（1）直接原因。

非法经营液氨作业人员经营过程中违规操作导致液氨泄漏。

（2）间接原因。

其一，违法销售。未经许可，非法经营销售液氨。

其二，安全管理不到位。非法经营场所缺乏必要的安全设备，从业人员未取证上岗，未对员工进行有针对性的安全教育和培训。

其三，安全生产责任制、安全技术操作规程不健全；未设置安全警示标识和配备必要的应急救援设备。

3）事故防范措施建议

进一步加大危险化学品经营销售环节的安全监管力度，严格按照《危险化学品经营许可证管理办法》审核经营企业危险化学品安全经营许可资格，建立无缝隙化安全监管；提高危险化学品经营环节从业人员的综合素质，加强安全培训；进一步提高事故应急处置能力。

6. 废弃处置环节典型案例分析

典型事故案例一：辽宁庄河"6·24"废弃氯气罐泄漏事故

1）事故概括

2016年6月24日11时，大连庄河市新华街道某变电所东墙外一个废弃罐发生氯气泄漏，造成104人住院治疗，其中3人伤势较重。

2）事故原因分析

（1）直接原因。

废品收购站在搬卸废弃罐过程中罐体阀门松动导致罐内氯气泄漏。

（2）间接原因

其一，缺乏安全防护设施。废品收购站在进行废弃罐处理过程中，相关作业人员未佩戴安全防护装置。

其二，安全管理不到位。废弃设备未及时进行安全处理、检修，搬卸过程中，人为操作不当导致阀门松动，造成氯气泄漏。

其三，从业人员危险化学品知识匮乏，缺乏针对性的安全教育和培训。

3）事故防范措施建议

进一步提高废弃处置环节从业人员的综合素质，加强相关的安全知识培训；进一步提高企业及个人对危险化学品废弃处置可能造成的人员及环境危害的认识程度；杜绝违法排放、弃置等现象的发生；进一步加大危险化学品废弃处置环节的监管力度，提高事故应急处置能力。

典型事故案例二：山东潍坊滨海香荃化工有限公司"4·9"中毒窒息事故

1）事故概括

2015年4月9日9时40分左右，山东省潍坊市滨海香荃化工有限公司污水处理站的好氧池发生一起中毒窒息事故，造成3人死亡、2人受伤，直接经济损失约330万元。

2）事故原因分析

（1）直接原因。

污水处理站的好氧池大棚形成受限空间，废水在生化处理过程中产生硫化氢等有毒有害气体并集聚；相关作业人员严重违反受限空间作业规程，未佩戴过滤式防毒面具或氧气呼吸器、空气呼吸器等防护装备，违规进入好氧池大棚内，吸入硫化氢中毒晕倒，跌落至好氧池污水中窒息导致死亡；施救人员在未佩戴任何防护装备的情况下，进入好氧池大棚内盲目施救，造成人员伤亡增加，事故影响扩大。

（2）间接原因。

香荃化工有限公司方面：①企业安全生产主体责任未落实。②企业安全风险管理意识不足，危险有害因素辨识范围不全。未对生产工艺全过程、全范围进行危险有害因素的辨识。未针对企业存在的危险有害因素制定防范和控制措施。③污水处理设施变更管理不到位。企业在好氧池上部加盖塑料棚，形成受限空间，未严格执行变更管理程序，针对变更风险缺乏相关辨识和控制措施；变更后未及时更新污水处理操作规程。④违章作业，未办理《受限空间安全作业证》。作业前安全措施未落实，未对作业的受限空间有毒有害气体进行检测、未采取通风措施，违反了《化学品生产单位特殊作业安全规范》（GB30871-2014）的有关要求。⑤在缺乏专业人员监护的情况下，作业人员未佩戴过滤式防毒面具或氧气呼吸器、空气呼吸器等防护装备违规进入好氧池受限空间内进行作业。

⑥企业安全教育培训不到位。员工安全意识差，缺乏基本的安全防护知识；对相关作业危险有害因素认识不足，违章作业。⑦应急救援能力差，遇到紧急情况盲目施救，导致事故伤亡扩大。

相关政府部门方面：①相关部门未履行安全生产监管职责。例如，滨海区经济发展局作为工业企业主管部门，没有认真落实安全生产"管行业必须管安全""管业务必须管安全""管生产经营必须管安全"的要求，未认真督促该企业有针对性地开展安全生产大检查活动，未及时消除事故隐患。②相关部门专项安全检查工作不到位，检查不全面、不细致，对企业完善和落实规章制度与操作规程监督不到位。③安全生产属地管理不到位。临港工业园管理办公室对安全生产和环保工作属地监管不到位。滨海区管委会督促落实企业安全生产主体责任和安监、环保、经发等部门职责及临港工业园办公室属地监管职责不到位，事故隐患长期存在。

3）事故防范措施建议

严格落实企业安全生产主体责任，认真贯彻执行相关法律法规，建立健全岗位责任制、操作规程、安全生产等各项规章制度；进一步增强企业风险意识，相关企业应定期对生产经营过程进行全覆盖式危险有害因素辨识；企业应健全适应自身发展的应急培训制度，严格培训程序、时间、记录、考核等环节，确保一线从业人员接受全面、科学、规范的应急培训；建立健全受限空间作业安全许可证制度和安全生产责任制，明确受限空间作业负责人、作业者、监护者的职责，不得在没有专业监护者的情况下进行作业；实施受限空间作业前，生产经营单位应严格执行"先检测通风，再作业"的制度，根据作业现场和周边环境情况，检测受限空间可能存在的危害因素，未经检测，严禁作业人员进入受限空间；专项制定受限空间作业应急救援预案，明确救援人员及职责，落实救援设备器材，掌握事故处置程序，提高应对突发事件的应急处置能力。

10.5 中国危险化学品持续改进方案和对策措施

随着我国石化行业的快速发展，危险化学品安全管理面临着巨大挑战。目前，我国仍然缺乏危险化学品的系统安全管理，应建立我国危险化学品安全管理持续改进方案，并强化安全管理对策措施。

10.5.1 中国危险化学品安全管理持续改进框架

本节提出一个危险化学品安全管理的持续改进框架，如图10.12所示。危险化学品事故分析反映了危险化学品事故发生的时间、地点、类型、原因、伤亡情况等，并指出应该在哪些方面加大危险化学品安全管理的力度。危险化学品伤亡事故的概率和预测显示未来发生伤亡事故的可能性，能更好地帮助管理人员做好事故预防，提高工作人员的安全意识及应急处置能力。在实施安全管理的过程中，由于危险化学品性质的不稳定性，应进行进一步的数据收集、分析、预测和评估，以提出新的安全管理措施。通过这种持续的安全管理改进流程，可降低危险化学品事故的发生率，实现安全发展、可持续发展。

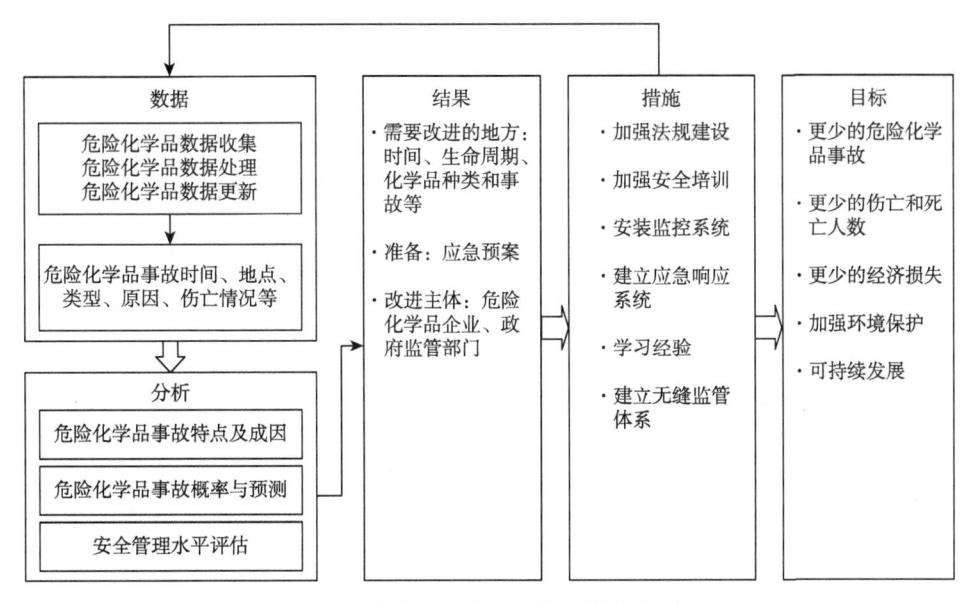

图 10.12 危险化学品安全管理持续改进框架

10.5.2 提高中国危险化学品安全管理水平的措施

基于事故发生的直接、间接原因分析，应从人的角度，增强员工的风险意识，防止违规操作和维修不当，加强危险化学品安全管理培训，提高从事危险化学品作业人员的整体素质，加强相关法律及专业知识培训，增强安全意识，掌握危险化学品性质、注意事项、应急处理知识和方法等。从机械、物质或环境的角度，加强设备设施防护、保险、信号等装置的配置，保障危险化学品生产（施工）场地环境良好，为从业人员配备必要的安全防护用品用具。

危险化学品伤亡事故多发于使用和运输环节，采用 GPS、GIS、ETC（electronic toll collection，电子不停车收费系统）、移动互联网、物联网、大数据、人工智能等先进技术和手段，建立省际、城市间的合作监管机制和监管平台，推动区域联防联控，实现危险化学品运输全过程无缝隙化安全监管。此外，需制定严格的危险化学品使用规章制度和标准程序，加强危险化学品使用环节的安全培训。从事故后果的严重程度角度分析，使用和生产环节的事故造成较严重的人员伤亡，这两个环节涉及大量危险的化学原料、辅助化学品及半成品和成品，故相关危险化学品企业应搬迁到化工生产管理集中的化学品生产园区，以提高危险化学品安全管理效率和安全管理水平。建立、健全相关法规体系，加大执法和监管力度。危险化学品六大环节具有技术业务复杂、安全标准要求高的特点，相关部门应根据实际情况，建立健全规章制度，完善安全操作规程，实施动态管理，同时加大执法和监管力度，除不断开展专项治理整顿外，还要加强日常监管。

建立健全系统、有效的事故处理方案和科学、专业的应急处理机制，各地区应制定并完善本地区危险化学品事故的应急预案，健全应急救援技术和信息支持系统，培养高素质的应急救援队伍，形成快速反应的应急救援机制，同时要有针对性地开展不同条件下的应急预案演练活动，以提高危机处理的能力，减小危险化学品事故的损失。

建立危险化学品全生命周期的无缝隙化安全监管体系，加强各省市区域之间和不同行业之间的安全监管协作体系，加强联防联控。危险化学品产业常常跨地区、跨行业，事故通常在不同省份、不同行业的产业链六大环节发生，建立无缝监控系统将危险化学品的相关数据全部纳入系统并实现各省、关键行业共享，从生产、储存、运输、使用、经营、废弃处置各个环节实现对危险化学品全生命周期联防联控。

> **本章小结**

第一，介绍了危险化学品的定义和分类；第二，分析了危险化学品伤亡事故和死亡事故趋势、事故月份与时点分布特征、事故发生环节分布特征、危险化学品种类的事故分布特征、危险化学品伤亡事故类型分布特征；第三，采用鱼骨图方法，从人、机、料、法、环五个方面对我国城市危险化学品事故致因进行了分析；第四，对危险化学品生产、储存、运输、使用、经营、废弃处置六大环节的典型事故案例进行了剖析；第五，提出了提高我国危险化学品安全管理水平的措施。

> **关键术语**

危险化学品　生产安全事故　特别重大事故　重大事故　较大事故
一般事故　致因分析　鱼骨图

> **复习思考题**

1. 根据《危险化学品安全管理条例》的规定，危险化学品分为哪些类别？
2. 我国危险化学品生产、储存、运输、使用、经营、废弃处置各环节的事故有哪些显著特征？
3. 如何采用鱼骨图对我国危险化学品事故致因进行分析？
4. 如何显著提高我国危险化学品安全管理水平？
5. 如何对危险化学品安全管理开展全生命周期联防联控？

第11章

城市应急避难场所规划建设与管理

随着经济社会的迅速发展和城市化进程的不断推进，城市数量、规模都在急剧扩大，同时全球气候变化和生产经营活动日益全球化，城市遭受各种灾害威胁的形势日趋严峻。近年来，地震、海啸、飓风、洪水、干旱、极端天气等各类自然灾害在全球各地频繁爆发，对经济、社会等方面产生深刻影响，造成了巨大生命、财产损失。根据应急事件数据库（Emergency Events Database）的报道，1980~2021年世界各地共发生了13 847起自然灾害，累计造成2 696 217人死亡，导致的经济损失高达38 707亿美元。规划建设和有效运营应急避难场所，是构建城市公共安全管理体系的重要组成部分，是加强城市灾害管理、实践防灾减灾理念、提升城市安全韧性的有效措施，是城市提高应对突发事件能力的迫切需求和必然选择。

11.1 城市应急避难场所概念

应急避难场所是指在城市人口集聚地附近，以应对地震灾害为主，兼顾其他灾害事故，用于接纳受灾居民紧急疏散、临时或较长时间避难及生活，确保避难居民安全，避免灾后次生灾害危害，并可供政府组织开展救灾工作的场所。应急避难场所被称为城市"生命庇护所"，是保障城市公共安全的重要基础设施，世界各国都非常注重其规划建设和运营管理。根据安置时间长短、避难空间等不同指标，城市应急避难场所可以做不同的分类。在国际上，应急避难场所一般划分为以下四类：①紧急避难场所。为需要紧急避难的民众提供临时或就近避难的场所。通常选择城市内的小公园、小花园、小广场、绿地、高层建筑中的避难层（间）等。②固定避难场所。为民众提供较长时间避难及进行集中性救援的场所。通常选择面积较大、可安置较多人员的公园、广场、体育场地（馆）、大型人防工程、停车场、空地、绿化隔离带及抗震能力强的公共建筑设施等。③中心避难场所。一般指规模较大、功能较全、起避难中心作用的固定避难场所。场所内一般设抢险救灾部队营地、医疗抢救中心和重伤员转运中心等。④防灾据点。采用较高抗震设防要求、有避震功能、可有效保证内部人员抗震安全的建筑[①]。

11.2 中国城市应急避难场所布局规划建设与管理

我国是世界上自然灾害最为严重的国家之一，这是基本国情。以地震为例，由于我国邻近环太平洋地震带和地中海–印尼地震带的交接地区，地震高发，如 1966 年邢台地震，1973 年甘孜地震，1974 年海城营口地震，1976 年唐山地震和云南昭通地震，2010 年青海玉树地震，2013 年芦山地震，2014 年新疆于田县地震，2017 年四川九寨沟地震，2021 年青海玛多县地震，均在 7 级以上，特别是 2008 年汶川地震达到里氏 8.0 级，是中华人民共和国成立以来国内破坏性最强、波及范围最广、灾害损失最重、救灾难度最大的一次地震。2008 年汶川地震发生后，由于余震不断，在成都市二环以内为数不多的公园内每天涌入避难人员约 20 万人，高峰时达 30 万人，公园中人员拥挤、踩踏伤亡等安全隐患问题严重，住所、饮水及厕所等必要设施十分紧张，远远不能满足市民的长期避难需求。城市应急避难场所的规划和建设日益受到全国各地的高度重视。

为了规范和完善应急避难场所建设及相应的管理体系，我国陆续制定发布了多种与应急避难场所相关的法律、法规、国家标准及相关文件（表 11.1），为城市应急避难场所规划建设和运营管理提供了必要的法律依据和参考标准。例如，1997 年全国人大颁布的《中华人民共和国防震减灾法》、2003 年建设部发布的《城市抗震防灾规划管理规定》、2006 年国务院发布的《国家防震减灾规划（2006—2020 年）》、2007 年全国人大通过并实施的《中华人民共和国突发事件应对法》、2008 年国家质量监督检验检疫总局、国家标准化管理委员会发布的国家标准《地震应急避难场所 场址及配套设施》（GB 21734-2008）、2015 年住房和城乡建设部发布的《防灾避难场所设计规范》（GB 51143-2015）、2017 年发布的国家标准《地震应急避难场所 运行管理指南》（GB/T 33744-2017）等。

表 11.1 与应急避难场所建设相关的法律法规及文件

发布机构	名称	发布年份
国务院	破坏性地震应急条例	1995
全国人大	中华人民共和国防震减灾法	1997
建设部	城市抗震防灾规划管理规定	2003
国务院	国家突发公共事件总体应急预案	2006
国务院	国务院关于全面加强应急管理工作的意见	2006
国务院	国家防震减灾规划（2006—2020 年）	2006
国务院办公厅	"十一五"期间国家突发公共事件应急体系建设规划	2006
全国人大	中华人民共和国突发事件应对法	2007
国家质量监督检验检疫总局、国家标准化管理委员会	地震应急避难场所 场址及配套设施（GB 21734-2008）	2008
国务院	汶川地震灾后恢复重建总体规划	2008

---

① 吴静，郝刚，姬慧. 浅谈日本应急避难场所在破坏性地震下的作用[J]. 太原大学学报，2011，12（2）：131-134.

续表

发布机构	名称	发布年份
国务院办公厅	全国中小学校舍安全工程实施方案	2009
国务院	芦山地震灾后恢复重建总体规划	2013
住房和城乡建设部	防灾避难场所设计规范（GB 51143-2015）	2015
国家质量监督检验检疫总局、国家标准化管理委员会	地震应急避难场所 运行管理指南（GB/T 33744-2017）	2017

根据《地震应急避难场所、场址及配套设施》（GB 21734-2008），地震应急避难场所是为应对地震等突发事件，经规划建设，具有应急避难生活服务设施，可供居民紧急疏散、临时生活的安全场所。我国地震应急避难场所可分为以下三类。

Ⅰ类地震应急避难场所：具备综合设施配置，一般规模在15万平方米可用面积以上，可容纳10万人以上，可供受灾居民避难（生活）不少于30天，服务半径5 000米以内。

Ⅱ类地震应急避难场所：具备一般设施配置，一般规模不小于1.5万平方米可用面积，可容纳1万人以上，可供受灾居民避难（生活）10~30天，服务半径1 000米左右。主要为重大灾难来临时的区域性应急避难场所，灾难预警后，在半小时内应可到达。

Ⅲ类地震应急避难场所：具备基本设施配置，一般规模不小于2 000平方米可用面积，可容纳1 000人以上，可供受灾居民避难（生活）10天以内，服务半径500米左右。主要用于发生灾害时，在短期内供受灾人员临时避难，灾难预警后，5~15分钟内应可到达。

按照避难空间可以划分为开放空间和封闭空间两类。前者是避难场，如公园绿地、城镇空地、广场、体育场和操场、露天的停车场和集贸市场等，利用其中的开放空间搭建帐篷或由成百上千顶帐棚构成的帐篷村、简易房或过渡安置房供避难人群栖身。后者是避难所，如体育馆、学校教室等各类房屋建筑，利用既有的封闭空间供人群避难。

我国的应急避难场所建设起步相对较晚，近年来逐渐受到重视，特别是在2008年汶川地震、2011年日本宫城地震等强烈震灾发生后，城市应急避难场所规划建设日益受到全国各地的高度重视，各级政府纷纷开展了相应的规划和建设工作。2003年北京市建成了我国首个应急避难公园——元大都城垣遗址公园。2009年上海市建成了该市第一个具有防灾避险功能的示范项目——大连路公共绿地。各省在进行城市应急避难场所规划建设时，也根据自身的实际情况分别制定了相应的分类技术指标，如各类避难场所名称、占地面积、服务半径、避难时间等。这里简单介绍北京、上海、重庆等主要城市的应急避难场所的具体分类技术指标及建设现状。

11.2.1 北京

2007年通过的《北京中心城地震及应急避难场所（室外）规划纲要》提出避震疏散场所是具有一定规模的平坦用地，配套建设了应急救助设施（设备），储备应急物资，设置标识，能够接收受灾市民临时或长期疏散避难（生活）的空间，确保避难市民安全，避免震后次生地质灾害和火灾等危害，以及方便政府开展救灾工作的场所，主要包括公园、绿地、体育场、操场、广场等室外开放空间。各类应急避难场所的分类标准如表 11.2 所示。

表 11.2 北京市城市应急避难场所的分类标准

类型		有效避难面积/平方米	人均有效避难面积/平方米	服务半径/千米	避难时间	设施配置要求
长期应急避难场所		≥5000	3~4.5	—	长期	（1）满足紧急避难场所建设的要求 （2）配套完善的"生命线"工程设施
短期应急避难场所	2~3 天	≥500	1.5~3	0.5~1	短期	（1）满足临时避难生活需要 （2）用地平坦，易于搭建帐篷 （3）配备自来水管等基本设施
	2~7 天	≥1000		1~1.5		
	2~14 天	≥2000		≤1.5		

根据 2022 年北京市应急管理局官网的数据，截至 2022 年初，全市已建成地震应急避难场所 180 处，总面积约 2 550 万平方米。"十四五"期间将建成 50 个韧性社区、韧性街区或韧性项目，其中人均应急避难场所面积达 1.5 平方米，到 2035 年人均应急避难场所面积力争达到 2.1 平方米，建成一批功能比较完善、布局比较合理的应急避难场所。

11.2.2 上海

上海市较早启动了应急避难场所布局的相关规划和研究工作。2004 年上海市政府就编制了《上海市应急避难场所的设计导则》，2006 年 1 月召开应急避难场所建设专题会议，由上海市城市规划设计研究院负责编制《上海市中心城应急避难场所布局规划》（沪规划〔2007〕250 号），并于 2007 年底完成。2008 年，上海市政府下发了《上海市人民政府关于原则同意〈上海市中心城应急避难场所布局规划〉的批复》（沪府〔2008〕37 号）。该规划对应急避难场所的概念及分类、规划的目标与原则、范围及期限、用地指标、布局结构、应急疏散通道、基本设施配套要求等均作了明确规定。其中，各类应急避难场所的分类标准如表 11.3 所示。2009 年建成了上海市第一个具有防灾避险功能的示范项目——大连路公共绿地，填补了上海市城市绿地应急避难场所的空白，是提升城市综合防灾避险能力的有益尝试。

表 11.3 上海市城市应急避难场所的分类标准

类型	面积/平方米	服务半径/米	避难时间/天	设施配置
Ⅰ类	20 000 以上（浦西内环以内 15 000）	5 000	30 以上	综合设施配置
Ⅱ类	4 000 以上	1 000	10~30	一般设施配置
Ⅲ类	2 000 以上	500	10 以内	基本设施配置

2016 年，上海市颁布的《上海市城市总体规划（2016-2040）》明确指出要把上海建设成为一个韧性生态城市，优化城市防灾减灾空间，市域范围内规划建设 30 个以上的Ⅰ类应急避难场所。截至 2016 年底，全市已建成各类应急避难场所 64 个，其中Ⅰ类的 3 个，Ⅱ类的 38 个，Ⅲ类的 23 个，总占地面积 333.58 万平方米，有效使用面积 110.726

万平方米，可容纳避难人数 32.81 万人。《上海市应急避难场所建设规划（2013-2020）》中显示，上海市重点建设的应急避难场所主要为Ⅰ类和Ⅱ类。截至 2021 年底，上海已建成各类应急避难场所 117 个，其中Ⅰ类的 3 个，Ⅱ类的 73 个，Ⅲ类的 41 个，市级人防疏散基地 1 个，区级 8 个。

11.2.3 重庆

根据《重庆市主城区突发公共事件防灾应急避难场所规划（2007-2020）》，重庆市的应急避难场所分为市级防灾应急避难场所、区级防灾应急避难场所和社区级防灾应急避难场所三类。各类应急避难场所的分类标准如表 11.4 所示。

表 11.4 重庆市城市应急避难场所的分类标准

类型	占地面积/平方米	人均用地面积/平方米	服务半径/米	避难时间/天	设施配置要求
市级	大于 100 000	9	10 000	30 以上	完备的生活保障设施
区级	20 000 以上	4	2 000	3~30	一定的生活保障设施
社区级	大于 2 000	2	500	3	最基本的生活保障设施

截至 2016 年，重庆市已建成市级、区级、社区级应急避难场所总面积共 2 500 万平方米，可容纳 1 200 万人，规划设立了万州、黔江、涪陵、永川四个区域应急中心。依据重庆市规划和自然资源局、重庆市地理信息中心发布的《重庆市应急避难场所地图》，重庆市已建成市级应急避难场所 6 处，分别为巴南区重庆理工大学花溪校区、沙坪坝区重庆大学、北碚区西南大学、南岸区重庆交通大学、九龙坡区奥体中心、渝中区大田湾体育场，已建成区级应急避难场所 88 处。

11.3 国外城市应急避难场所布局规划建设与管理

世界三大地震带分别为环太平洋地震带、地中海-印度尼西亚地震带、洋脊地震带。近年来，位于世界三大地震带及其周边的国家地震不断，并且烈度很高，各国深受其害。例如，2014 年墨西哥格雷罗州地震，2014 年智利西北海域地震，2015 年日本本州地震，2015 年尼泊尔博克拉地震，2015 年智利西部海岸地震，2015 年阿富汗兴都库什地震，2016 年阿富汗卢格尔地震，2016 年日本九州岛地震，2016 年厄瓜多尔北部沿海地区地震，2017 年墨西哥恰帕斯州地震，2017 年伊拉克苏莱曼尼亚地震，2018 年墨西哥瓦哈卡州地震，2018 年巴布亚新几内亚地震，2018 年秘鲁马尔多纳多港地震，2019 年秘鲁洛雷托地震，2019 年新西兰克马德克地震，2019 年印度尼西亚哈马黑拉岛地震，2020 年墨西哥瓦哈卡州地震，2021 年墨西哥格雷罗州地震，这些地震均在 7 级以上。

作为地震多发国家，日本具有世界一流的防震救灾体系和应对能力，其在应急避难场所的研究和建设方面处于前沿地位。《日本地方政府避难设施设计规范》中把地震应急避难场所定义为在发生强烈地震后能够收容周边地区避难者临时或较长时间集中暂避灾难，避免震后火灾、海啸袭击，确保避难者生命安全，拥有一定必要面积的公园和绿地等开放空间。2011年，"3·11"东日本大地震与海啸导致19 846人死亡，大量受灾者处于急需应急物资供应状态，由于有完善的应急避难设施和应急响应体制，很多应急避难场所立即得到了启用，防灾公园也迅速得到征用，约37万名灾民在2 000多个应急避难场所中受到庇护，近百个应急医疗中心与几十个应急物资分配中心开展了救灾工作，为灾后救援发挥了重要作用。

在日本，依据是否提供住宿等条件区分室外和室内避难场所的功能。室外避难场所人均规划面积较小，容纳人群数量多，主要供紧急避难。由于紧急避难时间短，通常不提供住宿。室内避难场所需要提供住宿，需要较大的人均面积。日本的应急避难及防灾场所主要分为避难地、避难场所和防灾基地三种类型。其中，避难地是指受灾的时候由地区政府指定的用于避难的开放式场地；避难场所是指受灾的时候由地区政府指定的用于避难的建筑；防灾基地广义上包括避难地、避难场所、储备仓库、废物放置场所、应急场所指挥部及预备设施等，狭义上是指指挥部及应急重建活动基地、运输中继基地，平时作为防灾相关的培训和训练场所及市民休息场所，灾害发生时作为帐篷区或者避难场所。日本应急避难及防灾场所的体系如表11.5所示。

表11.5　日本应急避难及防灾场所的体系

应急避难及防灾场所	管理者	描述
基干广域防灾基地	国家，数个一级行政区	首都圈3个，京阪神圈3个，名古屋圈2个（司令部指挥设施、多重中央通信设施、直升机、中继、帐篷区等）
广域防灾基地	都、道、府、县等一级行政区	一个至若干个。可作为灾时帐篷区、物资流通配给基地等服务范围约50公顷以上
区域防灾基地	市	以中小学学区为单位，市町村的灾时活动场所，也可作为中短期的避难地服务范围约10公顷以上
地方防灾基地	区（町）	以町（镇）内部委员会或者自治联合会为单位设立，兼做地方的集会场所，如镇防灾中心、儿童公园
避难场、避难所	区（町）	灾时设立

资料来源：广域防灾基地应发挥的理想防火防灾功能调查讨论会，日本总务省消防厅，2003年3月

以日本琦玉县为例，广域防灾基地构成如表11.6所示。

表11.6　日本琦玉县广域防灾基地的构成

地域	类型	广域防灾基地	数量	功能
琦玉县	综合防灾基地	越谷防灾基地	1	1, 2
琦玉县	综合防灾基地	新座防灾基地	1	1, 2
琦玉县	综合防灾基地	秩父防灾基地	1	1, 2
琦玉县	综合防灾基地	中央防灾基地	1	1, 2
琦玉县	综合防灾基地	熊谷防灾基地	1	1, 2
琦玉县	省管理公园	省管理公园	20	1, 3
琦玉县	防灾基地学校	省管理高中	38	1, 3

续表

地域	类型	广域防灾基地	数量	功能
琦玉县	输送基地及设施	船运码头	不明	1
琦玉县	大规模设施	琦玉 Stadium2002（比赛场）	1	1, 3
琦玉县	大规模设施	琦玉超级 Arena（圆形赛场）	1	1, 3
琦玉县	大规模设施	Hayaki 广场	1	1, 3

注：功能 1，物资储备，集中配送；功能 2，活动要员集结；功能 3，避难及防灾活动

资料来源：广域防灾基地应发挥的理想防火防灾功能调查讨论会，日本总务省消防厅，2003 年 3 月

以日本东京都稻城市为例，避难场、避难所构成和分布如表 11.7 所示。

表 11.7 日本东京都稻城市避难场、避难所构成和分布（2011 年）

地区名	家庭数/家	人数/人	避难场	避难所	避难场所分布					
					共计	保幼园	小学	中学	会所中心	公园
矢野口	7 121	15 666	2	6	6	1	1	1	3	0
东长沼	5 178	11 586	3	4	6	1	1	0	2	2
大丸	4 067	8 530	4	4	6	1	2	0	1	2
百村	1 984	4 448	1	2	2	0	0	1	1	0
坂浜	1 179	2 790	3	4	5	1	1	2	1	0
平尾地区	5 320	11 061	3	4	5	1	1	0	2	1
押立	1 899	4 456	3	2	3	0	1	1	1	0
向阳台地区	3 441	9 451	5	4	6	0	2	1	1	2
长峰地区	1 591	4 507	2	3	4	0	1	0	3	0
总计	31 780	72 495	26	33	43	5	10	6	15	7

资料来源：稻城市官网

日本避难场所的设置和管理以当地政府为主，在选择上注重利用学校和公共场馆等室内场所，特别是学校。在近年来日本发生的历次大地震中，分布在各市县的中小学校均首先成为灾难中人们的第一避难场所。

美国也是地震频发的国家，50 个州中有 39 个州处于中度至高度的地震风险中。自 1800 年以来，美国发生的 6 级以上的地震达 70 多次。美国按照不同的标准将应急避难场所分为不同的类型。根据需求的不同，分为大众避难场所（general population shelters）、特需避难场所（special needs shelters）和最后诉诸避难场所（shelter of last resort）三种类型，如表 11.8 所示。其中，大众避难场所是基于公众需求建立的公共避难场所，配套人员和设施条件比较完善，管理人员、休息室、配餐等相对充足；特需避难场所仅为本地记载有特殊需求的民众（需要进行医疗及物理、心理治疗）设置，地方应急管理部门存储了在本地特殊需求避难场所安置的人员基本状况，未注册或者已经确定不需要特别看护者将被重新安置到大众避难场所；最后诉诸避难场所应受灾（地震、海啸、飓风、爆炸等）民众需求，为其提供一个场地使之暂时躲避免受风吹雨打。最后诉诸避难场所通常没有事先安排好的经过训练的管理队伍，也没有厨房和休息设施，受灾民众只在这里暂时躲避一小段时间。根据避难场所用地类别的不同，又可以分为公园型避难场所、体

育场型避难场所、小绿地型避难场所。

表 11.8 美国应急避难场所类型及其特征

类型	标准	适应人群	特征
大众避难场所	由美国红十字会定期检查和评估	所有人群	拥有充足的避难设施、卫生设施等
特需避难场所	由美国红十字会定期检查和评估	特殊需求人群	为身体或心理（精神）疾病等脆弱人群设置
最后诉诸避难场所	由美国红十字会检查并同意使用	所有人群	没有卫生等设施，可提供几小时暂时躲避

11.4 城市应急避难需求分析

作为应急避难场所规划建设的依据和基础，避难需求分析对于避难场所的布局规划和建设规模都具有重要作用[①]。

11.4.1 城市应急避难需求影响因素分析

由于各类灾害的多样性、复杂性和不确定性，以及不同城市区域可能发生灾害的种类、设置的应急设施、建筑的防灾抗灾能力和防灾教育的普及程度不同，对于不同的灾害事件、不同的城市区域，应急避难需求不同，甚至相距甚远。研究应当考虑影响城市应急避难需求的多种因素，包括城市自身的灾害种类，各类灾害的严重程度，人口规模及其在城市中的分布，城市交通及其通达性，借鉴历史上重大灾害的实际统计数据及因灾造成的无家可归者的推算方法等。

避难者在应急避难场所进行避难过程中，对食品、饮用水、居住条件的需求随避难时间的推移而发生变化。例如，在地震灾害中，避难需求大致可以对应临时避难期、短期避难期、中长期避难期和长期安置四个阶段。地震发生后的十天左右为地震的应急期，一般建议震区居民在室外居住。这一阶段的避难需求可以分为地震发生后到几小时甚至一天左右时间的临时避难需求，以及震后几小时到十天左右时间的短期避难需求。在这一时期，避难者需要能够快速疏散到比较安全的场所，以及接收到食品、饮用水、应急医疗物资等供应。伴随着时间的推移，越来越多的避难者将涌向应急避难场所，而这一阶段临时居住用的帐篷等设施尚处于运输和搭建阶段，避难场所的管理者就需要对分散在各个避难场所的避难者进行组织、引导，便于转移安置，进入下一避难阶段。地震发生后十天到一个月左右的时间，对于房屋未受破坏或者破坏较轻可以及时修复的人员，在短期避难之后或者政府宣布短期避难结束后，就可以离开避难场所。对于房屋损坏不可修复或者受损严重、难以在短时间内修复的人员，在短期避难结束后，需要继续避难，即进入中长期避难期。在这一阶段，避难者对食品和饮用水的需求增加，需要熟食、水果、蔬菜、开水等，一些避难者甚至可以开始生火做饭。避难管理者就需要改善避难者

---

① 赵来军，王柯，汪建. 城市应急避难场所规划建设理论与方法[M]. 北京：科学出版社，2014.

的卫生条件，增加物资储备设施方便避难者的居住生活，同时也要配备一定的消防设施等安全设施，降低火灾等次生灾害带来的风险。伴随着时间进一步推移，避难者越来越希望得到半固定、固定形式的生活安置，避难场所的管理者将选择一些安全性高、通风好的宜居场地，建设活动板房来取代临时帐篷，对失去房屋的灾民进行更长时间的安置。

影响地震应急避难需求的主要因素是居民住宅的倒塌、严重破坏及部分居住功能丧失，因生命线工程破坏而引发的住宅断水、断电或电梯停运等。相关研究表明应急避难需求有多种影响因素，不仅有建筑物的抗震性能、生活用水设施的抗震能力、地震发生时间、地质、气象（气温、风速），而且与人们的避难选择行为和灾后恐慌心理相关。以是否具备住宿条件为标准，可以将城市应急避难场所分为两种：具备住宿条件的避难场所和不具备住宿条件的避难场所。我国国家标准中的Ⅰ、Ⅱ、Ⅲ类避难场所均为能够满足住宿需求的避难场所，而各类临时紧急避难场所并不必须要求具备住宿条件。本章重点关注具有住宿需求的应急避难需求。

在选择外出避难的人群中，也并非所有人都去避难场所，部分人群会选择逃离受灾地区。同时受断水、停电等因素影响，在地震发生后，有避难需求的避难人群数量并不是一成不变的，而是会随着时间波动。综合相关研究结果，具有住宿需求的应急避难需求不是以所有人口为目标，其需求计算需要综合考虑建筑、供水等工程因素，以及人群选择等社会因素等。应急避难场所具有住宿需求的避难需求主要来源于几类人群：①居所受损的人群；②居所完好但是断水的人群；③有居所有供水但是停电或者电梯停运的人群；④居所、供水、电梯等条件良好，但受其他因素（如谣言传播、心理恐慌等）影响而不愿回家居住人群。

灾害发生后，应急避难需求的影响因素分析如图 11.1 所示。

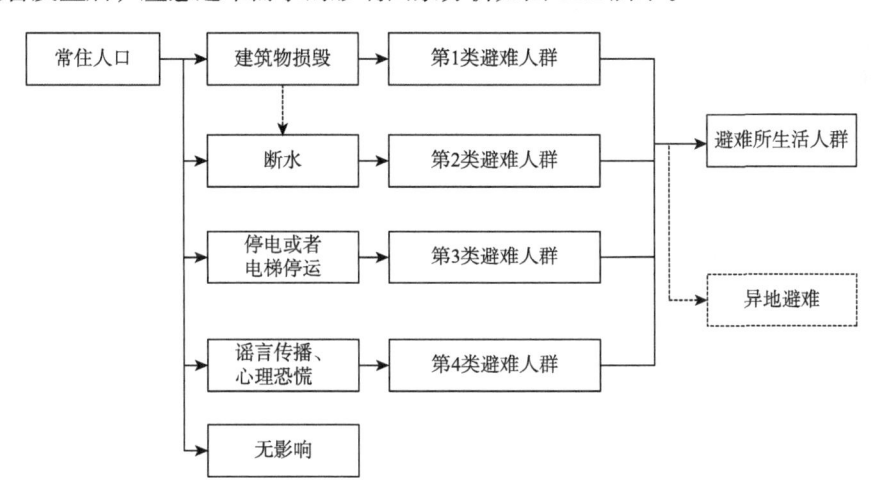

图 11.1 影响应急避难需求的相关因素

建筑物损毁导致的第 1 类避难人群的避难需求受地震强度、震源位置、地质条件等因素影响。随着损毁建筑物的修复，第 1 类避难人群数量会逐渐减少。第 2 类避难人群的避难需求与地震级别、距离震中距离等因素相关。同时，随着供水管道的修复，第 2 类避难人群数量也会逐渐减少。第 3 类避难人群与停电或者电梯停运有关。随着供电恢复,第 3 类避难人群数量也会逐渐减少。避难人群可能受一种因素影响,也可能同时受多种因素影响。对于谣言引起居民恐慌,导致的第 4 类避难人群的避难需求,如果政府采取有效的辟谣对策,会很快平息人群的恐慌,能大幅减少此类避难需求。

11.4.2 城市应急避难需求计算方法

依据建筑物毁坏面积来分析避难需求是一个重要方法。中国地震局工程力学研究所从工程的角度提出了如下基于建筑物毁坏面积来预测灾后无家可归人口数量的模型[①]。

$$M = \frac{1}{a}\left(\frac{2}{3}A_1 + A_2 + \frac{1}{2}A_3\right)$$

其中,M 表示预测的无家可归人数;A_1 表示预测的住宅毁坏的建筑面积(平方米);A_2 表示预测的住宅严重破坏的建筑面积(平方米);A_3 表示预测的住宅中等破坏的建筑面积(平方米);a 表示人均居住面积(平方米)。

根据日本政府的公开资料,日本各地预测避难场所生活人群数量的方法有多种。例如,日本大阪府利用受灾人数乘以避难场所生活者比率来直接计算。作为参考,日本兵库县南部 1995 年地震时避难场所生活者比率的最高值为 29%。其中,受灾人数不是受灾地区的全部人口,而是建筑毁坏、火灾、海啸、滑坡、生活设施毁坏、危险物灾害等各种原因造成的受灾人数的总计。日本宫城、琦玉、鸟取、仙台等地假定避难场所居住人口的最高数量为房屋全坏、半坏、烧毁的居住人口总数;地震发生 1 个月之后的避难人群数量为房屋全坏和烧毁的居住人口的 65%[②]。

在实际应用中,有些地方采用一个经验值作为计算依据。例如,《北京市地震应急避难场所规划标准》要求依据常住人口的 30%计算需要长期避难的人口规模。这种方法虽然简单易行,但是没有说明避难人口规模随时间变化的规律,并且没有考虑不同地方的地理地质及社会、人因等因素的差别。

以上模型和参数设定主要从工程的角度,没有考虑人因因素在避难需求中的影响,尤其与人们的恐慌心理和行为相关的因素。在日本应用比较广泛的一个综合模型是日本中央防灾委员会首都直下地震对策专门调查会采用的一个模型[②]。该模型包括了房屋毁坏造成的避难需求、供水设施破坏造成的避难需求,并且考虑了人群选择等因素。其中,人群选择数据依据日本的实际地震的经验调查得到。例如,人群在外出避难时选择避难场所还是外地逃难的行为数据是基于神户大地震对于神户市内震度为 7 级的地区进行问卷调查的结果[③]。该模型在日本东京、山梨、爱知、爱媛等地的地震预防中得到了广泛应用。此外,依据东京都 2006 年 5 月东京都直下型地震受灾的预测报告,电梯停止运营也

---

① 尹之潜,李树桢,赵直,等. 地震灾害预测与地震灾害等级[J]. 中国地震,1991,(1):11-21.

② Japanese Central Disaster Prevention Council. Report by the expert panel on evacuation measures in the event of a Tokyo Metropolitan epicentral earthquake[R]. Tokyo:Japanese Central Disaster Prevention Council,2008.

③ Murosaki Y,Ryugo H. Studies on the first reactive actions of the citizen in the great Hanshin-Awaji earthquake[J]. Proceedings of the Yearly Conference of the Institute of Social Safety Science,1996,205-212.

会产生避难需求，大致占据总体需求的 10%[①]。有时候有关地震的谣言也会产生避难需求。例如，2010 年 2 月 22 日《资讯晨报》报道的山西多地市民因为地震谣言跑上街头"避难"；2010 年 8 月 10 日《海峡导报》报道的厦门市地震局澄清地震谣言以消除公众恐慌；等等。可以预计，如果不能有效地澄清谣言，地震发生后居住条件良好（安全、有水、有电）的人群也会产生避难需求。

地震发生后，进入避难场所进行避难的人群是随时间动态变化的，一般先增加，到达顶峰后，再逐渐下降，然后稳定在一个较低水平。一般情况，在地震发生的第 4~5 天避难人数会达到高峰[②]。图 11.2 展示了 2004 年日本新潟中越地震发生后 24 天内，应急避难场所里避难者人数的实际变化趋势[①]，可以发现在灾害发生后约 1 周内避难人群数量呈现递增规律，之后递减，最高点出现在灾后第 4 天前后。

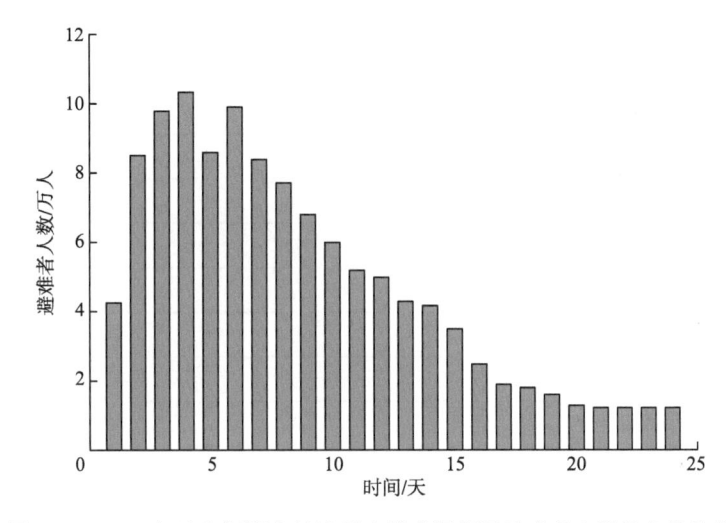

图 11.2　2004 年日本新潟中越地震中避难场所里避难者人数的变化趋势

11.5　城市应急避难场所建设与运营管理

城市应急避难场所的规划建设，不仅需要重视建设标准、配套设施等硬件条件和要求，更要重视应急避难场所的科学管理，包括运营管理计划、物资储备计划等软要素。只有科学地管理和利用城市应急避难场所，才能有效地发挥它们在防灾救灾中的重要作用。

11.5.1　建设标准及配套设施要求

城市应急避难场所的建设标准及配套设施要求可以参考我国国家标准《地震应急避

[①] Tokyo Metropolitan Government. Damage estimates of an earthquake with an epicenter in the Tokyo Metropolitan area [R]. Tokyo：Tokyo Metropolitan Government，2006.

[②] 汪建，赵来军，王珂，等. 地震应急避难场所建设的需求与人因分析[J]. 工业工程，2013，16（1）：9-13，24.

难场所 场址及配套设施》(GB 21734-2008)。该标准规定了地震应急避难场所的分类、场址选择及设施配置要求，各类应急避难场所的设施配置要求如表11.9所示。

表11.9 《地震应急避难场所 场址及配套设施》(GB 21734-2008)关于各类应急避难场所的设施配置要求

避难场所等级	Ⅰ级	Ⅱ级	Ⅲ级
安置时间/天	不少于30	10~30	10
设施项目	综合	一般	基本
救灾帐篷	有	有	有
简易活动房屋	有	有	有
医疗救护和卫生防疫设施	有	有	有
应急供水设施	有	有	有
应急供电设施	有	有	有
应急排污设施	有	有	有
应急厕所	有	有	有
应急垃圾储运设施	有	有	有
应急通道	有	有	有
应急标志	有	有	有
应急消防设施	有	有	—
应急物资储备设施	有	有	—
应急指挥管理设施	有	有	—
应急停车场	有	—	—
应急停机坪	有	—	—
应急洗浴设施	有	—	—
应急通风设施	有	—	—
应急功能介绍设施	有	—	—

参照此标准，各省市还结合各自的实际情况提出了相应的地方标准或建设规划，如江苏省《城市应急避难场所建设技术标准》(DGJ32/J122-2011)、《北京中心城地震及应急避难场所（室外）规划纲要》、《重庆市主城区突发公共事件防灾应急避难场所规划（2007-2020)》、上海市民防办公室2021年印发的《应急避难场所设计规范》、成都市人民政府办公厅2021年印发的《成都市应急避难场所管理办法》等，均对城市应急避难场所的建设标准及配套设施要求进行了较为详细的规定。

11.5.2 运营方案及运营手册编制

避难场所的运营管理需要有科学合理的管理体系及详细可行的操作规程，特别是需要编制《应急避难场所启用预案》及《应急避难场所运营手册》，明确应急避难场所的启用机制及运营的详细操作规程。其中，主要涉及平时和灾时两个方面的运营活动。

1. 平时的运营活动

避难场所负责人的指定，业务内容的明确，训练实施，各种资料的准备及保存，如避难者登记表、避难实施记录、避难用物品的接受及支出表格、避难场所设置及收容状况、避难场所设置相关的凭证及物品支付凭证、设施安全检查项目表、支援者登记表、现金出纳表、捐赠物资收支表等。

2. 灾时的运营活动

依据灾难发生后的时间变化，应急避难场所各阶段运营的主要活动可以参考日本东京都应急避难场所管理目标，如表11.10所示。

表11.10 日本东京都应急避难场所管理目标

时间（灾害发生后）	主要活动
3小时后	● 避难者登记卡的发放及回收 ● 以管理者为中心的组织编制 ● 医疗救援场所的设置 ● 水、电、气等生活设施的确认 ● 水井、水池的状态确认（主要是生活用水） ● 供水点的确认及饮用水的供给 ● 饮用水等物资的紧急调拨 ● 必要物资名目和数量的确认及发放 ● 厕所使用状态确认 ● 信息负责人的设置 ● 外来人员对应窗口的设置
6小时后	● 避难人员的把握 ● 避难人员的移送 ● 不足物资的掌握、调拨及救援物资的发放 ● 临时厕所的设置 ● 公告牌的设置
1天后	● 各业务组的编制及负责人的选出 ● 接受回家困难的人员 ● 转移回家困难的人员 ● 请求志愿者 ● 临时物资堆放场所设置 ● 垃圾处理规则的确立 ● 电视、广播、电话、传真的设置
3天后	● 以避难者和志愿者为中心的组织编制 ● 接受志愿者 ● 现场制作食品的物资请求及提供
4天后	● 生活支援

11.5.3 应急物资储备计划

1. 物资储备原则

防灾物资储备依据要求防备的灾害程度，按照以下原则进行。

（1）居民及单位储备和政府公共储备相结合。公共物资的调拨需要时间而且受到道路交通、车辆等限制，尤其是在地震破坏城市交通基础设施情况下，不能保证及时供给所有人。此外，公共物资储备难以及时地满足个人的特殊需要，如个人用药品及护理设施。因此，鼓励居民及单位依据自身需要进行短期的物资储备和特殊物资储备，并结合个人的实际需要，在必要物品的消耗低于一定期间的使用量时就及时补充，护理设备要定期检查，确保应急时使用状态良好。

（2）固定储备和流动储备相结合。紧急防灾物资的储备是以防万一，真正使用的情况可能比较少。但由于食品、药品等物资都有保质期，长期储存可能变质、过期而无法在灾时使用。为了最大限度地利用好储备物资以防止浪费，除了少部分的固定储备物资外，要尽量利用市场上的流动物资。在实践操作上可以保持市面上储备物资的最低库存以备紧急时调拨，需要和相关单位签订合同，给予相关单位一定的经济补偿，确保灾时物资可以足额调拨。

（3）物资储备和救灾支援相结合。防灾物资的储备很难满足长期的避难需求。长期的避难需求可以依赖救灾支援。我国充分利用社会主义制度的优越性，常常是一方有难八方支援。我国在2006年就制定了《全国地震应急区域协作联动工作方案》，一般的救灾支援物资常常不是不够，而是多于实际需求，但有些特殊物资却常常不足，所以在应急避难物资需求方面应做好科学规划，使救灾资源物资需求有针对性。

（4）现有物资储备与产能储备。由于灾害发生的地方和程度很难准确预测，给防灾物资储备带来很大挑战。我国应从灾害学和区域经济学、产业经济学的角度，分析全国各区域的灾种分布情况，绘制全国灾害分布地图。梳理全国各区域应急管理产业链的布局情况及其现有产能概况和可转产转化的潜在产能储备情况、潜在应急资源的可配置和可调度情况，绘制全国应急产业链地图。分析各区域灾种分布及其与应急管理产业链布局之间的对应关系与匹配关系，依据灾种地理分布情况及其现有应急管理产业链产能匹配关系、潜在转产能力，制订我国应急管理产业链协同转化能力的提升方案，在现有物资不能满足需求情况下，储备的产能能够迅速增长和转产，来弥补物资空缺。

2. 应急物资储备计划的具体构成

应急避难场所的应急物资储备计划包括以下四个方面。

（1）平时居民及普通单位的防灾物资储备及调拨计划。依据鼓励自救原则，希望居民平时保持至少三天的防灾物资储备，并且有紧急情况下便于带出的准备。为防备紧急情况下居民无法带出或者灾后无法取出，鼓励社区、企事业单位也进行必要的食物及饮用水等防灾物资储备。

（2）地方政府的防灾物资储备及调拨计划。各级政府的物资储备及调拨计划需要专门会议协商以确定各自的职责及与居民储备的配套计划。公共物资储备应以最低限为原则，保证在流通物资和救援物资到达之前受灾群众的基本需要，保证救灾指挥部人员的物资需求，注重储备居民及单位难以储备的物资，注意有特殊需要的人员的物资储备。如果采用流通领域的在库物资作为储备物资，需要另外签订合约以明确权责和管理。

（3）受灾时紧急物资调拨计划。救灾物资的使用是物资储备计划的延伸，需要有明确的管理体制和使用方法以保证物资储备计划的完善。根据地震应急区域协作联动机制，相关地区之间签订紧急防灾物资的提供和调拨协议，确定救援物资的名目、数量、送货地、送货方式等。受灾地在接受救灾物资后需要尽快公开救灾物资和救灾资金的使用情况。我国要特别注意志愿者灾时捐赠的物资和资金，这些物资和资金应充分纳入政府的应急物资调拨系统，避免出现运输、发放、存储和管理的混乱，确保物资及时发放到灾民手中。

（4）受灾时紧急物资管理系统的构建。紧急物资管理系统是指受灾地在掌握了受灾情况后，关于救援物资的接收及从接收到供给到避难场所的各个阶段管理救灾物资的系统。紧急物资管理系统对于受灾时物资储备及使用非常重要。在大型灾害发生的时候，地方政府无法依赖储备物资进行救援，而必须依赖上级政府及各地政府的救援，关于紧急物资的接受、包装、保管、搬运、分配、供给等操作需要制定出详细的规章制度。紧急物资管理系统应囊括志愿者灾时捐赠的物资和资金管理，确保这些物资和资金得到有效管理。

依据日本多次地震形成的经验，地震发生之后需要的主要物资如表11.11所示。

表11.11　地震发生之后的避难者需要物品

时间	物品目录
1月	水，食品，毛毯，木炭，天然气炉子，取暖炉子，电源回路，医药品
2月	天然气炉子，防寒衣服，内衣，尿布，防水布，口罩，液化天然气
3月	洗涤剂，清扫用具，厕所用纸，炊具（锅碗瓢盆等），调味料
4月	调味料，办公用品，垃圾桶、垃圾袋，厕所用纸，餐巾纸
5月	杀虫剂，驱蚊剂，蚊香，垃圾袋，胶带纸
6月	传真纸，杀虫剂，驱蚊剂，卫生间除臭剂
7月	毛巾被，杀虫剂，驱蚊剂
9月	搬家用纸箱，胶带纸

资料来源：阪神·淡路大震灾神户市灾害对策本部. 阪神·淡路大震灾：神户市的记录1995年[R]. 神户都市问题研究所，1996

> **本章小结**

首先，分析了城市应急避难场所的概念；其次，介绍了中国北京、上海、重庆及日本、美国等的国内外城市应急避难场所布局规划建设与管理现状，对城市应急避难需求影响因素和计算方法进行了分析；最后，从应急避难场所建设标准及配套设施要求、运营方案及运营手册编制、应急物资储备计划三个方面介绍了城市应急避难场所建设与运营管理。

> **关键术语**

地震　应急避难场所　应急避难需求　运营方案　运营手册　应急物资储备

> **复习思考题**

1. 国际上应急避难所场的分类有哪几种?
2. 我国地震应急避难场所的划分种类及其特点有哪些?
3. 影响应急避难需求的因素有哪些?
4. 应急避难需求的变化有哪些特征?
5. 应急物资储备的原则和计划有哪些?

第12章

韧性城市建设实践与对策

12.1 韧性和安全韧性的概念

韧性一词最早来源于拉丁语"resilio",其本义是"恢复到原始状态"。韧性的概念经历过两次较为彻底的修正,从最初的工程韧性到生态韧性,再到演进韧性,每一次修正和完善都丰富了韧性概念的内涵和外延,标志着学术界对韧性认知深度的逐步提升。工程韧性来源于工程力学中韧性的基本思想,通常把工程韧性定义为在施加扰动之后,一个系统恢复到平衡或者稳定状态的能力,强调系统有且只有一个稳态,而且系统韧性的多少取决于其受到扰动脱离稳定状态之后恢复到初始状态的速度。随着学界对系统和环境特征及其作用机制认识的加深,系统学观点认为,韧性应当包含系统在改变自身的结构之前能够吸收的扰动量级,扰动的存在可以促使系统从一个平衡状态向另外的平衡状态转化,受这一认知的启发,进而发展出生态韧性理论。随着对系统构成和变化机制认知的进一步加深,学者们又在生态韧性的基础上提出了演进韧性的理念,即复杂社会生态系统为回应压力和限制条件而激发的一种变化、适应和改变的能力[1]。演进韧性观点的本质源于一种全新的适应性循环理论。

表12.1从平衡状态、本质目标、理论支撑、系统特征和韧性定义等方面总结了三种观点的区别。

表 12.1 三种不同韧性观点的总结比较

韧性观点	平衡状态	本质目标	理论支撑	系统特征	韧性定义
工程韧性	单一稳态	恢复初始稳态	工程思维	有序的线性的	韧性是系统受到扰动偏离既定稳态后,恢复到初始状态的速度
生态韧性	两个或多个稳态	塑造新的稳态,强调缓冲能力	生态学思维	复杂的非线性的	韧性是系统改变自身结构之前所能够吸收的扰动的量级

---

[1] Folke C, Carpenter S R, Walker B, et al. Resilience thinking: Integrating resilience, adaptability and transformability[J]. Ecology and Society, 2010, 15(4): 20.

续表

韧性观点	平衡状态	本质目标	理论支撑	系统特征	韧性定义
演进韧性	抛弃了对平衡状态的追求	持续不断地适应，强调学习力和创新性	系统论思维，适应性循环和跨尺度的动态交流效应	混沌的	韧性是和持续不断的调整能力紧密相关的一种动态的系统属性

随着韧性概念的不断推广，韧性在安全领域也得到了越来越多的应用，系统安全是维持系统功能的重要保证，韧性理念与此高度契合，系统为维持其功能而在安全方面具备的韧性水平，安全韧性的概念由此产生。安全韧性是当前公共安全科学的前沿理念，覆盖事前、事中、事后应急管理全流程，强调城市系统和区域通过合理准备、缓冲和应对不确定性扰动，实现公共安全、社会秩序和经济建设等正常运行的能力。尤其是在面对极端小概率、不可预测、巨大影响、事后可解释的"黑天鹅"事件和大概率、可预测、危害巨大、起初视而不见、最终惊慌失措、系统崩溃的"灰犀牛"事件时，城市安全韧性建设愈发重要。当今世界，"黑天鹅""灰犀牛"等极端突发事件不断发生，突发事件甚至变成了"常发"事件。例如，2019年以来的新冠疫情对世界各国产生严重冲击，各国都充分暴露出应急管理体系的安全韧性不足问题，缺乏抵御重大突发事件的能力。西方国家因产业链转移，本土无法生产所需的防疫物资，造成抗疫物资极度短缺、医疗资源严重挤兑、患者大量死亡等严重问题。

12.2 韧性城市的内涵和特征

根据韧性理论，可以把系统安全韧性定义为系统在一定时空内面对风险冲击与扰动时，维持、吸收、适应、恢复和优化系统安全状态的能力[1]。维持能力是系统面对风险冲击和扰动时维持原有状态的能力；吸收能力是系统吸收风险冲击和扰动及用最小的投入使事故后果最小化的能力；适应能力是在冲击和扰动已经超出系统吸收能力情况下，系统适应风险冲击和扰动的能力；恢复能力是系统从灾难事故中恢复到正常状态的能力；优化能力是系统从灾难事故中总结预防与应对经验的学习能力，以便在下一次面对风险冲击和扰动时能更好地抵御风险[2]。系统安全韧性应具备减少灾难事故发生概率的能力，减少灾难事故损失的能力，减少系统从灾难事故中恢复到正常状态所用时间的能力，以及向灾难事故学习的能力。

城市作为复杂的开放巨系统，根据韧性和系统安全韧性理论，将城市韧性定义为城市系统和区域通过合理准备、缓冲和应对不确定性扰动，实现公共安全、社会秩序和经

---

[1] Kahan J H, Allen A C, George J K. An operational framework for resilience[J]. Journal of Homeland Security and Emergency Management, 2009, 6 (1): 83.

[2] Pickett S T A, Cadenasso M L, Grove J M. Resilient cities: Meaning, models, and metaphor for integrating the ecological, socio-economic, and planning realms[J]. Landscape and Urban Planning, 2004, (69): 369-384.

济建设等正常运行的能力[1]。城市韧性不仅刻画城市对于灾害事件的防控能力，而且体现城市在灾害与变化中不断调整适应，整合各类资源实现可持续发展的演化能力[2]。一般认为城市韧性主要包括四个主要组成部分，即基础设施韧性、制度韧性、经济韧性和社会韧性[3]。基础设施韧性是指建成结构和设施脆弱性的减轻，同时也涵盖生命线工程的畅通和城市社区的应急响应能力。制度韧性是指政府和非政府组织管治社区的引导能力。经济韧性是指城市社区为能够应对危机而具有的经济多样性。社会韧性被视为城市社区人口特征、组织结构方式及人力资本等要素的集成。

有学者认为韧性城市应当具备五个特征：第一，多功能性。韧性城市需要有城市功能的混合性和叠加性，这是因为功能单一的城市要素间缺乏联系，容易导致系统脆弱。第二，冗余度和模块化。韧性城市需要有一定程度的重复和备用设施模块，通过在时间和空间上分散风险，减少扰动状态下的损失。第三，生态和社会的多样性。因为在危机之下，多样性可以带来更多解决问题的思路、信息和技能。第四，多尺度的网络连接性。这不仅体现在城市的物质实体和空间分布层面，也体现在人际和群体之间的协作上。第五，有适应能力的规划和设计。需要承认规划设计做决定时面临知识缺乏这一事实，并将不确定扰动视作学习修正的机会。

但也有学者认为韧性城市具有六个基本特征：第一，动态平衡性，是指组成系统的各个部分之间具有强有力的联系和反馈作用。第二，兼容性，是指外部冲击可以被多元的系统组成部分带来的选择性削减。第三，高效率流动性，是指通过系统内资源的及时调动和补充，填补最需要的缺口。第四，扁平化，是指比等级森严的系统更具有灵活性和适应能力。第五，缓冲性，是指系统具备一定的超过自身需求的能力，以备不时之需。第六，冗余度，是指通过一定程度的功能重叠以防止系统的全盘失效。

综上所述，韧性城市一般具有如下相同特征：一是强调城市系统的多元性，表现为城市系统功能多元，抵御扰动冲击的选择多元，社会生态多样化及城市构成要素间多尺度关联。二是强调城市组织具有高度适应性和灵活性，不仅要体现在物质环境构建上，还应体现在社会机能组织上。三是强调城市系统要有足够的储备能力，主要体现在对城市某些重要功能的重叠和备用设施建设上。

城市是经济社会与自然环境密切耦合而形成的复杂系统，建设韧性城市也受到了越来越多的关注。联合国国际减灾战略署（United Nations International Strategy for Disaster Reduction，UNISDR）将安全韧性定义为暴露于灾害下的系统、社区或社会为了达到并维持一个可接受的运行水平而进行抵抗或发生改变的能力。

韧性城市是指一个城市系统及它的组成部分跨时空尺度组成的社会生态和社会技术网络在面对干扰时，能够凭借其动态平衡、冗余缓冲和自我修复等特性，维持或迅速恢复期望功能的能力，并能在灾后迅速进行适应性调整、可持续发展的城市。韧性城市具有良好的安全韧性特性并注重城市学习和适应能力的提升，可以有效应对公共安全事件，

---

[1] Marien M. The resilient city: How modern cities recover from disaster[J]. Future Survey, 2005, 28 (4): 456-456.
[2] 胡智超, 王昕晧, 张健, 等. 城市韧性评价体系及提升策略[J]. 宏观经济管理, 2021, (11): 72-77.
[3] Colten C E, Kates R W, Laska S B. Three years after Katrina: Lessons for community resilience[J]. Environment: Science and Policy for Sustainable Development, 2008, 50 (5): 36-47.

减少公众的损失,维护社会的安全稳定。

韧性城市具备以下特性:一是组织层面具备自组织力,即市民个体、居民社区、社会组织具备自我行动力,对城市因灾受损部分进行主动修复,强化自力更生的能力。二是社会层面具备协同性,即城市政府部门在应急处置过程中需打破壁垒,互联互通,并引入"政府-市场-社会"的三元共治协同机制。三是技术层面具备智慧性,即运用互联网、云计算、大数据等科技,建立城市综合防灾减灾智慧信息系统,提高风险预警、信息共享、趋势研判和应急决策的智能化水平。四是环境层面具备适应力,即城市能够根据外部环境的变化而主动适应,做到自主调整、灵活变通。五是经济层面具备学习力,即城市能够从重大事件中学习相关经验,分析原因,创新经济体制和发展模式。六是基础设施层面具备冗余性,即水、电、气等城市生命线工程和基础设施等具有一定的安全裕度和抗逆能力,在经历重大冲击后依然能够保持有效、正常运转,依然能够提供基本公共服务。

12.3 国内外韧性城市建设实践

2012年,联合国国际减灾战略发起"让城市更具韧性行动",同时制定了"城市更具韧性的十大准则"。2013年,为应对日益复杂的生态、经济、社会危机,美国洛克菲勒基金会(Rockefeller Foundation)启动了全球"100个韧性城市"(100 Resilient Cities)计划,帮助城市制订韧性行动计划[1]。2016年,第三届联合国住房和城市可持续发展大会将"城市的生态与韧性"作为新时代城市发展的重要议题,会议指出人们需要一种基于城市规模、脆弱性和增长的新城市分类方法,制定一套增强城市灾害韧性的措施。由此可见,韧性城市建设已成为推动城市未来发展的关键并在国际范围内推广,根据美国麻省理工学院的估计,全球约有五分之一的城市制定了不同形式的韧性战略[2]。

目前最具有代表性和影响力的两个国际合作计划分别为联合国国际减灾战略的"让城市具有韧性"(Making Cities Resilient)竞选计划和洛克菲勒基金会的"100个韧性城市"计划。这两项计划集合全球范围的一些城市,为完成构建韧性城市这一共同目标,建立合作网络,不仅为城市提供建设资助和经验,也促进城市间的协作建设,对各城市颁布韧性城市政策起到了激励作用。

联合国国际减灾战略的"让城市具有韧性"竞选计划,借鉴了联合国人居署制定的具有可持续城市化原则,旨在让地方政府准备好面对灾害,减缓风险让城市变得有韧性。在灾害风险减缓的全球化平台下,该计划于2011年开始运作。该计划创建了一些评价工具,如十大要点、兵库行动框架、地方政府自我评价工具(local government self-assessment tool,LG-SAT)等。迄今为止,已有650个地方政府采用LG-SAT进行了自我评价,多座城市更是将此作为城市发展规划的基础。

---

[1] 赵瑞东,方创琳,刘海猛. 城市韧性研究进展与展望[J]. 地理科学进展,2020,39(10):1717-1731.
[2] 周利敏,原伟麒. 迈向韧性城市的灾害治理——基于多案例研究[J]. 经济社会体制比较,2017,(5):22-33.

2013年5月，美国洛克菲勒基金会启动了第一届全球"100个韧性城市"计划，三年内在全球范围内甄选出100个韧性城市。通过制订和实施韧性计划及提供技术支持与资源，帮助入选城市提高面对各种外在挑战的韧性，从而提升城市抵御外来冲击、灾害的能力。全球"100个韧性城市"计划通过四种方法来为入围的城市提供打造韧性城市所需的资源：财务和后勤指导，专家提供韧性城市战略规划，打通私人部门、公共部门、非政府组织的资源获取渠道，入围的城市相互之间可以借鉴交流。该计划不仅可以帮助城市打造韧性，而且还可以促进政府、非政府组织、私人部门、居民个人的韧性实践。

12.3.1 国外韧性城市建设实践

国外韧性城市的实践在众多包括联合国国际减灾战略署在内的国际机构的推动下，通过指标体系的建立和推广、资金资助和样板工程建设等手段，积极地在全球范围内快速推广[1]。以下列举了一些国外最有代表性的城市韧性规划，如美国纽约的韧性战略、英国伦敦的韧性战略、荷兰鹿特丹的气候防护计划、南非开普敦市韧性城市建设。

1. 美国纽约市韧性城市建设

纽约市的韧性城市建设历来将由气候变化带来的灾难威胁视为首要防护的对象，如洪灾、风暴潮等。一直以来，纽约市都非常重视从宏观的层面规划整体韧性城市建设进程：2004年，纽约市环保署制定了为期四年的《韧性城市建设规则》。2006年，为了应对环境减排和韧性城市建设成立了长期规划与可持续性办公室。

2012年，特大风暴桑迪横扫美国西海岸1 000英里（1英里=1 609.344米）范围内的地区，导致纽约市43人死亡、190亿美元的经济财产损失。这一事件直接推动了《纽约适应计划》的出台，并且也间接推动了美国各地的韧性行动。这使得美国开始从机制设计入手，在长期气候变化风险下考虑灾害管理和长期应对问题。时任纽约市市长Bloomberg发布了《一个更强大，更具韧性的纽约》(A Stronger, More Resilient New York)战略报告，以建设具备应对气候灾害风险能力的韧性城市为目标，通过改造住宅，完善医疗服务，提升道路系统、市政工程、沿海防洪设施的韧性水平，提升城市整体竞争力。

纽约市注重从基础设施加强和灾后重建上加大资金投入，通过更具韧性的社区重建和城市规划，夯实城市的韧性设施保障。通过建立一个整合的防灾体系，在5个行政区建立37个沿海保护措施并分区对海滩进行重建，以抵挡严重的风暴冲击；更新公共和私人建筑使其在面对极端事件时更具适应性，同时强调硬化工程和绿色生态基础设施建设相结合，以应对洪灾和海平面上升；此外，还设立社区设计中心，为房屋受损家庭提供新的设计方案，也为业主搬迁到不易受淹区提供选址帮助[2]。

除了在物质层面进行韧性建设，纽约市还注意到了社会经济层面潜在的社会贫富差

---

[1] 周利敏，原伟麒. 迈向韧性城市的灾害治理——基于多案例研究[J]. 经济社会体制比较, 2017, (5): 22-33.
[2] 陈玉梅，李康晨. 国外公共管理视角下韧性城市研究进展与实践探析[J]. 中国行政管理, 2017, (1): 137-143.

距过大的风险。纽约市人口约 850 万人，45%处于或接近贫困状况，针对这一现状，政府大力扶贫以促进社会公平，2015 年 2 月，纽约市长白恩豪希望十年内帮助 80 万贫困人口脱贫。同时，纽约市还计划大量兴建平价住宅及扩大免费学前教育福利，使之成为更加平等和更具韧性的城市。

在参加"100 个韧性城市"计划后，纽约市自主发起了一项子项目——OneNYC（One New York: The Plan for a Strong and Just City），将韧性城市的建设提上日程。整个 OneNYC 项目的实施契合了协同治理的治理主体多元化的特征，体现了合作包容的社会协同治理理念。通过将各级政府、邻里组织、社区组织、私人部门等协同起来以共同建设韧性城市，充分地将韧性城市建设与协同治理结合起来。反之，韧性城市的建成又能进一步促进社会协同治理。

2. 英国伦敦市韧性城市建设

英国一直以来饱受洪水、干旱等气候性灾害的影响，使得居民的健康和安全受到了极大的威胁。为了应对此类风险隐患，伦敦市在全球气候变化政策立法领域内一直扮演着先行者角色，从战略层面提出了韧性城市建设，甚至为了将韧性城市与国家韧性战略紧密结合起来专门成立了能源与气候变化部，使得地方韧性行动与国家韧性战略得以密切衔接、反哺互动。同时，设立专职公务员专门负责制订韧性城市计划。2001 年，伦敦市建立了政府、企业、媒体等多方参与的伦敦气候变化伙伴关系。以实现公共利益为目标、政府不一定起主导作用而是提倡多方协作，综合政府、企业、媒体等多方机构，发挥不同机构的职能，以达到"一案多治"的效果，并提高政府决策的科学性和可行性。2002 年，伦敦市出台了《英国气候影响计划》（UK Climate Impacts Programme，UKCIP），主要是推动制定气候变化的韧性政策及开展韧性研究计划。该计划配备有哈德利气候预测和廷德尔研究中心（Tyndall Centre）的全球领先的气候变化模型、影响评估和政策研究团队，注重研究支持和经验积累，以推动扎实长效的行动设计[①]。

为了应对洪水、干旱和高温风险，2011 年，英国发布了管理风险和增强韧性计划，该计划旨在帮助提高城市系统承受能力及快速响应安全风险事件、正确决策的能力，最终提升居民生活质量。伦敦市采取综合韧性治理行动，增加公园和绿化的建设，更新和改造居民家庭用水和能源设施。

3. 荷兰鹿特丹市韧性城市建设

为了预防海平面上升，荷兰鹿特丹市于 2008 年制定了《鹿特丹气候防护计划》，该计划中提出，针对气候防护要制定具有适应性的防护措施、管理和基础设施。它的目标是到 2050 年面对气候变化时具有充分的恢复能力，从而建设成为世界上最安全的港口城市。这一计划的重点领域是洪水管理、船舶和乘客的可达性、适应性建筑、城市水系统和城市生活质量等。在环境韧性层面，鹿特丹市注重绿色增量，即从重视绿色面积向体积及容量转变，从种草向种树转变，动员市民参与屋顶植绿及鼓励安装太阳能电板，还

---

① 郑艳. 推动城市适应规划，构建韧性城市——发达国家的案例与启示[J]. 世界环境，2013，（6）：50-53.

大力发展能降低能耗的项目以改善城市生态环境。在基础设施韧性层面，根据"依水而生"原则进行城市规划，同时将小型港口和码头改造成休闲、航运及多功能滨水区。在社会韧性层面，政府在重新对码头进行规划时，还力图保证不同阶层在码头空间中能顺利融合。为了保障社会公平，政府启动了住宅更新计划，规定兴建大型住宅项目时必须配备一定比例的社会保障房，让所有居民共享城市发展带来的成果。

4. 南非开普敦市韧性城市建设

不同于以上对城市潜在的自然灾害风险进行韧性建设，也有城市针对社会问题提出韧性建设路径。开普敦市存在着严重的种族隔离现象，这一社会现象的出现导致了破损的邻里关系和狭隘的交通系统。为应对种族和社会隔离，开普敦市在2012年起草了《空间发展框架》，促进了社区基础设施和公共服务的新的空间分布，建成了新的交通系统——MyCiTi公交系统。此外，当地政府和一些非政府组织还通过重组运动来重新分配邻里关系，以加强社区的连接度，包括重建居住区，增加居民间的社交场合，提供服务条款，特别是针对家庭火灾的应急服务。这一综合视角意味着将不同的系统和机构整合在一起，促进资源共享和协作，以更好地应对灾害。开普敦市在建设韧性城市的过程中发挥了非政府组织的力量、建立良好的居民关系，将居民纳入韧性建设目标，提高居民之间的连接度以便更好地提高居民的韧性，从而使居民与政府部门紧密结合，共享资源，以共同应对灾害。

12.3.2 国内韧性城市建设实践

随着城镇化进程的加快，中国城市面临的不确定性风险也越来越大，这些来自外部的冲击扰动会为城市的建设带来重创。近年来，我国政府也越来越多地关注城市发展，而针对城市风险治理，学术界和实践界都纷纷使用"韧性城市"这一概念用于解决城市风险问题。韧性城市是城市高质量发展的重要体现，《中华人民共和国国民经济和社会发展第十四个五年规划和2035年远景目标纲要》首次将韧性城市纳入国家战略规划，并提出"顺应城市发展新理念新趋势，开展城市现代化试点示范，建设宜居、创新、智慧、绿色、人文、韧性城市"。

目前我国有河南宝丰、四川成都、河南洛阳、四川绵阳、海南三亚、陕西咸阳、青海西宁7个城市参与了"让城市更有韧性计划"，其中成都进行了地方政府韧性自评，并且成为行为模范[1]；此外，四川德阳、湖北黄石于2014年成为中国首批入选全球"100个韧性城市"计划的两个城市，将"城市韧性"举措纳入城市发展规划[2]。之后浙江海盐（2016年）、浙江义乌（2017年）也成功入围全球"100个韧性城市"计划。

---

[1] 邱爱军,白玮,关婧. 全球100韧性城市战略编制方法探索与创新——以四川省德阳市为例[J]. 城市发展研究,2019,26（2）：38-44,73.

[2] 梁坚义,徐洁. "韧性"让城市更"任性"[N]. 黄石日报,第二版,2015-01-14.

1. 黄石市韧性城市建设

2014年黄石市积极参与全球"100个韧性城市"第二批城市的选拔，从全球331座城市中脱颖而出，成为中国成功入选的两个城市之一。2014年加入"100个韧性城市"后，黄石市成为中国首个将"城市韧性"举措纳入发展规划的城市。2019年黄石市携手"100个韧性城市"计划，宣布"韧性黄石"战略，该战略以实现资源枯竭型城市转型为发展重点，在已废弃的土地上增加植被以减少水土流失，实现黄石市的韧性发展。黄石市与中国城市发展中心、公私企业及单位、基层社区、学术机构及技术专家共同制定了该战略，倡导并实施城市韧性相关措施。

2. 义乌市韧性城市建设

2016年，义乌市入选全球"100个韧性城市"，与巴黎、伦敦、悉尼、新加坡、纽约、洛杉矶、芝加哥、蒙特利尔等城市共享资源和信息网络。2017年初，全球"100个韧性城市"义乌项目正式启动。义乌市自入选全球"100个韧性城市"以来，以建设世界小商品之都、打造浙江省第四大都市区为目标，在"100个韧性城市"组织的指导下，围绕经济及社会、基础设施及环境、健康及福祉等城市韧性维度，着力推进都市锻造行动，塑造城市品质特色、强化城市承载功能、改善城市生态环境，加快推进韧性城市建设。

3. 北京市韧性城市建设

2017年9月《北京城市总体规划（2016年-2035年）》公开发布，提出了城市韧性理念[1]，其中第90条提出加强城市防灾减灾能力，提高城市韧性。2021年11月11日，北京市发布《关于加快推进韧性城市建设的指导意见》，要求把韧性城市建设放在更加突出的位置。该意见以突发事件为牵引，立足自然灾害、安全生产、公共卫生等公共安全领域，从城市规划、建设、管理全过程谋划提升北京市城市整体韧性。北京市聚焦统筹拓展城市空间韧性、有效强化城市工程韧性、全面提升城市管理韧性、积极培育城市社会韧性四大方面，计划到2025年建成50个韧性社区、韧性街区或韧性项目，逐步将各类广场、绿地、公园、学校、体育场馆、人防工程等适宜场所确定为应急避难场所，到2035年，人均应急避难场所面积力争达到2.1平方米。

4. 深圳市韧性城市建设

科技强安是应急管理工作的发展趋势。作为科技之城，深圳市将智慧赋能防灾减灾救灾工作，依托科技创新的优势，探索应用物联网、云计算、人工智能、5G等新技术，以及智能大喇叭、智能杆、AI摄像头等在线监测预警系统，建立起一整套智慧化管理体系和工作机制，为城市构筑起智能、高效的安全屏障。在2020年初，深圳市上线了"智慧三防"应用系统。这一系统打造了集"预警信息、气象信息、实时监测、综合查询、辅助决策、指挥协同、值班管理"等多功能于一体的三防防御部署指挥平台，针对指挥

---

[1] 李国平，杨艺."套路深"的大城市走向何方——国外大城市远景规划及启示[J]. 决策探索（上），2021，（5）：76-79.

协同开发了防御部署、灾害预警、指挥动态、抢险救灾、靠前指挥等模块[①]，形成事前有预警，事中有决策，事后有应急指挥的全过程三防业务体系。2021年3月，深圳市减灾委员会办公室、深圳市应急管理局、深圳市气象局、深圳市地震局联合印发《深圳综合减灾社区创建实施方案（2021—2023年）》，在"全国综合减灾示范社区"的基础上提出更高要求，打造减灾社区的深圳地方标准，推动全市所有社区达到"深圳综合减灾社区"标准，提升城市安全韧性水平。社区是城市管理的最小单元格，是人民群众栖居的家园，也是防灾减灾救灾工作的"最后一公里"所在。截至2022年，全市662个社区中，已有165个社区被国家减灾委员会命名为"全国综合减灾示范社区"。

12.4　提升中国城市韧性水平的对策措施

2017年，上海就聚焦韧性理念发布了《上海市城市总体规划（2017-2035年）》，提出建设可持续的韧性生态之城。韧性生态之城是上海构建卓越的全球城市的基本安全保障。2019年在《上海市推进城市安全发展的工作措施》中提出安全韧性的目标：到2035年上海基本实现城市安全治理体系和治理能力现代化，城市运行安全和安全生产保障能力显著增强，市民安全素质明显提升，基本建成能够应对发展中的各种风险、有快速修复能力的韧性城市。2020年11月，党的十九届五中全会审议通过的《中共中央关于制定国民经济和社会发展第十四个五年规划和二〇三五年远景目标的建议》，首次在国家层面提出建设韧性城市，使城市能够凭自身的能力抵御灾害，减轻灾害损失，并通过合理的资源调配使城市从灾害中快速恢复过来。2021年3月，《中华人民共和国国民经济和社会发展第十四个五年规划和2035年远景目标纲要》中更明确提出"十四五"期间城市规划和建设需"顺应城市发展新理念新趋势，开展城市现代化试点示范，建设宜居、创新、智慧、绿色、人文、韧性城市"，推进新型城市建设，全面提升城市品质。

为进一步完善我国应急管理体系、推动应急管理能力现代化，应高度重视把安全韧性的理念、方法运用到应急管理体系构建和应急管理实践中来，加强顶层设计和系统规划，提升城市安全韧性。

1. 编制区域韧性城市专项规划

对标国际安全韧性建设最高标准，以区域一体化发展规划、城市发展规划为基础，完善应急协同相关法律法规、技术标准和规范体系建设，编制长三角、京津冀、珠三角等区域韧性城市建设一体化专项规划，将韧性城市建设列为区域协同发展的计划目标，贯彻区域安全韧性理念，加强区域应急协同管理的体制、机制和组织架构建设，推进区域联防联治，共享应急管理安全基础设施，实现区域应急互助，创新城市治理模式，全方位整体提升区域安全韧性。

[①] 吴佳，朱正威. 公共行政视野中的城市韧性：评估与治理[J]. 地方治理研究，2021，（4）：31-43，78.

2. 构建纵横交错的无缝隙化应急管理体系

要充分发挥我国的制度优势,从纵向和横向两个维度构建无缝隙化应急管理体系,提升城市安全韧性水平。纵向维度上,及时总结成功经验,从机制设计上确保从中央到省市到县区到社区、村镇的政令畅通,特别注重夯实地方应急管理基础,使资源下沉、力量下倾,但也要避免地方矫枉过正;横向维度上,总结"一省包一市"等对口支援政策的经验,加强跨地域、跨部门、跨领域协同,构建各省市之间、各区县之间的应急管理协同体系,建立应急部门、卫生健康部门、公安部门、经信部门、商务部门、网信部门等跨部门应急常态合作机制。

3. 强化应急管理体系的制度韧性

面对不断出现的重大突发事件,要迅速提升国家治理体系和治理能力现代化水平,应持续强化我国社会主义制度所固有的自我完善、不断创新的制度韧性。面对重大突发事件,坚持以人民为中心,一方有难、八方支援,举全国之力、集优质资源抗灾救灾,充分发挥"坚持全国一盘棋,调动各方面积极性,集中力量办大事"的我国社会主义制度优势,汶川抗震救灾、武汉新冠疫情防控就是典型的案例。同时,紧紧依靠人民群众智慧来解决应急管理中出现的新问题,充分利用专家、学者、智库团队的智力资源,把专家、学者的专业知识与政府部门决策有机结合,发挥我国的制度优势,提升应急管理决策的科学性。

4. 关口前移提高应急管理体系韧性

凡事预则立,不预则废。任何重大事故都有端倪可察,都会经过"萌芽—发展—爆发"的量变到质变过程。因此,推动应急管理关口前移,改革重大安全风险预防体制,完善重大突发事件直报和预测预警系统,提升监测预测预警能力,坚持及时公开透明发布信息,对重大风险做到底数清、情况明、方法对,真正把问题解决在萌芽之时、成灾之前。应充分利用物联网、大数据、云计算、人工智能等先进技术手段对互联网多元、异构、海量信息进行全网动态监测,及时发现、研判和处理灾情、疫情、舆情征兆和信息。同时发挥专家团队、民间专业人士在突发事件预测预警等方面的参谋和智囊作用,作为重大突发事件常规预测预警体系的重要补充,进一步提高我国重大突发事件预测预警体系韧性。

5. 加强城市应急韧性系统规划和物资保障能力

要从系统性视角加强城市应急韧性系统规划的顶层设计。在城市应急系统规划中,除布局应急避难场所、定点医院等常规应急基础设施外,还应配置方舱医院、流动帐篷医院、移动车载医院、救援直升机等机动应急救援设施,在重大突发事件造成救治能力不足情况下,发挥机动应急救援设施作用,确保应急管理体系的安全韧性水平。除着力打造省、市、区(县)三级应急管理体系外,各地在重要工业园区、机场、港口、铁路枢纽、特大型企业都应建立应急单元,配备专(兼)职应急救援队伍,统一纳入当地的应急管理体系，并强化各地各级各类应急救援基地、队伍之间的联动机制，联防联控，形成协同作战能力。加强产业链、供应链抵御冲击的经济韧性，保证在重大突发事件冲击下能迅速增产、转产所需物资，减少灾害损失的同时为抗灾救灾提供物资保障。

6. 增强城市基础设施韧性

从"平时—灾前—灾时—灾后"应急管理的四个阶段加强城市基础设施安全韧性。平时，重视基础设施日常维护，安全隐患排查；灾前，注重提高城市重要领域基础设施抵抗灾害的能力，加强应急资源储备；灾时，维持水、电、气、通信、医疗等基础设施正常运行，防止次生灾害发生；灾后，注重基础设施的快速恢复重建。特别要加强城市"空中-地面-地下"立体化综合防灾减灾体系建设，实现城市"空中-地面-地下"网络的有机连通。尤其是城市应急避难场所作为城市抵御突发事件的重要基础设施，各地应科学规划、加强建设和规范管理，在重大突发事件发生时真正发挥其人员安置的主场所、灾害救助的主阵地作用。

7. 结合新型基础设施建设增强工程技术韧性

物联网、5G、人工智能、大数据、云计算、区块链等新技术在重大突发事件预测、预警、应对、灾后恢复方面将发挥越来越重要的作用。中国在新冠疫情防控中，电商、外卖、无接触配送等在线服务新业态，患者人工智能筛选诊断、健康码等新技术都发挥了至关重要的作用。结合当前我国正在拓展 5G 应用，发展工业互联网，全面推进"互联网+"，打造数字经济等新基建发展目标，构建互联互通、全时全域、多维数据融合的城市和区域应急信息共享平台，增强突发事件应急管理的工程技术韧性。

8. 重视基层治理提高社区安全韧性

社区是重大突发事件应急管理的最基层单位。村（居）委会作为居民自我管理、自我教育、自我服务的基层群众性自治组织，是党和政府联系人民群众的桥梁和纽带之一，在历次突发事件应急管理过程中都发挥着战斗堡垒作用。社区的安全韧性管理水平对重大突发事件防控常常起到决定性作用。应进一步夯实社区重大安全风险的系统化、科学化、专业化、智能化、精细化的标准化治理体系和治理能力，充实社区工作人员、应急志愿者、社区居民骨干共同组成的社区风险治理队伍，加大经费投入，建设"横向到边，纵向到底"的无缝隙化联防联控网络，形成横向协同、纵向贯通的具有强大安全韧性的社区治理体系。各地可结合国家减灾委员会"全国综合减灾示范社区"建设，创建综合减灾示范社区。

9. 发挥民间社会力量提升安全韧性

民间社会力量在历次重大突发事件中都发挥了重要作用，是无缝隙化应急管理体系的重要组成部分。应积极鼓励企事业单位、志愿者、公众等社会各界参与应急管理体系建设，开展多领域协同合作，构建政府主导、部门合作、社会力量有效参与的应急管理组织体系，提升我国应急管理体系安全韧性。特别要加强民间社会力量参与突发事件的日常应急演练，提升组织协调性，避免重大突发事件暴发初期因前期缺乏磨合而导致应急管理系统混乱。

10. 积极引导舆情，提高重大突发事件应急管理的社会韧性

重大突发事件往往产生舆情，尤其会产生大量谣言，在新媒体、自媒体广泛应用的情况下，两者相互耦合。如果不能及时有效处理负面舆情和谣言，会对重大突发事件防控产生严重负面影响。做好重大突发事件引发的社会舆情预案，积极引导舆情发展趋势，从社会大众的思想意识层面提高社会整体韧性。

➢ 本章小结

首先，介绍了韧性和安全韧性的概念内涵，以及三种不同韧性观点的比较；其次，分析了韧性城市的内涵和特征，并介绍了国内外韧性城市建设实践，包括纽约、伦敦、鹿特丹、开普敦、黄石、义乌、北京、深圳；最后，从10个方面提出了提升我国城市韧性水平的对策措施，以提升国家治理体系和治理能力现代化。

➢ 关键术语

韧性　工程韧性　生态韧性　演进韧性　安全韧性　韧性城市　制度韧性　管理体系韧性　基础设施韧性　社会韧性

➢ 复习思考题

1. 工程韧性、生态韧性、演进韧性概念的区别有哪些？
2. 韧性城市的内涵和特征有哪些？
3. 我国纳入全球"100个韧性城市"计划的城市在韧性城市建设中各自有哪些特点？
4. 简述采取哪些对策措施可以提升我国韧性城市建设。